narrativa tea

Dello stesso autore in edizione TEA:

I casi di Petri e Miceli
Commissario domani ucciderò Labruna
Lo specchio del barbiere
La morte al cancello
Un mattino d'ottobre
Pesca con la mosca
Il ferro da stiro

Le indagini del commissario Lucchesi
Piazza San Sepolcro
Il filosofo di via del Bollo
Sezione Omicidi

Gianni Simoni

Sezione Omicidi

Romanzo

TEA

Per informazioni sulle novità
del Gruppo editoriale Mauri Spagnol visita:
www.illibraio.it
www.infinitestorie.it

TEA - Tascabili degli Editori Associati S.p.A., Milano
Gruppo editoriale Mauri Spagnol

www.tealibri.it

Prima edizione Narrativa TEA giugno 2013

SEZIONE OMICIDI

Dio è morto creandoci,
noi siamo un'opera postuma.
Gesualdo Bufalino

Nota dell'autore

Le vicende raccontate in questo romanzo sono frutto della fantasia dell'autore, e anche alcuni luoghi sono immaginari. Altri no, poiché, come spesso accade, dai ricordi emergono luoghi, ma anche personaggi, realmente esistiti o esistenti. Niente di più di uno spunto narrativo, tuttavia, e ogni coincidenza con situazioni e persone reali è puramente casuale.

Capitolo 1

Da oltre un mese tutto il settentrione era schiacciato da un'area di alta pressione che incombeva come una bolla di cristallo. L'aria ferma senza un alito di vento e il cielo velato da una cappa opaca, formata dai fumi che salivano dalle ciminiere, dai tubi di scappamento, dai condizionatori in funzione giorno e notte. Una coltre penetrata a fatica da un sole giallastro che picchiava maligno su tutto il centro urbano, sui quartieri periferici e sulla campagna stenta, al di là delle tangenziali, dove moriva la città.

La donna giaceva supina, il viso punteggiato di lentiggini e il capo rovesciato all'indietro, nella parte bassa dell'avvallamento. Gli occhi semichiusi, le palpebre ulcerate dai colpi di becco degli uccelli, come il labbro superiore, parzialmente eroso, che lasciava scorgere una dentatura regolare, interrotta da una minuscola fessura nel mezzo. Il rossetto vermiglio le era sbavato sul mento, facendola assomigliare a un vecchio clown. Rossa era anche la gran massa di capelli, fermata da una fascetta scura e da due grandi occhiali da sole, rimasti di sghembo sul capo. Dello stesso rosso vermiglio del rossetto erano le unghie delle mani, ovali, con lo smalto passato con sapienza nella sola parte centrale, lasciando scoperte le due strisce laterali, adesso esangui, quasi trasparenti. Lo stesso smalto per le unghie dei piedi, curati e piccoli. Due caviglie sottili, a raffronto dei polpacci e delle cosce robuste. I fianchi torniti, senza un'ombra di cellulite, e due grandi seni, le areole scure e i capezzoli ancora appuntiti, che parevano puntare verso il cielo, sfidando la forza di gravità. Il ventre piatto, appena velato da un'impercettibile peluria rossiccia che finiva in un ciuffo ricciuto sopra il pube; le grandi labbra, completamente depilate, aperte in una grande bocca che le gambe divaricate mostravano in un osceno urlo muto.

Il corpo nudo poggiava su un plaid di lana morbida a riquadri beige e marrone. Nella morte la vescica e gli sfinteri si erano allentati e dalle natiche erano filtrate sul plaid le feci scure, mischiate al getto di urina. Su tutto il corpo zampettavano le mosche, che indugiavano sul viso, sull'inguine e sul ventre, dove si era rappresa una chiazza di sostanza biancastra.

Centinaia di mosche, che il commissario Andrea Lucchesi, un ginocchio a terra e una mascherina sul volto per difendersi dal fetore, cercava inutilmente di scacciare.

Mezzogiorno e trentotto gradi all'ombra.

Capitolo 2

Lunedì dodici luglio, quando aveva preso possesso del suo nuovo ufficio, al secondo piano del palazzo di via Fatebenefratelli, a Milano. Si era presentato al dottor Alinovi, il questore, che aveva insistito per accompagnarlo di sopra.

Una porta a vetri con accanto la targa DIVISIONE OMICIDI e un corridoio sul quale affacciavano altre porte. In fondo la sua: COMMISSARIO ANDREA LUCCHESI.

Aveva chiesto al questore di poter portare con sé Serra e Minniti, i suoi due agenti di piazza San Sepolcro.

Alinovi, per un attimo, aveva corrugato la fronte: «Sarei lieto di accontentarti, ma, se non sbaglio, quei due agenti si sono sempre occupati soltanto di furti e...»

«Questo, dottor Alinovi, vale anche per me.»

«È vero, ma...»

«Un'indagine mirata a scoprire l'autore di un furto non è che si differenzi molto da quella intesa a individuare un omicida. A volte, come è avvenuto per la faccenda che lei ben conosce, le due cose possono mischiarsi tra loro. E proprio in questa vicenda Serra e Minniti mi sono stati di grande aiuto. Ormai ci comprendiamo al volo e...» aveva proseguito Lucchesi calcando un po' la mano.

«Basta così, mi hai convinto. Avrai Serra e Minniti, anche perché la squadra, in questi ultimi tempi, qualche agente l'ha perso: uno in pensione e un paio d'altri, particolarmente affezionati a Pellegrini, hanno chiesto di seguirlo a Varese. Considerala cosa fatta.»

Alinovi aprì la porta. Dentro, schierate, alcune persone in borghese, capeggiate da Pellegrini, che prese la parola: «Ben arrivato, Lucchesi. Signor questore...»

«Le presentazioni spettano a te», disse Alinovi, rivolgendosi a Pellegrini.

«D'accordo. L'ispettore, anzi, il commissario Lucchesi credo lo conosciate tutti, quantomeno in fotografia», esordì Pellegrini. «L'ispettore Carniti e gli agenti Lanza, Ferretti e Costanzo.»

Carniti tese la mano a Lucchesi. Mentre Lanza, Ferretti e Costanzo si irrigidirono sull'attenti.

«A giorni dovrebbe prendere servizio anche un secondo ispettore», aggiunse Pellegrini.

«Sto vagliando le domande», intervenne Alinovi. Quindi, rivolto a Lucchesi: «Già che ci siamo, ti presento l'ispettore Corradi, che dirige la Scientifica. Non fa parte della tua Sezione, ma credo che dovrete lavorare spesso a stretto contatto di gomito».

Corradi poteva avere una quarantina d'anni. Basso e massiccio, capelli castani e occhiali da vista che portava appesi al collo con un cordino, sorriso schietto e una vigorosa stretta di mano. A Lucchesi piacque subito.

Una decina di giorni con Pellegrini che fece del suo meglio per spiegargli il funzionamento della squadra, le decisioni che era opportuno prendere a mano a mano che si presentavano, i rapporti con la Scientifica e con l'Istituto di medicina legale. Lucchesi lo ascoltava pazientemente, fingendo un interesse che non provava, dal momento che quello che gli propinava il buon Pellegrini era poco più che aria fritta. Ma non poteva deluderlo, non se lo sarebbe mai perdonato.

Mancavano un paio di giorni alla partenza di Pellegrini per la Questura di Varese. Casi aperti non ce n'erano e Pellegrini non sapeva più come giustificare il suo ruolo di chaperon.

«Perbacco, Lucchesi, c'è ancora una cosa in sospeso di cui non abbiamo più parlato...»

«Di cosa si tratta?»

«Dell'invito a cena a casa mia. Sarebbe un bel modo per festeggiare il tuo insediamento e la mia partenza, anche se non penso proprio che mi trasferirò a Varese, ma farò avanti e indietro. Non puoi dirmi di no. Mia moglie ci conta e non me la perdonerebbe...»

«Ma certo, hai ragione. Domani sera potrebbe andare bene?»

«Splendido! Telefono subito a mia moglie.»

Lucchesi iniziò a prepararsi mentalmente. Pellegrini, in fondo, si era rivelato un buon diavolo, ma la moglie che moriva dalla voglia di conoscerlo... Pazienza, si disse, glielo devo.

Si era scritto l'indirizzo: via Pagano 89, terzo piano.

«Sulla citofoniera il mio nome non c'è, naturalmente: nel nostro mestiere la prudenza non è mai troppa. Dovrai digitare il numero 37 e poi...» Pellegrini gli aveva dato tutti i dettagli.

«Sarà meglio che mi scriva tutto. Di solito, in casi come questi, vado in confusione.»

«Comunque, se mi permetti un consiglio, nel tuo nuovo ruolo, dovresti prendere anche tu la medesima precauzione.»

«Ci penserò, ma in questo sono più ottimista di te. Senza contare il fatto che sarebbe abbastanza difficile attuare una simile precauzione in via Scaldasole.»

«E perché mai? Chiami un elettricista ed è questione di un momento.»

«Certo, sempre che ci fosse una citofoniera. Nel mio caso, tre pulsanti a muro e tre targhette. Ci sono anche due inquilini che non hanno neppure il campanello. Credo siano due tossici che contano proprio sul fatto che il portoncino resta quasi sempre aperto anche di notte.»

Pellegrini non aveva insistito, limitandosi a scuotere il capo.

Mancavano dieci minuti alle otto, quando Lucchesi giunse a destinazione. Per quanto si fosse rimpannucciato, un completo estivo gli mancava. Aveva rimediato con un paio di jeans, una camicia bianca e una giacca di tela azzurra, sfoderata. La cravatta sarebbe stata incongrua, se ne era convinto confortato anche dal pensiero che con quella calura, che non cessava neppure nelle ore serali, sarebbe stata una tortura.

Adesso si trovava di fronte all'89. Levò di tasca il biglietto e diede inizio alle operazioni sulla citofoniera. Una prima volta, una seconda: tutto inutile. Che avesse sbagliato sera? Era un pensiero che in situazioni del genere gli attraversava sempre la mente. Ci provò una terza volta, posando a terra la pianta in vaso che il fioraio gli aveva consigliato. Ancora nessuna risposta.

Un'occhiata all'orologio: le otto e cinque. Capì di non avere alternative e fece il numero del collega sul cellulare.

«Pronto, Pellegrini.»

«Scusami, sono Lucchesi e mi trovo qui davanti al tuo portone. Evidentemente sbaglio qualcosa, perché, nonostante le tue istruzioni dettagliatissime, proprio non riesco a...»

«Non fa niente, ti apro io. Ascensore di sinistra, terzo piano.»

Pellegrini lo aspettava sulla porta: «Si vede che la tecnica non è tra i tuoi pregi. Era tutto chiaro. Fammi vedere le istruzioni».

Lucchesi gli tese il biglietto. Non fece alcun commento. Se ne stava lì, con la pianta in vaso su un braccio che iniziava a intorpidirsi.

«Allora? Quando vi decidete a entrare?» una voce femminile dall'interno.

Pellegrini lasciò il passo a Lucchesi che, entrato in anticamera, se ne restò lì come un allocco col vaso di fiori tra le mani.

«Buonasera», riuscì a spiccicare, non credendo ai propri occhi: una vera bellezza, alta e bionda, con due occhi azzurro cielo e un sorriso abbagliante. Che fosse un angelo Lucchesi lo scartò per due ragioni: perché all'esistenza degli angeli non aveva mai creduto e perché aveva un vago ricordo a proposito di dissertazioni, gli pareva bizantine, sul sesso degli angeli che si concludevano in un niente di fatto; mentre quello che gli era subito saltato all'occhio era un seno da urlo, che una profonda scollatura quadrata del corto abito di seta nera metteva generosamente in mostra. Comunque, concluse, posando a terra il vaso, se gli angeli esistono, devono essere di sesso femminile.

La voce di Pellegrini lo fece sussultare: «Mia moglie Angelica, che, come ti dicevo...»

«...morivo dal desiderio di conoscerla», lo interruppe lei, «e non avevo torto: Sidney Poitiers redivivo, ancor meglio che in fotografia con quella leggera spruzzata di grigio alle tempie.»

«La ringrazio, signora. I suoi complimenti mi confondono, anche perché...»

«Non farci caso, Lucchesi, mia moglie esagera sempre, si entusiasma facilmente e... Certo che le donne ci capiscono più di noi, nel giudicare un uomo voglio dire, anche se nel tuo caso persino io...» e non seppe più come andare avanti.

«Splendida questa amarillide», fu Angelica a risolvere l'imbarazzo. «Non so come ringraziarla.» Quindi, rivolta al marito: «Luigino», facendo sussultare Lucchesi per la seconda volta, «sistema i fiori in salotto e raggiungici in soggiorno per l'aperitivo. Commissario Lucchesi, se vuole seguirmi...»

Gli indicò una poltrona, prendendo posto di fronte a lui sul divano. Lo fissava con quegli occhi azzurri, in silenzio, con un vago sorriso. Lucchesi non sapeva più da che parte guardare, anche perché Angelica aveva accavallato le gambe, incurante del fatto che la gonna le fosse risalita a mezza coscia.

Fu Pellegrini ad accorgersene, quando arrivò. Sedutosi accanto alla moglie, trovò il modo di abbassarle la gonna di una spanna, mentre si sporgeva per prendere la bottiglia di spumante dal secchiello posato sul tavolino. Angelica abbozzò un sorrisetto e accavallò le gambe dall'altra parte, ora la sinistra sulla destra, facendo oscillare avanti e indietro il piede chiuso in un sandalo dorato. La gonna risalì nuovamente e il disagio di Lucchesi aumentò. Non gli era infatti sfuggito che il collo di Pellegrini si era arrossato, come gli accadeva quando stava per sbottare.

La bottiglia stava per finire. Angelica accese una sigaretta, tendendo il pacchetto a Lucchesi. «Luigino mi ha raccontato che lei è un fumatore incallito...»

«Lo ero. Adesso cerco di limitarmi, anche se mi rendo conto che sto tornando ai vecchi ritmi, soprattutto quando sono in ansia.»

«E adesso lo è? La mia presenza la innervosisce?»

«Ma cazzo!» esplose Pellegrini.

Angelica lo guardò, con aria indifferente.

A Lucchesi cadde il bicchiere di mano. «Chiedo scusa, sono veramente imperdonabile.»

Si chinò per raccogliere i cocci, ma Angelica lo precedette, chinandosi quel tanto che gli permise di rendersi conto che non portava reggiseno.

«Attenta a non tagliarti!» si inserì Pellegrini. «Lascia fare a me. Prendo l'occorrente e i vetri li raccolgo io.» Si avviò verso la cucina.

Angelica era tornata a sedersi sul divano e continuava a fissare Lucchesi, che ormai avrebbe voluto trovarsi da tutt'altra parte, con quello sguardo enigmatico, ora privo di sorriso.

«Ecco fatto. Adesso penso che possiamo anche andare a

tavola», disse Pellegrini dopo aver radunato i resti del bicchiere in una paletta.

Carbonara e pollo rosolato in padella.

«Angelica è di origine romana e questi sono i suoi piatti preferiti.»

«Ottimi», disse Lucchesi. Dovette però fare uno sforzo, perché ormai aveva lo stomaco chiuso.

La conversazione procedeva stentata, anche se il buon Pellegrini cercava di ravvivarla, rivolgendosi ora a Lucchesi e più spesso alla moglie, che pareva ignorarlo. Il vino, in compenso, scorreva a fiumi: Pellegrini aveva già stappato due bottiglie di Dolcetto e finì con una di Barolo. Angelica ne beveva a piccoli sorsi e Lucchesi lo toccava appena, nonostante gli incoraggiamenti del suo ospite. Chi ci aveva dato dentro di brutto era invece Pellegrini.

«Visto che ho l'impressione che non apprezzi i rossi, per il dessert ho in frigo un bianco che sicuramente non conosci: viene dall'Italia centrale e ha un nome buffo, che non fa pensare a un vino. Si chiama pecorino.»

«A proposito di pecorino...» fece Angelica rivolgendosi al marito.

«Ma cazzo! Angelica...» farfugliò Pellegrini.

Lucchesi fu assalito da un accesso di tosse che lo fece lacrimare. «Vi prego di scusarmi...»

«Non ne vedo la ragione», rispose Angelica. «Piuttosto, commissario Lucchesi, Luigino mi ha parlato molto di lei, limitandosi però al versante professionale. Della sua vita privata non so nulla. È sempre stato scapolo?»

«No, mi sono sposato giovanissimo e ho divorziato dopo pochi anni. Ho una figlia di sedici anni.»

«Che vive con lei o con la madre?»

«Con la madre. Io vivo da solo.»

«Chissà quante donne avrà avuto dopo, uno come lei...»

«Angelica, per favore», intervenne Pellegrini che ormai incespicava sulle parole.

«Zitto, sto parlando col commissario Lucchesi.»

«Non sono mai stato quello che si dice un donnaiolo, e non so perché lei pensi...»

«Mi limitavo a fare un'ipotesi, partendo dalla coda, per così dire. Ad esempio, quella sua collega che purtroppo...»

«È un argomento che preferirei evitare», fece secco Lucchesi.

«Scusami. Sono io che le ho fatto un accenno e mi dispiace che...» provò a dire Pellegrini.

«Non importa», rispose Lucchesi, rassicurandolo con un cenno della mano.

Finirono anche la bottiglia di pecorino, o meglio la finì Pellegrini che adesso aveva gli zigomi rossi e gli occhi che gli si erano fatti piccoli. «Un amaro, giusto per terminare?» chiese.

«Grazie, ma per questa sera credo di aver bevuto anche troppo. Credo sia ora che tolga il disturbo, anche perché altrimenti perdo l'ultima corsa del metrò», rispose Lucchesi.

«Quella se l'è perduta mezz'ora fa», disse Angelica, guardando l'orologio da polso.

«Allora, se permettete, chiamo un taxi.»

«Non sia mai detto che un mio ospite... Ti accompagno a casa io», fece Pellegrini e cercò di sollevarsi dalla sedia senza riuscirci.

Lucchesi gli diede una mano. Due passi incerti e Pellegrini si abbatté su una poltrona.

«In effetti credo di aver bevuto un po' troppo. Ma è questione di uno... di un momento. Un po' di aria fresca mi farà bene.»

«Luigino, sei sbronzo come un carrettiere e non puoi metterti al volante in queste condizioni.»

«È vero. Meglio che chiami un taxi», convenne Lucchesi.

«Assolutamente no. Se mio marito non è in grado, uno

strappo al commissario Lucchesi lo do io. A quest'ora non c'è traffico. È una sciocchezza.»

«Ma signora...»

«Niente ma. Potrei anche offendermi», tagliò corto Angelica.

«E va bene. Se la mettiamo in questi termini non posso rifiutare. Ciao, Pellegrini, e grazie di tutto.»

«Grazie a te, Lucchesi, e scusami se...»

«Niente scuse», rispose Lucchesi, posandogli una mano sulla spalla.

Scesero in ascensore in silenzio. Angelica che continuava a fissarlo, gli occhi velati. Il disagio di Lucchesi che aumentava.

«Mi aspetti qui. Vado a prendere la macchina in garage.»

Tornò dopo pochi secondi, alla guida di una decappottabile scura. Quasi l'una, ma il caldo si faceva ancora sentire.

«Niente in contrario se abbasso la capote? Non c'è un alito di vento e...»

«Mi sembra una buona idea. Piuttosto, per raggiungere casa mia da qui...»

«So benissimo dove abita», tagliò corto Angelica.

Glielo avrà detto Pellegrini, pensò Lucchesi. Evidentemente con sua moglie non ha segreti.

Partirono a razzo, con l'aria che turbinava nell'abitacolo.

Angelica guidava veloce e sicura. I capelli biondi che svolazzavano, mentre la gonna era risalita quasi all'inguine. Lucchesi non poté evitare di darci un'occhiata.

«Mi sta guardando le gambe?» chiese Angelica con voce roca.

Lucchesi non rispose.

«Le può guardare quanto vuole. E se desidera che soddisfi la sua curiosità, posso dirle che non porto le mutandine... e sono una bionda naturale.»

Lucchesi guardava fisso davanti a sé, gli occhi socchiusi

e il vento sul viso. Si accorse che mancavano poco più di duecento metri a casa. «Posso scendere qui, e lei...»

Le parole gli morirono in bocca alla brusca sterzata di Angelica, che infilò una laterale, fermandosi in uno slargo buio, sotto alcuni platani. Lucchesi afferrò la maniglia della portiera, ma lei lo precedette, girandosi di scatto e posandogli le labbra aperte sulla bocca. Lucchesi serrò le sue, cercando di respingerla. Poi, finì col cedere a quella lingua prepotente che lo cercava, con un sapore di rossetto che si mischiava alla saliva. Si abbandonò contro lo schienale, con la fugace visione di Angelica che gli era quasi montata addosso, una mano che gli frugava la patta dei pantaloni, cercando di abbassargli la cerniera. Era troppo e con una spinta riuscì a respingerla.

«Lei è pazza. Pazza o ubriaca, signora. Se lo tolga dalla testa e mi faccia scendere subito.» Cercò inutilmente di aprire la portiera: era bloccata dall'interno.

«Può anche darsi che sia pazza, e magari un po' sbronza. Ma potrei dire a mio marito che ha cercato di molestarmi...»

«La mia parola contro la sua. Sono disposto a correre il rischio.» La teneva a distanza, col braccio teso.

Angelica tornò a fissarlo e premette un bottone che fece scattare l'apertura. «Lucchesi, se ne vada pure a casa a farsi la sua sega. Da quello che ho sentito scommetto che ne ha una gran voglia», fece con voce secca.

Lucchesi scese, mentre lei riaccendeva il motore, e stava quasi per allontanarsi, quando, con una gran furia dentro, si girò e posò una mano sul montante del parabrezza.

«Ci ha ripensato, per caso?» chiese lei, questa volta sorridendo. Aveva spento il motore.

«Assolutamente no. Solo una precisazione.»

«E quale sarebbe?»

«Che le seghe, al contrario di lei, ho smesso di farmele quando ero adolescente.»

«Con l'eccezione di Carolina Marchesi...»

Questo no! Lucchesi non seppe tenersi e le mollò un ceffone. « E con questo abbiamo chiuso. »

Solo rabbia e disperazione.

Angelica riavviò la macchina. « In ogni caso non se lo dimentichi: due punti e asterisco », e sgommò via.

Lucchesi si avviò verso casa. Un senso di nausea e anche di pena, mentre pensava a Pellegrini. Se non si fosse affrettato, avrebbe rischiato di vomitare per strada.

Capitolo 3

Arrivò in ufficio alle otto. Sul tavolo un solo caso di omicidio: una settimana prima, al Lorenteggio, al quinto piano di un'abitazione popolare, una sessantenne proprietaria di una piccola salumeria trovata con il cranio fracassato a martellate. La casa a soqquadro e il marito, di qualche anno più giovane, scomparso.

«Chiarissimo», aveva detto Pellegrini. «E magari anche colpa di questo sole che fa impazzire. Le tracce del furto sono sicuramente simulate, e chi l'ha ammazzata non può essere stato che il marito. Lo mettiamo sul bollettino delle ricerche e prima o poi lo acchiappiamo. Per noi il caso, in sostanza, è chiuso.»

Lucchesi aveva assentito, ma convinto del tutto non era. La casa era sotto sequestro. Non appena Pellegrini fosse partito per Varese, si era ripromesso di tornarci sopra, facendo intervenire in forze la Scientifica, per un'altra serie di accertamenti che Pellegrini aveva ritenuto una pura perdita di tempo.

Stava rileggendo il fascicolo quando squillò il telefono: Pellegrini, cui non aveva avuto cuore di telefonare, che gli faceva gli auguri per quella sua prima giornata di lavoro come dirigente della Sezione Omicidi. «Anche un'altra cosa, però... Volevo scusarmi per ieri sera e per la sbronza che mi son preso. E anche per il comportamento di mia moglie, un po' sopra le righe... Qualche volta non riesce a tenere la lingua a posto, ma continuo a esserne innamorato come il primo giorno, anche se... Be', non occorre che dica altro, credo che avrai capito da solo la situazione. Qui a Varese ho trovato un'ottima foresteria e penso che, sera sì, sera no, mi ci fermerò. Tanto, se Angelica vuole mettermi le corna, lo può fare anche di giorno, ma almeno tre notti alla settimana me ne starò in pace.»

Lucchesi ebbe l'impressione che la voce gli si fosse incrinata e sentì uno slancio d'affetto. Avrebbe voluto abbracciarlo e si pentì solo del fatto di non aver affibbiato tre ceffoni a quella baldracca bionda, invece di uno.

Tornò al suo fascicolo: certo, un ladro non se ne va in giro con un martello. A un martello può pensare solo un marito, però...

Il telefono tornò a squillare. Era il centralino. «Commissario Lucchesi. Ha appena telefonato una signora per segnalare che al parco Solari, angolo via Montevideo, c'è il cadavere di una donna, morta.»

«Difficile imbattersi nel cadavere di una donna viva», brontolò.

«Come dice, commissario?»

«Niente, ci andiamo subito.» Chiamò Carniti al telefono interno: «Sono Lucchesi. Al parco Solari, incrocio Montevideo, hanno trovato il cadavere di una donna. Ci vado subito, con Lanza. Tu seguimi con un altro paio di agenti e portati dietro anche Corradi, della Scientifica, con tutto l'occorrente. Ad avvertire Procura e medico legale ci penso io, strada facendo».

Meno di un quarto d'ora, a sirene spiegate.

La signora che aveva scoperto il cadavere era ancora nei pressi, sul marciapiede che correva lungo il bordo del parco. Aveva una carrozzina e un bastardino al guinzaglio. Stava parlando con un giovane vigile urbano, appoggiato alla motocicletta che stava inclinata sulla forcella. Il vigile prendeva qualche appunto su un blocchetto di carta. Il pianto del bimbo nella carrozzina era sovrastato dai latrati del cagnolino. Curiosi in giro non ce n'erano.

Adesso Lucchesi stava lì, inginocchiato accanto al corpo che esaminava con attenzione puntigliosa: da quei capelli rossi fermati da una fascetta scura, fino alla punta dei piedi.

Erano arrivati Carniti e Corradi. Il lembo di prato era stato delimitato da una serie di paletti che sorreggevano la solita striscia di plastica gialla e rossa. Corradi aveva fatto scattare una serie di fotografie: l'insieme della scena, il corpo nella sua interezza e, via via, ogni particolare, senza trascurare nulla. Era stata anche usata una speciale cinepresa: un esame successivo avrebbe consentito di soffermarsi su ogni fotogramma, ingrandendolo quanto occorreva.

Lucchesi sentì sopraggiungere delle macchine, ma non alzò il capo. Era troppo impegnato a scacciare le mosche che riprendevano, instancabili, il loro lavoro.

«Buongiorno», una voce conosciuta che lo fece sobbalzare.

Alzò lo sguardo, incrociando gli occhi di Politi, il sostituto che, da quella giornata passata in Questura per la morte di Niccodemi, non aveva più avuto occasione di incontrare.

«Buongiorno a lei, e grazie per il biglietto di felicitazioni che mi ha inviato», rispose Lucchesi alzandosi e calandosi la mascherina dal volto.

Accanto a Politi, un cinquantenne alto e corpulento con una barba rada e occhiali da vista. «Sono Farrandino, il medico legale.»

«Piacere di conoscerla», aggiunse Lucchesi.

«Veramente, ci siamo già conosciuti qualche tempo fa. Lei allora era un ispettore del commissariato Centro. Certo non può riconoscermi, perché indossavo un camice e la mascherina. All'obitorio... Lei arrivò, mentre stavamo per iniziare un'autopsia e ci chiese dieci minuti di tempo...»

«Certo, certo. Le rinnovo i miei ringraziamenti per avermi concesso quella decina di minuti», lo interruppe Lucchesi, brusco.

«Allora, commissario, che idea si è fatto?» intervenne Politi che si era sentito tagliato fuori.

Lucchesi lo guardò, socchiudendo gli occhi. «Idee? Nessuna, o forse anche troppe, che è poi la stessa cosa. L'unico dato certo è che ci troviamo di fronte al corpo di una donna, che di certo non è morta per cause naturali.»

«Questo lo accerterà in sede di esame autoptico il dottor Farrandino. A prima vista non mi pare di scorgere sul corpo alcun segno di lesione.»

«Stia sicuro che lo troverà il medico legale. Su questo non c'è alcun dubbio.»

«Come fa a dirlo con tanta sicurezza? Se non sbaglio lei, in fatto di omicidi, è un neofita...»

«Anche un neofita può essere dotato di una certa dose di buon senso», rispose Lucchesi.

«Che vuol dire?» chiese Politi, subito sulla difensiva.

«Soltanto che questa donna è completamente nuda, e qui intorno non c'è alcuna traccia di indumenti.»

«E quel plaid su cui riposa il corpo, lei come lo definirebbe?»

«Un plaid, un semplice plaid. E non penso che una persona si spogli con cura, togliendosi abito, biancheria intima e calzature, per poi venirsene qui con un plaid sottobraccio e stendercisi sopra in attesa di un ictus o di un infarto.»

«Magari era venuta a prendere il sole...» cercò di insistere Politi.

«Camminando nuda fin qui con un plaid in mano? Sotto gli occhi di tutti? Guardi che il cadavere è stato scoperto per caso solo un'ora fa da un cagnolino, quello che adesso è al guinzaglio della signora laggiù. Evidentemente nessuno l'aveva vista arrivare, perché una persona che cammini in posizione eretta la si può vedere anche da lontano, mentre quando giace in un piccolo avallamento, all'interno di un parco, la sua scoperta può avvenire anche con un certo ritardo, e del tutto per caso. Comunque, solo il medico legale potrà accertare cause ed epoca della morte, che secondo me è abbastanza recente. Quel che è certo è che, qualsiasi cosa sia avvenuta, non è stato di giorno, ma di notte.»

«E come fa a dirlo?»

«Perché la donna, sul ventre... Vede, procuratore, dove le mosche sono più fitte? Sul ventre, dicevo, ha chiare tracce di sperma rinsecchito, e di solito una scopata, in un parco pubblico, la si fa di notte e non di giorno.»

Politi ci pensò un momento. «Potrebbe anche avere ragione. Comunque, dottor Farrandino, quelle tracce sul ventre sono di liquido seminale, come sostiene il commissario Lucchesi?»

Farrandino si pulì gli occhiali con una pezzuola e si chinò a sua volta. «Non c'è alcun dubbio. Le analizzeremo con attenzione, ma la loro natura è chiara. Ha ragione il commissario.»

«E già che ci siamo, in attesa dell'esame autoptico, può darci qualche anticipazione?» proseguì Politi.

«Semplici osservazioni, che di sicuro avrà già fatto anche il commissario per conto suo. Ci sono alcuni particolari che saltano subito agli occhi: ad esempio, era senza dubbio una bella donna, direi sulla quarantina, ma con il seno rifatto.»

«Sicuro?» chiese Politi.

«Lo avevo notato anch'io», intervenne Lucchesi. «La donna aveva un corpo sodo, ma anche una donna viva, volta che sia sdraiata, non può avere i seni composti, con i capezzoli ancora dritti che puntano verso l'alto.»

«A quanto pare, lei di tette se ne intende», fece Politi con un sorriso agro.

«Quanto basta», rispose Lucchesi.

Farrandino era ancora chino sul cadavere. Aveva indossato i guanti di lattice. Spostando appena i seni della donna, spiegò: «Vede, procuratore, queste sottili cicatrici, queste linee quasi impercettibili? Sono un chiaro segno che la donna si era fatta rifare i seni».

« A quarant'anni? » chiese Politi.

« Sull'età sarò più preciso in seguito, ma non deve meravigliarsi. Ci sono donne che si fanno rifare il seno anche a vent'anni. Ci sono però altri particolari su cui vale la pena di soffermarsi », proseguì Farrandino.

« Ad esempio? Anzi, no, prima che mi risponda vorrei sentire Lucchesi », fece Politi.

« Se proprio ci tiene... » disse Lucchesi.

« Sì, ci tengo », confermò il sostituto.

« Bene. Allora mi ha colpito il modo in cui lo smalto è stato passato sulle unghie delle mani: particolarmente accurato. Così come sono ben curati i piedi. Poi il fatto che il ventre sia stato rasato con cura, e questo potrebbe spiegarsi col fatto che la donna avesse una singolare peluria; ed è stata rasata anche la parte subito sotto il ciuffo di peli sul pube, cui è seguita una completa depilazione della vagina, che altrimenti presenterebbe formazioni pilifere... »

« A quanto sembra, lei non si intende solo di tette », lo interruppe Politi, sotto lo sguardo ironico di Farrandino.

« Anche in questo caso, quanto basta », rispose secco Lucchesi.

« Allora, ci troviamo di fronte a una prostituta, magari di alto bordo », concluse Politi.

« Su questo avrei i miei dubbi », mormorò Lucchesi.

« Commissario, ci prende gusto a contraddirmi? » chiese il procuratore.

« Niente affatto, la prego di credermi, dottor Politi. È che... »

« Che...? »

« Difficile che una puttana di alto bordo vada a farsela in un parco pubblico, quando ci sono decine di alberghi pronti a ospitarla. Senza contare che, oggigiorno, una professionista di un certo livello, di solito, riceve in casa propria. No, dottor Politi, una che va con un cliente in un prato è una povera crista, e questa non ne ha proprio l'aria. C'è una cosa, piuttosto, che mi lascia perplesso... »

«Scommetto che si tratta del plaid», disse Farrandino.

«Esatto. È un plaid di cachemire, che dovrebbe costare parecchio. Apparteneva alla donna o al suo compagno? Confesso che è una domanda a cui non saprei rispondere.»

«Invece, io mi chiedo perché sia stato usato un plaid», disse Politi.

«Se mi garantisce di non fare commenti sulla mia esperienza anche sulle scopate all'aria aperta, glielo spiego subito», rispose Lucchesi.

«Promesso», fece Politi.

«Bene. Perché, badi che parlo in astratto, si potrebbe ipotizzare che una donna decida di poggiare il fondoschiena, privo di indumenti, su un prato all'inglese, ma difficilmente lo farebbe su quest'erba secca e pungente che fa addirittura scricchiolare la suola delle scarpe.»

«Giusto, sono d'accordo con lei», convenne il procuratore. «Detto questo, come ha intenzione di muoversi?»

«Anzitutto, battere la zona alla ricerca di eventuali indumenti femminili.»

«Per questo potremmo anche ricorrere alla Finanza che è dotata di un'unità cinofila», intervenne Corradi.

«In secondo luogo», proseguì Lucchesi, «indagare sull'origine del plaid, anche se dubito che ci porterà lontano. Infine, attendere i risultati dell'esame del dottor Farrandino, non solo per stabilire con certezza le cause della morte, ma anche per uno specifico accertamento della situazione vaginale, anche se sarei portato a escludere qualsiasi forma di violenza. Non ho una specifica conoscenza in proposito, ma tra una vagina adusa al coito secondo parametri normali e una che ne riceva una dose multipla giornaliera, dovrebbe esserci una certa differenza. O mi sbaglio, dottor Farrandino?»

«Non si sbaglia e, sotto questo profilo, giusto per escludere una volta per tutte che si tratti di una prostituta, sarà utile anche un esame dell'apparato rettale.»

«Questa non l'ho capita», disse Politi.

«Gliela spiego dopo», rispose Farrandino.

«Ovviamente, il primo passo dovrebbe essere quello di un tentativo di identificazione della donna: impronte digitali, sempre che abbia qualche precedente, fotografia del volto, esame delle denunce di eventuali persone scomparse negli ultimissimi giorni... E poi DNA del compagno, e qui la materia prima abbonda», concluse Lucchesi.

Politi fece una smorfia di disgusto.

Capitolo 4

Tornò in via Fatebenefratelli, dove lo attendeva una sorpresa: Serra e Minniti. Il questore era stato di parola.

«Sono contento di rivedervi!» esclamò Lucchesi.

«A chi lo dice... Ormai siamo abituati a lavorare con lei e in piazza San Sepolcro ci sentivamo persi», disse Serra.

«Ma entrate, entrate. Adesso chiamo il mio secondo, l'ispettore Carniti, e gli altri agenti che per il momento abbiamo a disposizione. Così avrete modo di conoscervi, e ne approfittiamo per fare il punto della situazione sull'omicidio scoperto stamattina al parco Solari.»

Fece il numero di Carniti al telefono interno. «Puoi venire da me con Lanza, Ferretti e Costanzo? Vi voglio presentare gli agenti Serra e Minniti che mi hanno seguito dal commissariato Centro ed entrano a far parte della nostra squadra.» Quindi, rivolto ai due agenti: «Cinque minuti e arriva».

«Ispettore, anzi, ci scusi, commissario...»

«Chiamatemi come volete. Quando qualcuno mi chiama commissario, penso sempre che si rivolga a qualcun altro», disse Lucchesi con un sorriso.

«Stavo dicendo», Minniti riprese, «che siamo felicissimi di tornare a lavorare con lei, ma anche un po' preoccupati. Ne abbiamo parlato tra noi: di fatti di sangue abbiamo pochissima esperienza, anche se ci stiamo documentando, e non vorremmo fare brutta figura... e magari farla fare anche a lei che ci ha voluti qui.»

«Di questo non dovete preoccuparvi. Per l'aspetto più propriamente tecnico abbiamo un ottimo Gabinetto di Polizia scientifica. Lo dirige l'ispettore Corradi, che quanto prima vi farò conoscere. Per il resto, sono convinto che non ci sia poi questa grande differenza tra l'indagare sul mandante di un furto o su quello di un omicidio. Si tratta sempre e solo di usare il cervello, e a voi non manca. A proposito, Minniti, mi stavi dicendo che vi state documentando. Cosa intendevi dire?»

«Che ci siamo procurati alcuni testi: uno sulle armi, uno di medicina legale, un altro di psichiatria forense, e ci siamo messi a studiare», rispose Serra.

Lucchesi avrebbe voluto abbracciarli. Si limitò a sorridere. «Ottimo, poi li passate anche a me.»

Bussarono alla porta. Carniti, seguito dai tre agenti, i soli rimasti, in attesa dei rinforzi che erano stati promessi.

Lucchesi si alzò. «Bene. L'ispettore Carniti e gli agenti Lanza, Ferretti e Costanzo. E questi sono gli agenti Serra e Minniti. Visto che ci siamo tutti, approfitterei per fare il punto della situazione sull'omicidio della donna trovata morta al parco, visto che le cose le conosciamo soltanto l'ispettore Carniti, Lanza e io. Ora, è bene premettere che parlo di omicidio per sola convinzione personale, dal momento che non avremo l'esito degli accertamenti del medico legale prima del tardo pomeriggio, o forse addirittura domani. Mi piacerebbe, però, che a informarvi fosse l'ispettore Carniti, dal momento che io credo di essere un po' prevenuto. Che ne dici, Carniti?»

«Volentieri, anche se la penso come te. Comunque, le nostre convinzioni sono del tutto fondate, da quanto ho saputo dopo che te ne sei andato insieme al sostituto, mentre io mi sono trattenuto sul luogo del delitto col dottor Farrandino fino all'arrivo dell'ambulanza. Quando mi hai chiamato, stavo per venire a riferirti.»

«Perché? Ci sono delle novità?» chiese Lucchesi.

«Una, ma determinante: quando Farrandino si è deciso

a muovere il corpo, sul fianco della donna, verso la schiena, all'altezza della zona renale, c'era una ferita. Niente più che un foro di neppure mezzo centimetro di diametro con una minima fuoruscita di sangue ormai rappreso. Potrebbe anche trattarsi del foro d'entrata di un proiettile di piccolo calibro, ma anche della traccia di un oggetto sottile e acuminato, qualcosa di simile a un punteruolo che le sia stato conficcato proprio in quel punto. Farrandino propende per questa seconda ipotesi, perché uno sparo a contatto lascerebbe tracce di affumicatura, e nel nostro caso non ce n'erano...»

«A meno di ipotizzare uno sparo a una certa distanza, con la donna ancora vestita. Poi l'assassino l'ha spogliata e... Ma no, sto dicendo una sciocchezza, perché un'arma di piccolo calibro usata da una certa distanza, se non colpisce una zona vitale, non può...»

«Lo stesso ragionamento di Farrandino, che ha finito per scartarlo proprio per la ragione che hai appena detto.»

«Benissimo. Adesso, Carniti, se vuoi partire dal principio...»

Carniti se la cavò in dieci minuti.

Lucchesi riprese la parola: «Adesso siamo tutti più o meno al corrente della situazione, e non voglio trattenervi oltre. Ci risentiamo nel tardo pomeriggio, nel caso vi fossero notizie dall'Istituto di medicina legale o dalla Scientifica. A questo proposito, Carniti, potresti sollecitare a Corradi alcuni ingrandimenti del volto della donna? Era piuttosto malridotto, ma può sempre servire per un'identificazione. E poi ci sarebbe l'unità cinofila per la ricerca degli indumenti...»

«D'accordo, commissario, me ne occupo io», rispose Carniti.

«Grazie. Diciamo, allora, che ci rivediamo tra le diciotto e le diciannove? Il tempo per chiarirci le idee, parlo soprattutto di me, e assegnare i vari compiti. Tu, Serra, e tu, Minniti, potete trattenervi ancora un momento?» Voleva metterli al corrente anche di quella faccenda della donna uccisa a martellate al Lorenteggio. Ci avrebbe lavorato con loro e, naturalmente, con la Scientifica.

In Questura, con le centinaia di persone che ci lavoravano, si era di certo più attrezzati per uno spuntino.

Ormai era tardi e Lucchesi sentiva un languore allo stomaco. Si diresse nella stanza dove c'erano le macchine distributrici di bevande e alimenti confezionati. Si accontentò di un tramezzino e un caffè.

Vi erano solo un paio di altri agenti che, nel vederlo entrare, si diedero di gomito e iniziarono a parlottare tra loro, a voce bassa. Non li conosceva, ma loro, evidentemente, conoscevano lui, o quantomeno sapevano chi era. Finse di niente. Non voleva iniziare col piede sbagliato.

Stava tornando in ufficio, a testa bassa, pensando a come avrebbe dovuto incominciare a muoversi, quando si trovò davanti Lucia Anticoli. Si arrestò di botto.

«Ciao, Lucia, come stai?»

«Sopravvivo, e tu?»

«Potrei risponderti lo stesso. Stai andando a prendere un caffè?»

«Sì, tu l'hai già preso?»

«Un momento fa, con un tramezzino.» Fu tentato di chiederle se poteva offrirglielo, ma si trattenne. Temeva una risposta tagliente. Pensò che non avevano più niente da dirsi e stava per allontanarsi, quando fu Lucia a rompere il silenzio.

«Scusa, Andrea, se tocco un argomento delicato, e non volermene, ma vorrei soltanto dirti che quanto è accaduto a Carolina Marchesi mi ha addolorato profondamente. Ci conoscevamo e, anche se forse non ci eravamo troppo simpatiche, la stimavo molto. Mi dispiace, mi dispiace davvero. E mi dispiace anche per te, ti prego di credermi.»

«Grazie, Lucia. Ci vediamo.»

«Un'altra cosa: so che il questore ti aveva cercato già

stamattina. Credo ti richiamerà nel pomeriggio. In ogni caso, io...»

«Non capisco cosa vuoi dire.»

«Non importa, Andrea.» Si allontanò.

Lui fece altrettanto, senza girarsi.

Carniti non aveva perso tempo. Trovò sul suo tavolo una serie di fotografie del volto della donna e un appunto, col quale l'ispettore lo informava che l'unità cinofila era già al lavoro e batteva il parco. Restò seduto a fissare quel volto deturpato, rivedendo la scena del mattino. Avrebbe staccato un'ora prima. Voleva tornarci, da solo.

Fece l'interno di Carniti. «Grazie per le fotografie e per il resto. Una sola altra cosa: il plaid che c'era sotto il cadavere?»

«L'hanno fatto fiutare ai cani e adesso dovrebbe averlo la Scientifica. Credo però che Corradi rientri alle sedici, sedici e trenta.»

«Sei così cortese di vedere se gli serve ancora? Vorrei darci un'occhiata. Magari ti informi anche sul risultato delle impronte digitali...»

«Come vuoi. Comunque, ci vediamo intorno alle diciotto e, se ti serve qualcosa prima, chiamami pure. Resto in ufficio.»

Neppure il tempo di posare il ricevitore che il telefono prese a squillare. «Lucchesi? Sono Alinovi. E così, al tuo primo giorno di lavoro, ti sei già trovato nell'occhio del ciclone... Se hai un momento di tempo, mi piacerebbe saperne di più. Sono un inguaribile curioso e su questa sedia friggo, costretto a occuparmi quasi soltanto di pratiche burocratiche. Sei destinato a fare carriera, tu, ma prima di prendere certe decisioni, pensaci. Pensaci bene. La depressione sta dietro l'angolo e... Scusa, sono il solito logorroico. La ragione per cui volevo vederti è un'altra, ma vorrei parlartene di persona. Quando puoi fare un salto da me?»

«Anche subito, dottor Alinovi.»

«Bene, ti aspetto. Ho comunicato al mio capo gabinetto che tu da me puoi venire quando vuoi.»

«Allora, raccontami. Ma prima ordino qualcosa di fresco», disse Alinovi, spostandosi nel salotto d'angolo del suo grande ufficio.

«Grazie, per me solo acqua», rispose Lucchesi.

«Ho saputo del morto al parco Solari...»

«La morta: una donna sulla quarantina, o forse anche meno... Non so da quanto stesse lì, perché le mosche e gli uccelli avevano già iniziato il loro lavoro, ma con questo caldo credo che non sarà facile neppure stabilire l'epoca della morte, se non con molta approssimazione.»

«Chi se ne occupa?»

«Il dottor Farrandino.»

«Ottimo. È uno dei migliori medici legali sulla piazza. E dalla Procura chi è intervenuto?»

«Il dottor Politi.»

Alinovi scoppiò in una risata. «Bella partenza, non c'è che dire, anche perché ti ha già conosciuto. Ma non è lo sciocco che potrebbe sembrare a prima vista. Cocciuto, sì, ma in fondo una brava persona. Tra l'altro, con un pregio non trascurabile...»

«Quale?» chiese Lucchesi.

«Quello di lasciarti lavorare in pace, senza interferire più di tanto. Piuttosto, il cadavere è stato identificato?»

«Per ora no.»

«Nessun documento?»

«Non solo nessun documento, ma neppure una borsetta o uno straccio di indumento. La donna era completamente nuda. Al momento i cani sono alla ricerca di qualcosa che le appartenesse. Tutto quello che abbiamo è un plaid, un plaid di ottima fattura, di cachemire, su cui era disteso il corpo.»

«Accidenti! Le cose non si presentano facili. In definitiva, abbiamo solo le impronte digitali, sempre che abbia qualche precedente penale o sia stata fermata per prostituzione.»

«Che fosse una prostituta lo escluderei e gliene spiego le ragioni.»

Alinovi lo ascoltò in silenzio. «Penso che tu abbia ragione», disse alla fine. «Mi sembrano tutte osservazioni sensate. Di sicuro Farrandino sarà in grado di darci conferme o smentite, hai ragione anche in questo. Un caso intrigante, anche se non di facile soluzione. Maledizione! È proprio in situazioni come questa che vorrei potermi muovere da questa benedetta scrivania e... Comunque, ti sarò grato se mi terrai informato sugli sviluppi del caso, ed è chiaro che in questo momento ti parlo da collega e non da questore.»

«Non dubiti, dottor Alinovi. Se ci saranno novità, sarà il primo a saperlo. Piuttosto, mi ha detto al telefono che voleva vedermi per parlare di un'altra questione...»

«Certo, certo. Non l'ho dimenticato. Dunque... La tua Sezione, in attesa di altri agenti in arrivo, prevede un posto per un altro ispettore, e preferisco metterci qualcuno del mio pollaio, che già conosco. Mi sono piovute sul tavolo una decina di domande, la maggior parte delle quali ho scartato subito. Non mi era mai capitato di trovarmi di fronte a tante domande per un posto che potrebbe essere anche impegnativo. O le cose sono cambiate e la Sezione Omicidi attira molto, oppure sei tu a essere molto popolare e molti ispettori vorrebbero lavorare con te. Comunque, giusto per rimanere nella metafora, conosco i miei polli e molti sono inadatti per quel posto. Alla fine la mia scelta l'avrei fatta, anche se rischio di scontentare un sacco di persone.»

«E io non potrò che prenderne atto, sicuro che si tratterà della persona giusta. Non vedo, quindi, perché abbia voluto interpellarmi.»

«È stata la persona da me scelta che mi ha chiesto come condizione il tuo gradimento.»

«Non capisco...»

«Si tratta dell'ispettrice Anticoli.»

Lucchesi non seppe cosa rispondere.

«Sorpreso?»

«Sinceramente, sì. A lei non posso negarlo.»

«Vedi, Lucchesi, conosco Lucia Anticoli da quando era un semplice agente. È di un'intelligenza superiore alla media e non si è mai tirata indietro. Inoltre, ha un'altra dote: quella della schiettezza e della lealtà. Ti dico questo perché mi ha spiegato la ragione per cui voleva il tuo gradimento preventivo, senza alcun infingimento, guardandomi dritto negli occhi. Quindi, della vostra passata relazione, finita in modo un po' burrascoso, so tutto.»

«E questo, dottor Alinovi, non potrebbe costituire una controindicazione?»

«Niente affatto, non per me. E non lo dico perché in queste cose sono, come si usa dire oggi, abbastanza laico, nel senso che non mi è mai interessato con chi uno se ne va a letto, purché non lo faccia in ufficio; lo dico per pragmatismo: quando due persone intelligenti lavorano insieme, e per di più si conoscono già a fondo, i risultati non possono che essere buoni. Ora sta a te manifestarmi il tuo gradimento oppure no. L'ispettrice Anticoli mi ha detto che, in ogni caso, avrebbe capito.»

Lucchesi restò in silenzio. Era turbato.

«Vuoi prenderti un momento per riflettere?» chiese Alinovi.

«No, posso risponderle anche subito: dal momento che lei conosce la situazione, mi riferisco all'antefatto, la mia risposta è sì. Sarebbe stata negativa solo se Lucia Anticoli non le avesse già raccontato quello che c'è stato tra noi.»

«Bene, Lucchesi. Anche questa è fatta, allora. Lo comunico all'ispettrice, che da domani incomincerà a lavorare con te.»

Tornato in ufficio, cercò di concentrarsi sulle carte che aveva davanti, ma gli veniva difficile. Non seppe tenersi e fece l'interno di Lucia.

«Sono Lucchesi.»

«Mi dica, commissario.»

«Mi stai prendendo in giro, Lucia?»

«Niente affatto. Solo che un momento fa mi ha telefonato Alinovi per dirmi che non avevi nulla in contrario al fatto che entrassi a far parte della tua Sezione. Adesso, per me sei il commissario Lucchesi.»

«Forse, anche se prenderai servizio domani, una chiacchierata ufficiosa non guasterebbe. Potresti venire un momento da me? La riunione con gli altri l'ho alle diciotto, quindi, se prima...»

«Arrivo subito.»

Lucchesi la guardò entrare. Se quando aveva fatto quella breve apparizione, prima dell'interrogatorio a cui era stato sottoposto da Politi, gli era parsa un po' appesantita, si era sbagliato, oppure Lucia aveva ritrovato una forma perfetta. Gonna beige e una camicetta blu. A un cenno di Lucchesi, Lucia si sedette sulla poltroncina di fronte a lui, al di là della scrivania.

«Vorrei che le cose fossero chiare fin da subito», esordì Lucchesi. «Quando siamo in presenza di altri, io sono il commissario, in questo hai ragione. Se, invece, ci capita di essere a tu per tu, io rimango Andrea e tu Lucia. Niente ipocrisie. Per il resto, il passato è passato e si ricomincia da capo. Se non ricordo male, sul versante professionale, tra noi c'è sempre stata una stima reciproca e...»

Lucia lo interruppe: «E continua a esserci. Se non fosse per questo, non mi sarebbe mai passato per la testa di fare quella domanda».

«Certo. Come ti dicevo, alle diciotto c'è una riunione e domani mattina, appena prenderai ufficialmente servizio, vieni da me e ti metto al corrente di tutta la storia. Credo che di lavoro da fare ce ne sia per tutti e ho già in mente cosa potrai fare tu.»

«D'accordo, a domani.» Lucia Anticoli si alzò, avviandosi verso la porta.

Lucchesi la seguiva con lo sguardo. «Lucia...»

«Sì?»

«Niente... Ne parleremo domani.»

«I cani hanno lavorato tutto il pomeriggio, battendo in lungo e in largo il parco: nessun risultato. Non solo nessuna traccia di indumenti, ma neppure di una buca recente, di qualcosa che potrebbe farci pensare...» iniziò Carniti.

«Se devo essere sincero non è che ci sperassi molto. Per quanto riguarda le impronte digitali?» chiese Lucchesi.

«Anche qui un buco nell'acqua. Ci troviamo di fronte a una persona incensurata.»

«E per la denuncia di persone scomparse?»

«Qui qualcosa abbiamo trovato. Fino a oggi tre casi di donne intorno ai quarant'anni. Una nubile: denuncia presentata dai genitori anziani coi quali conviveva; negli altri due casi, denuncia del marito. Mi sono fatto un piccolo promemoria con nomi e indirizzi», rispose Carniti.

«Bene. Te ne occuperai con qualche agente. Potreste prendere degli appuntamenti telefonici già questa sera e andarci domani, portandovi dietro la fotografia. Ma forse me ne occuperò io. Vedremo, lasciamici pensare. In quel pacco, piuttosto, cos'hai?»

«Il plaid. A Corradi non occorre più. Non so a cosa serva a te, comunque mi ha detto che lo puoi tenere quanto vuoi, prima che finisca tra i reperti.»

«Va bene, ci aggiorniamo a domani. Adesso devo uscire. Dimenticavo: da domani entrerà a far parte del nostro gruppo anche l'ispettrice Anticoli. Me lo ha comunicato un paio d'ore fa il questore.»

«La Anticoli?» chiese Carniti con aria sorpresa.

«Sì. A tuo avviso c'è qualche controindicazione?»

«No, è che non mi aspettavo che fosse stata scelta lei, perché c'erano almeno altri due colleghi che ci tenevano. Ne resteranno molto delusi.»

«Non so che dirti. Non ho messo in discussione le decisioni del questore», tagliò corto Lucchesi.

Capitolo 5

Uscì da via Fatebenefratelli alle diciotto e trenta. Avrebbe voluto andare al parco Solari da solo, ma all'ultimo momento aveva deciso di portarsi dietro Serra e Minniti. Nel suo nuovo ruolo aveva a disposizione una macchina di servizio, un'Alfa civile, munita di lampeggiante che, all'occorrenza, poteva essere sistemato sul tettuccio dell'auto ed era collegato con una sirena. Gli dava un profondo senso di disagio, ma qualche volta avrebbe dovuto usarla, anche perché un'automobile personale non l'aveva mai posseduta.

«Andiamo al parco Solari», disse Lucchesi a Serra che si era messo alla guida.

La temperatura esterna era ancora alta. Un caldo appiccicoso che forse sarebbe diminuito solo durante la notte.

Ci arrivarono in una ventina di minuti. A piedi si avvicinarono alla zona recintata dalla striscia che, in un punto, era stata divelta dal paletto che la sorreggeva.

«Rimettila a posto, Minniti. Sarà stato qualche ragazzino, ma ormai non è che importi molto», disse Lucchesi.

«Scusi, commissario, cerchiamo qualcosa?» chiese Serra.

«Non lo so, non credo. Non saprei cosa cercare. Volevo solo rivedere con calma la...»

«Scena del crimine?» chiese Serra.

«Sì, se ti piace chiamarla così. Comunque, secondo me, tu vedi troppi telefilm americani.»

«Può essere. Lei come la chiamerebbe?»

«Ma... forse il luogo del delitto, o il luogo in cui è avvenuto il fatto... Ma la mia era una battuta senza importanza.»

Lucchesi cominciò a guardarsi intorno. Pensò che avrebbe preferito essere da solo. Passò sotto la striscia di plastica, avvicinandosi all'avvallamento. «Ecco, se non sbaglio, il corpo, poggiato su un plaid, stava proprio qui, in questa posizione», e indicò dove stava il capo e dove stavano i piedi.

«La donna era completamente nuda?» chiese Serra.

«Sì, ve l'ho già detto.»

«Questo è abbastanza strano», commentò Serra dopo averci pensato un momento.

«Perché? Lo penso anch'io, ma vorrei la tua opinione.»

«Secondo me è strano perché per farsi una scopata all'aperto, sia pure in un luogo appartato e in un'ora in cui di gente in giro non ce n'è o ce n'è poca, non occorre togliersi tutti i vestiti. L'idea che una persona si spogli del tutto per poi stendersi su un plaid ha qualcosa di morboso, almeno secondo il mio punto di vista.»

Lucchesi lo guardò con attenzione. «Questione di opinioni, ma potresti anche avere ragione.»

«Forse, però, ho sbagliato a usare il termine "morboso". Una coppia che voglia fare l'amore si spoglia completamente quando lo fa a letto, a casa propria, nella propria camera...»

«E allora?» chiese Lucchesi

«Allora penso che lo abbiano fatto qui perché non potevano farlo a casa propria. Ma volevano che fosse *come* a casa propria.»

«E perché non in una camera d'albergo?» chiese Lucchesi.

«Forse perché il coraggio di andare in albergo non l'avevano. Oppure andavano di fretta e gli ha preso un raptus improvviso.»

«E col plaid come la metti?» insistette Lucchesi.

«In che senso?»

«In questa stagione, con questo caldo, secondo te è normale che una coppia se ne vada in giro con un plaid di cachemire? Che si tenga un plaid in macchina?»

«No», rispose Serra.

«E allora il raptus improvviso ce lo possiamo scordare. Quelli sono venuti qui con l'intenzione di fare l'amore, e il plaid aveva una sua precisa destinazione.»

«Giusto.»

«Commissario, forse ho trovato qualcosa», gridò Minniti, che aveva in mano un piccolo lembo di tela azzurra.

«Dove l'hai trovato?»

«Attaccato a quel rovo che sporge dalla macchia, a mezzo metro dal posto in cui la donna avrebbe dovuto essersi coricata.»

«Va bene. Non hai per caso una busta?»

«Sempre», rispose Minniti e infilò il pezzo di stoffa in una bustina di plastica.

«Domattina lo daremo alla Scientifica, e forse potranno dirci di cosa si tratta. Adesso possiamo andare, sono quasi le otto. Strada facendo, mi lasciate a casa, è stata una giornata lunga», disse Lucchesi.

Quando il telefono squillò, erano le ventuno e quindici, e Lucchesi si alzò dalla poltrona imprecando.

«Commissario Lucchesi, sono il dottor Farrandino e mi scuso se la disturbo a casa. Domani, nel primo pomeriggio, avrà sul tavolo la relazione autoptica, ma volevo farle alcune anticipazioni...»

«Grazie. Non sapevo che avesse il mio numero di casa.»

«In effetti, ho cercato di farmelo dare in Questura, ma mi sono imbattuto in un imbecille che pareva trovarsi lì per caso. Allora ho chiamato a casa il commissario Pellegrini, ma si era fermato a Varese. Così il suo numero me lo ha dato la moglie.»

«Angelica Pellegrini?» chiese Lucchesi.

«Sì, credo che si chiami così. È stata gentilissima e mi ha pregato di salutarla.»

«Grazie», borbottò Lucchesi. «Allora, che novità ci sono?»

«Anzitutto l'epoca della morte: vista la temperatura esterna e il rigor mortis, direi, con buona approssimazione, che possiamo farla risalire a non più di quindici ore prima del rinvenimento del cadavere. Il viso era mal ridotto, ma... Diciamo alla sera precedente. Età sui quaranta, forse anche un po' meno, vicina alla quarantina, comunque. E di sicuro non una prostituta, aveva perfettamente ragione lei: una donna adusa al coito, senza dubbio, ma direi con molta moderazione; e la regione anale era nella norma, mentre di solito le prostitute...»

«Certo, certo, lo immagino», lo interruppe Lucchesi.

«Una donna che, da un esame del corpo e dalla cura che vi dedicava, definirei di ceto borghese.»

Doveva esserci dell'altro, altrimenti Farrandino non gli avrebbe telefonato a quell'ora, a casa. Lucchesi friggeva, perché stava passando l'ora della sua telefonata serale a sua figlia Alice. Ma Farrandino aveva i suoi tempi, o ci prendeva gusto a tenere l'interlocutore sulle spine.

«Dottor Farrandino, la pregherei di venire al punto, perché sto aspettando un'altra telefonata.»

«Chiedo scusa, commissario. Il punto che potrebbe costituire una novità è stato un primo esame dello sperma che la donna aveva sul ventre, che ho condotto con un collega, anche se il vero esperto dobbiamo ancora contattarlo. Senza dubbio, dovrebbe permetterci di risalire al DNA dell'uomo, ma, nel frattempo, il collega a cui ho spiegato la cosa ha ventilato l'ipotesi che l'uomo, che poi dovrebbe essere l'assassino, potesse essere sieropositivo, anche se non sono in grado di spiegargliene le ragioni.»

«Diavolo! Questo potrebbe spiegare la ragione per cui le ha eiaculato sul ventre. O per caso...»

«No, so già cosa vuole chiedermi: nessun rapporto, né

vaginale, né orale. Solo qualche residuo umorale che può far pensare a un'eccitazione anche da parte della donna, ma niente di più. Comunque, guardi che la possibilità che lui fosse affetto da AIDS allo stato non è molto più di un'ipotesi, quasi una fantasia direi.»

«Che, se verificata, costituirebbe un fatto, nuovo e imprevedibile», commentò Lucchesi.

«Ma c'è un secondo punto, e questo è certo», proseguì Farrandino.

«E cioè?»

«Che la donna era incinta, al secondo, forse al terzo mese di gravidanza.»

«E quindi potremmo fare un raffronto...»

«...tra il DNA dell'uomo e quello del feto», concluse Farrandino.

«Si aprono orizzonti nuovi. Quanto ci vorrà per questi accertamenti?»

«Alcuni giorni, non lo so con esattezza. Comunque, si tratta di una priorità su cui lavoreremo già da domani. Appena avrò i risultati... Ah, dimenticavo: la donna è stata colpita con uno strumento sottile e acuminato che è penetrato in profondità. Un cacciavite, meglio ancora un lungo punteruolo, qualcosa del genere.»

«Grazie ancora, dottore. Buonanotte», disse Lucchesi. Un'occhiata all'orologio: troppo tardi per telefonare ad Alice. Si mise in poltrona e iniziò a riflettere.

Di nuovo lo squillo del telefono. Forse Alice, o Farrandino che si era dimenticato un particolare.

«Sì...? Lucchesi.»

«Buonasera, commissario», una voce bassa, di donna, che non riconobbe.

«Ma chi parla?»

«Non riconosce più neppure la mia voce?»

Adesso ci arrivò: Angelica Pellegrini.

«Senta, signora, non credo che abbiamo nulla da dirci.»

«Sicuro?»

«Sicurissimo. Buonanotte. E la prego...»

«Solo un paio di cose, e cerchi di essere più gentile con una signora.»

Era sicuramente brilla. «Si sbrighi, per favore.»

«Una domanda: la sua sega serale se l'è già fatta? Io me la sto facendo adesso, bevendo un whisky. In ogni caso: due punti e asterisco, non lo dimentichi.» Chiuse la comunicazione senza dargli il tempo di ribattere.

Se l'avesse avuta a portata di mano non si sarebbe fermato a un paio di ceffoni. Dovette limitarsi a bestemmiare, e lo fece a voce alta, con metodo, fino a quando sentì che la rabbia gli era sbollita. Una gran pena per Pellegrini che forse non si era ancor accorto di dover convivere con un caso clinico. O magari ne aveva avuto sentore e cercava di andare avanti come poteva, sempre innamorato di quella strega fuori di testa.

Si era levato un po' di vento, forse un temporale. Si appoggiò al davanzale della finestra e fumò un paio di sigarette, una di seguito all'altra. Aveva visto giusto: iniziò a lampeggiare e il primo fragore di un tuono lo colse di sorpresa. Anche il vento aveva rinforzato e lo scroscio della pioggia fu violento e improvviso. Restò al davanzale, cercando inutilmente di accendersi un'altra sigaretta.

Adesso la pioggia si era trasformata in grandine, chicchi come nocciole che schizzavano sull'asfalto e sulle automobili in sosta. Decise di chiudere le persiane, quando la grandine iniziò a cadere di traverso, colpendo i vetri della finestra che aveva spalancato.

Accese la luce. Era fradicio e sul pavimento si era formata una pozza d'acqua, che raccolse con uno straccio, strizzandolo più volte nel lavandino. Poi andò in bagno, si asciugò, preparò il letto e si stese. Il rumore dei tuoni non accennava a diminuire. Gli era sempre piaciuto, fin da piccolo, addormentarsi mentre fuori infuriava il temporale. Quella sera, però, il sonno stentava ad arrivare e si rigirò nel letto per parecchie ore, appisolandosi solo a notte inoltrata.

La situazione imponeva uno straordinario.

Un caffè e una brioche al bar sotto casa. Era stanco: le poche ore di sonno non gli erano bastate. Aveva fretta di arrivare in ufficio e decise per il tram. Arrivò in via Fatebenefratelli alle otto e cinque e fece subito l'interno di Lucia Anticoli. «Sono Andrea, puoi raggiungermi in ufficio?»

Lucia arrivò in pochi secondi e si sedette, facendogli un cenno col capo.

«Volevo metterti al corrente, prima che arrivassero tutti gli altri. Cercherò di essere conciso.»

Gli bastarono una decina di minuti: dal ritrovamento del corpo alla telefonata serale del medico legale. «Tu che ne pensi?» chiese quando ebbe terminato.

«C'è qualcosa che non quadra», disse Lucia Anticoli dopo averci meditato un momento.

«Di cose che non quadrano ce ne sono molte. Tu da cosa sei stata colpita in particolare?»

L'ispettrice evitò una risposta diretta. «La situazione non può ridursi a quella di una semplice scopata notturna in un parco, questo mi sembra evidente.»

«Lo penso anch'io, ma da cosa deriva la tua convinzione?»

«Dagli accertamenti di Farrandino, il medico legale: non c'è stato nessun rapporto vaginale e neppure orale.»

«E allora?»

«Allora, il fatto che la donna fosse completamente nuda potrebbe far pensare a qualche strano gioco erotico...»

«Spiegati meglio.»

«La coppia arriva in macchina, a meno che non abitasse nelle vicinanze, cosa che sarei però portata a escludere...»

«Continua.»

«A parte la ferita mortale, a quanto ho capito nessun segno di violenza.»

«Esatto.»

«Quindi la donna, o entrambi erano alla ricerca di sensazioni forti. Lei si era spogliata completamente, anche se non sappiamo se lo abbia fatto di sua iniziativa o su invito del compagno.»

«Quindi arrivano, prendono il plaid, entrano nel parco, trovano il posto giusto, si spogliano...»

«La donna si spoglia. Che lo abbia fatto anche lui non lo sappiamo.»

«Cosa vuoi dire? Lei nuda e lui vestito?»

«Potrebbe anche essere.»

«Mi sembrerebbe piuttosto strano. Se lui aveva il desiderio di vederla nuda, perché lei non avrebbe voluto che anche il proprio compagno...»

«Qui possiamo fare solo delle ipotesi. La più semplice potrebbe essere che un pene che esce dai pantaloni può essere più eccitante di quello di un uomo nudo. In questo devi fidarti di me che sono una donna.»

Lucchesi si agitò a disagio sulla poltrona. Lucia Anticoli, all'occorrenza, non aveva peli sulla lingua. «Va bene, vediamola pure così. E poi cosa succede?»

«Questo non lo so proprio. Posso soltanto ricorrere all'immaginazione, se la cosa non ti disturba...»

Lucchesi tornò ad agitarsi. Chiaro che Lucia aveva compreso il suo disagio, ma non ci stava giocando. Lo si capiva dall'espressione, seria e concentrata. «Non sono poi così delicato. Continua pure.»

«Bene. Io la vedrei così: lei si spoglia completamente e si adagia sul plaid, che al novanta per cento dovrebbe appartenerle, e inizia a masturbarsi...»

«Come fai a dirlo?»

«Ti sei dimenticato un passaggio di Farrandino, che mi hai riferito poco fa.»

«Hai ragione, ma perché avrebbe dovuto farlo?»

«Mi sembra evidente, per aumentare l'eccitazione del compagno.»

«E poi?»

«Poi lui se lo toglie dai pantaloni e si masturba a sua volta, arrivandoci per primo e finendo con l'eiacularle sul ventre. Non può essere andata che così.»

«Ma perché lui non si sarebbe a sua volta spogliato? Non che sottovaluti le tue opinioni femminili, ma...»

«Mi sembra chiaro: perché in tasca, nella tasca posteriore dei pantaloni suppongo, aveva il punteruolo con cui l'avrebbe uccisa.»

Lucchesi restò a bocca aperta. Non ci aveva pensato, ma la ricostruzione non era poi così bizzarra. Corrugò la fronte e si mise a pensare. Immagini che gli turbinavano in testa, insieme a interrogativi irrisolti. «E quindi tutto si sarebbe risolto in una reciproca masturbazione... Potrebbe anche essere. Le vie di un rapporto amoroso possono essere infinite, come quelle del Signore. Ma la cosa non finisce col convincermi... Lei che inizia a masturbarsi per eccitarlo e lui che... E perché allora non farsi fare almeno...»

«Un pompino? È questo che volevi dire?»

«Be'... sì... più o meno.»

«Qui, sempre in via di ipotesi, dovremmo ancora aggrapparci a Farrandino, o all'ipotesi del suo collega: lui potrebbe avere avuto l'AIDS e in questo caso non voleva farle correr rischi.»

«E una donna andrebbe con uno affetto da AIDS?»

«Penso proprio di no, a meno che non lo sappia.»

«Fammi capire. Lui sa di averlo e lei non lo sa?»

«Mi pare la cosa più probabile, anche se mi rendo conto che potrei dire delle sciocchezze. Comunque, ci sarebbe un punto importante che dovremmo sapere, ma non sapremo mai, se non acchiappiamo l'uomo.»

«E cioè?

«Se era la prima volta che facevano una cosa del genere, oppure no.»

«E cosa cambierebbe?»

«Se fosse stata la prima volta, allora l'iniziativa di quello strano svolgimento del rapporto potrebbe essere stata dell'uomo, appartenere a lui solo. Siamo d'accordo sul fatto che non fossero marito e moglie, ma avessero solo una relazione?»

«Penso di sì. In caso contrario, come abbiamo già osservato, lo avrebbero fatto a casa loro.»

Lucia Anticoli si mise a tamburellare sulla scrivania con una penna. «Forse stiamo davvero infilando una serie di sciocchezze, o meglio, diamo per scontate alcune circostanze che invece potrebbero anche non esserlo.»

«Non ti sto seguendo», disse Lucchesi.

«In teoria avrebbe anche potuto essere una coppia sposata o convivente.»

«Ma se abbiamo appena detto che una coppia con una casa a disposizione non avrebbe avuto alcun bisogno di andare di notte in un parco!»

«È molto più facile ammazzare una persona in un parco, facendo sparire gli abiti per impedirne l'identificazione, che farlo nel proprio letto, trovandosi poi con un cadavere tra le braccia da...»

«Quindi omicidio premeditato?»

«Su questo non dovrebbero esservi dubbi. Uno non va a fare l'amore con una donna con un punteruolo in tasca. Lui c'è andato per ammazzarla.»

«E la storia del gioco erotico?»

«Necessitato e imposto da lui, se per caso avesse avuto l'AIDS.»

«Ma benedetta ragazza! Uno è tanto scrupoloso da non correre il rischio di trasmettere la sua infezione a una donna che ha intenzione di uccidere?»

«Potrà sembrare paradossale, ma non lo è se prendiamo in considerazione una possibilità su cui non ci siamo ancora soffermati...»

«Quale?»

«Che lui fosse il padre del bambino. Seguimi un momento: i due hanno una relazione, non ha molta importanza che fosse coniugale o extraconiugale, e lei si ritrova incinta. Lei vuole fare l'amore, ma lui non vorrebbe perché ha scoperto di essere affetto da AIDS. Momenti terribili, ma ormai è troppo tardi, per lei e per il bambino. Non sa che fare, finché prende una decisione, una decisione tremenda, ma che gli appare l'unica praticabile e l'attira per così dire in trappola: l'amore nel parco. E qui la uccide, e con lei uccide il bambino. Una decisione tremenda, come ti dicevo, ma in qualche misura anche comprensibile, se lui l'amava davvero.»

«E quindi?» chiese Lucchesi che incominciava a capire.

«Quindi omicidio premeditato... ma un omicidio per amore.»

«Sempre che avesse l'AIDS. Comunque, dobbiamo pensare a una mente molto contorta», concluse Lucchesi.

Capitolo 6

Bussarono alla porta e apparve Carniti, con gli altri agenti della squadra.

«Scusatemi un momento. Un momento e vi ricevo tutti», li fermò Lucchesi.

La porta si richiuse.

«Lucia, adesso facciamo il punto della situazione, tutti insieme. Le nostre teorie, però, quantomeno per il momento, ce le teniamo per noi. Anche perché temo che abbiamo fatto un guazzabuglio e ci siamo spinti troppo in là. Dovremo tornarci sopra.»

«D'accordo», rispose Lucia Anticoli.

Lucchesi si alzò e andò a riaprire la porta dell'ufficio. «Scusatemi ancora. Stavo terminando di mettere al corrente l'ispettrice Anticoli del fatto di cui ci stiamo occupando. Potete accomodarvi. Credo che l'ispettrice la conosciate tutti, a parte Serra e Minniti, quindi saltiamo le presentazioni. L'unica novità che ancora non sapete, che mi ha comunicato ieri sera il dottor Farrandino per telefono, è che la donna era incinta di due o tre mesi.»

«Cazzo! Questo non potevamo certo immaginarlo. Anche se la cosa non sposta molto...» sbottò Carniti.

«Certo», disse Lucchesi, incrociando lo sguardo di Lucia Anticoli che rimase impassibile, la penna in mano e un blocco di appunti sulle ginocchia. «Dunque», riprese Lucchesi, «io la imposterei in questo modo: abbiamo la fotografia della morta, si tratta di identificarla. Difficile forse, ma necessario. Senza identificazione non andiamo da nessuna parte. Su questo siamo tutti d'accordo?»

«Sicuramente», rispose per tutti l'ispettore Carniti.

«Benissimo. Detto questo si tratta di decidere da dove incominciare. Ebbene, anche se la coppia poteva arrivare dall'estrema periferia o addirittura dall'hinterland, cosa che peraltro mi sembra improbabile, il punto di partenza non può che essere costituito dal luogo in cui abbiamo rinvenuto il corpo, cioè il parco Solari. Ora, ho qui sul tavolo una carta di Milano», la dispiegò in modo che tutti potessero vederla. «Questo, segnato in rosso, è il posto in cui abbiamo trovato il cadavere. Si tratta di fare dei cerchi concentrici che vadano via via allargandosi, delimitando zone precise. Gli agenti, fotografia alla mano ...»

«Ci mettiamo a suonare il campanello di un milione di persone?» chiese Carniti.

«Penso che la tua sia una battuta e te la passo. Non intendo certo andare a interpellare a uno a uno gli abitanti di Milano. In questo caso sarebbe più opportuno far pubblicare la foto sui giornali e restare in attesa che qualcuno si faccia vivo. Ma si tratta di un'immagine troppo macabra e la possibilità ce la teniamo di riserva. Anche perché una pubblicazione sui giornali potrebbe mettere in allarme l'assassino della donna e indurlo, ad esempio, a squagliarsela, mettendoci qualche centinaio di chilometri di mezzo. Meglio lasciarlo tranquillo. Pensavo, invece, a luoghi che la donna magari frequentava, dove potrebbe essere riconosciuta: edicole, farmacie e, se proprio volessimo allargarci, negozi di abbigliamento femminile, augurandoci che non andasse solo alla Rinascente.»

«Sarei portata a privilegiare i negozi di intimo femminile», disse Lucia Anticoli.

«Potrebbe anche essere un'idea.»

«Posso?» fece l'agente Lanza.

«Sei qui per questo. Chi ha una qualsiasi idea la metta subito sul tavolo», lo esortò Lucchesi.

«La mia non è un'idea, solo un'osservazione: non dico che qui, in questo momento, siamo in quattro gatti, ma poco ci manca, e se vogliamo sperare di arrivare a qualche risultato in tempi ragionevoli...»

«Più che giusto. Ho infatti intenzione di parlare col questore. Vorrei chiedergli, al di là dell'aiuto che potrebbero darci le Volanti, quanti uomini può metterci a disposizione per un periodo di tempo limitato, diciamo due o tre giorni, distogliendoli dalla normale attività di servizio. Se potessimo disporne di una cinquantina, mi pare chiaro che il discorso cambierebbe.»

Tutti annuirono, a eccezione di Carniti che continuava a conservare un'aria perplessa.

«Seconda cosa», proseguì Lucchesi, disfacendo il pacco in cui era contenuto il plaid, «questo, per chi non lo sapesse, è il plaid su cui giaceva la donna, quando l'abbiamo trovata nel parco. È un plaid di cachemire, un capo di un certo valore che non si trova in un negozio qualsiasi. C'è anche una targhetta. Voglio foto del plaid e della targhetta e un'indagine nei negozi che potrebbero averlo venduto. Un semplice tentativo, perché, se la vendita non fosse stata abbastanza recente, ed è difficile che l'acquisto di un plaid possa avvenire in periodo estivo, faremo quasi di sicuro un buco nell'acqua.»

«Ma, se almeno riuscissimo a individuare il negozio, potrebbe rivelarsi di qualche utilità per stabilire in che zona abitava la donna», intervenne Lucia Anticoli.

«Potresti anche non aver torto, anche se non saprei da che parte incominciare.»

«A me vengono subito in mente tre negozi: uno in corso Magenta, un secondo in via Agnello e il terzo al Cordusio, all'angolo con via Orefici o via dei Mercanti.»

«L'ultimo lo conosco anch'io. Allora, questo potrebbe essere il tuo incarico. Vedi un po' tu, dovresti sbrigartela in mezza giornata. A proposito, dimenticavo...» e tolse di tasca la busta di plastica con il piccolo lembo di stoffa: «Questo, secondo te, cosa può essere?»

Lucia Anticoli prese il pezzo di stoffa, passandoselo tra le dita. «Seta. Troppo leggera per appartenere a una gonna. Penserei piuttosto a una camicetta.»

«Sostanzialmente non ci serve a nulla, anche se lo passiamo alla Scientifica. Interessante, però, che possa trattarsi di una camicetta, perché una gonna può restare impigliata in un rovo, mentre una camicetta no. Con ogni probabilità, allora, si tratta di un pezzo di un indumento indossato dalla donna, che l'uomo ha portato via con sé, insieme a tutto il resto, per renderne più difficile l'identificazione», osservò Lucchesi. «E allora, se mi date una mezz'ora di tempo, vado a parlare col questore per chiedergli se ci può mettere a disposizione un certo numero di uomini. Diciamo che ci rivediamo intorno alle undici?»

Alinovi lo ascoltò con attenzione. «È un momento di relativa calma: facciamo una trentina di agenti per tre o quattro giorni? Il tempo di fare qualche telefonata e ti richiamo. Mi pare che tu stia facendo un buon lavoro.»

«Non lo so ancora. Speriamo bene», disse Lucchesi andandosene.

Tornò in ufficio e, preso un blocco, iniziò a buttar giù qualche appunto. Poi chiamò l'ufficio che si occupava delle denunzie di persone scomparse: parlò con un sovrintendente e aggiunse alcuni nomi all'elenco preparatogli da Carniti, considerandoli con attenzione, uno per uno.

Il questore lo richiamò alle undici meno un quarto. «Ciao, Lucchesi. Ti sto mandando un elenco degli agenti che sono riuscito a ottenere. Meglio di quanto sperassi: una quarantina di uomini sarà a tua disposizione già da questo pomeriggio.»

Alle undici erano di nuovo tutti nel suo ufficio.

«Il questore ci ha messo a disposizione una quarantina

di agenti. Ho già preso contatto con i dirigenti delle Sezioni di appartenenza e si presenteranno alle quattordici. Le zone da battere già le conoscete. Tra Minniti, Lanza, Ferretti e Costanzo chi è il più anziano?»

«Io, ritengo», disse Lanza.

«Bene. Allora, quattro gruppi di dieci uomini. Tu, Lanza, fatti fare dalla Scientifica un'altra serie di copie della fotografia e poi, già da questo pomeriggio, iniziate il lavoro di ricerca. Anticoli, tu ti occupi del plaid...»

«E io?» chiese Carniti.

«Tu resti qui a fare le mie veci, perché io, con Serra, mi occupo delle persone di sesso femminile di cui è stata denunciata la scomparsa.»

«Ma non potrei farlo io?» insistette Carniti.

«Certo, e magari anche meglio di me. Quello che ti chiedo è un favore personale: non reggo all'idea di restarmene seduto dietro una scrivania a tempo indeterminato. Comunque, riunione da me alle diciannove, e così per i giorni a venire, fino a che non spunti qualcosa di nuovo. Serra, appena sono pronto ti chiamo.»

Prese dal sottomano l'elenco completo, compresi i due nomi la cui denuncia era stata presentata nelle ultime ventiquattr'ore, trascrisse il tutto sul computer e ne stampò alcune copie:

- *Giovanni e Vincenza Bontempi, pensionati, via Savona 13 (figlia Elisa)*
- *Giuseppe Cellini, geometra, via Del Torchio 11 (moglie Clara Lombardi)*
- *Anselmo Bigatti, commerciante, via Alcuino 44 (moglie Cinzia Ballotti)*
- *Edmondo Laurenti, avvocato, via Visconti di Modrone 32 (moglie Giulia Casini)*
- *Luigi Cerignola, impiegato, viale Bligny 37 (moglie Luisa Laudati)*

Passò alla guida telefonica. Per fortuna c'erano tutti e accanto a ogni nome annotò il numero di telefono. Stava per chiamare Serra, quando il telefono si mise a squillare.

«Commissario Lucchesi? Sono Farrandino.»

«Ah... buongiorno. Non mi dica che ci sono altre novità.»

«No, nessuna novità. Le telefonavo solo per dirle che, a proposito di quell'idea abbastanza stramba che ci era venuta, cioè la remota possibilità che l'accompagnatore della donna del parco Solari potesse essere affetto da AIDS...»

«È impossibile accertarlo attraverso lo sperma. È questo che mi voleva dire?»

«Non esattamente, e vale sia per il DNA sia per l'AIDS. Ho parlato con colleghi esperti del settore: ebbene, la possibilità ci sarebbe nel caso di sperma fresco...»

«Mentre il nostro era essiccato. Quindi nulla da fare?»

«No, si potrebbe fare attraverso un esame della cellula. Però sarà una ricerca più indaginosa e i tempi...»

«Non si preoccupi dei tempi, dottor Farrandino, su questo versante l'unica cosa che non ci manca è il tempo. Ci risentiamo.» Mise giù il telefono e fece l'interno di Serra.

I coniugi Bontempi abitavano in un vecchio stabile: terzo piano senza ascensore. Lucchesi aveva parlato con la moglie, Vincenza: non si sarebbero mossi di casa prima di sera, nella speranza che rinfrescasse. Glielo aveva consigliato il medico di famiglia.

Entrambi oltre la settantina con disturbi di pressione arteriosa. Solo che lui, Giovanni, era solito pranzare alle dodici e trenta, non un minuto prima, né uno dopo: era un'abitudine che aveva fin da ragazzo, quando i suoi erano mezzadri nella bassa bresciana. E, dopo il pasto, inevitabilmente, un abbiocco lo induceva ad andarsene a letto e a restarci un paio d'ore, anche per recuperare il sonno perduto durante la notte, quando si rigirava nel letto, risvegliato dagli incubi che lo assalivano sempre più spesso e lo lasciavano con gli occhi sbarrati nel buio, in preda ai pensieri più foschi. Soprattutto negli ultimi giorni, da quando Elisa, l'unica figlia, se n'era uscita una sera, come faceva tutti i mercoledì, per andare al cinema con Ada, l'amica del cuore, e non era tornata a casa, senza più dare alcuna notizia di sé.

«Qualche novità su nostra figlia?» aveva chiesto al telefono Vincenza Bontempi con voce incerta e un accento che tradiva una chiara origine emiliana.

«Purtroppo no, non ancora, ma una chiacchierata con voi ci sarebbe utile per le ricerche e, se non vi disturbiamo troppo...» aveva risposto Lucchesi.

Avevano preso appuntamento per le sedici.

Si trattava di una scelta obbligata, perché nessuno degli altri nominativi dell'elenco aveva risposto al telefono.

Adesso stavano seduti nel modesto soggiorno: un angolo da pranzo con cucina a vista e un divano con un paio di poltrone dalla fodera logora. Alle pareti un calendario e alcune immagini sacre.

Li aveva accolti la vecchia Vincenza, una casalinga grassoccia con una vestaglia azzurra a fiori che, come spesso accadeva, si era subito rivolta a Serra: «Buongiorno, commissario, grazie di essere venuto da noi». Era arrossita quando Serra si era qualificato come un semplice agente, spiegandole che il commissario era l'altro, quel tizio alto e snello in maniche di camicia e con la pelle scura.

Vincenza Bontempi si era ripresa alla svelta, anche se era parsa poco convinta, o forse delusa, perché di un commissario di Polizia doveva essersi fatta un'altra idea. Aveva chiamato il marito, un vecchio secco, con il viso rugoso e spessi occhiali da vista, che era uscito dalla camera da letto vestito di tutto punto, cravatta compresa e, a sua volta, aveva teso la mano a Serra, fermato in tempo dalla moglie che, preso per un braccio Lucchesi, glielo aveva presentato, scusandosi per il fatto che il marito, per una forma di glaucoma avanzato, ci vedeva sempre meno.

«Quanto durano le ferie di un poliziotto?» aveva chiesto l'uomo a Lucchesi con voce stizzosa.

«Venti, venticinque giorni al massimo, secondo i casi», aveva risposto Lucchesi. «Perché mi fa questa domanda?»

«Perché lei ha l'aria di essere stato al sole per almeno tre mesi. Un'abbronzatura così, neanche al mare...»

«Quest'anno al mare non ci sono andato e, la prego di credermi, non ho fatto neppure un giorno di ferie. Il colore della mia pelle è naturale: mio padre era toscano, ma mia mamma veniva dall'Eritrea e un po' di abbronzatura l'ho presa da lei.»

«Capisco, chiedo scusa per quello che ho detto prima. Guardi che io non sono un razzista. Dalle mie parti i mungitori sono quasi tutti indiani, ne ho conosciuti tanti. Tutte brave persone, con molta più voglia di lavorare dei nostri, che certi mestieri, anche per un ottimo stipendio, non li vogliono fare, perché trovano troppo scomodo doversi alzare di notte per mungere le vacche. Poi si lamentano della disoccupazione e... Non è d'accordo anche lei?»

«Sono d'accordissimo, signor Bontempi, e adesso se...»

«Certo, certo, sedetevi che vi faccio il caffè», aveva detto Vincenza.

Ora stavano di nuovo seduti. Lucchesi e Serra sul divano. I due anziani coniugi sulle poltrone. La vecchia Vincenza, tra i suoi pregi, aveva sicuramente quello di saper fare un caffè come si deve.

«Ottimo. Non ricordo il tempo che non bevevo un caffè così buono», disse Lucchesi, dopo aver sorbito l'ultimo sorso.

«Merito di una macchina speciale che le ha regalato per il compleanno nostra figlia Elisa...» fece il marito, interrompendosi di colpo con gli occhi che gli si inumidivano.

«Ma dài, Giovanni, adesso non ricominciare a piangere.

Vedrai che la Elisa ritorna a casa e, se non ritorna, questi signori ce la trovano di sicuro.»

«Ecco, è proprio questa la ragione della nostra visita», disse Lucchesi, approfittando del fatto che la donna gli aveva spianato la strada. «Vorremmo saperne di più di Elisa: le sue abitudini, le persone che frequentava, anzi, che frequenta. Ho letto la vostra denuncia di scomparsa, ma conosciamo solo l'età: mi pare trentotto anni...»

«Va per i trentanove. Li compie in ottobre», disse Giovanni che, dopo essersi asciugato gli occhi, si era rimesso gli occhiali.

«Mi pare che faccia la commessa alla Standa di via Torino...»

«Prima alla Standa. Nella denuncia ci siamo sbagliati: adesso si chiama Billa.»

«E dove si trova?»

«Sempre in via Torino. È lo stesso supermercato, ha solo cambiato nome», spiegò Vincenza Bontempi.

«Ma non abbiamo neppure una fotografia e sappiamo soltanto che era andata al cinema con la sua amica Ada.»

«Alda, non Ada», lo corresse Vincenza.

«Ma al telefono...»

«Ha capito male.»

«Va bene, Alda. E di cognome?»

«Questo non l'abbiamo mai saputo.»

«Ma almeno la conoscete?»

«No, qui non c'è mai venuta. Qualche volta telefonava e diceva: "Sono la Alda, la collega dell'Elisa", e poi parlavano tra di loro e si mettevano d'accordo.»

«Ha detto "la collega". Vuole dire che era una commessa anche lei?»

«Certo. Lavora anche lei da Billa. Almeno ci aveva detto così la Elisa.»

«L'indirizzo e il numero telefonico lo avete?»

«No. Perché dovremmo avercelo? Magari ce lo avessimo avuto! Le avremmo telefonato subito, quando la Elisa non è ritornata. Il giorno dopo, siamo andati a quel supermercato e ci hanno detto che lì non ci lavorava nessuna Alda. Forse avevamo capito male; o forse fa la commessa, ma non lavora lì.»

Lucchesi tolse di tasca il pacchetto di sigarette, ma si fermò, dando un'occhiata ai due vecchi.

«Fumi, fumi pure. Dopo il caffè... Non ci dà fastidio il fumo, ci siamo abituati con la Elisa che dopo cena, quando sta a casa, ne fuma due o tre prima di andare nella sua camera.»

«A proposito, signora, possiamo dare un'occhiata alla camera di Elisa?»

«Ma certo, certo. Vi accompagno. L'Elisa è un po' gelosa della sua camera, ma se questo...» Vincenza Bontempi si alzò e fece strada verso quella che doveva essere la terza stanza dell'appartamento. Un corridoio e altre due porte. «Questo è il bagno e questa è la camera dell'Elisa. Se non avete bisogno di me, ritorno di là da mio marito. Potete guardare tutto, anche se non penso che ci troverete qualche cosa di importante. Ma non si sa mai... Se avete bisogno, mi date una voce. Volete per caso un altro caffè?»

«Grazie, signora, ma preferiamo di no», rispose Lucchesi che non vedeva l'ora di togliersela di torno. «Forza, Serra. Diamoci da fare.»

La camera era arredata in modo abbastanza sobrio. Mobili Ikea, non c'era dubbio. Un letto singolo accostato al muro e, in alto, una mensola con alcuni libri. Accanto al letto un tavolino con un cassetto e una lampada da notte. Di fronte un armadio a due ante e, sulla terza parete, un cassettone. Sul lato con la finestra non c'erano mobili, solo fotografie di tutte le dimensioni, incorniciate a giorno, inframmezzate da poster raffiguranti dive del cinema. Le fotografie ritraevano paesaggi montani e marini e alcune una donna, sempre la stessa, in primo piano: capelli corti e una sorta di frangetta che le copriva parte della fronte. In una fotografia, le donne erano due e la seconda aveva una gran massa di capelli fermati da un cerchietto. L'immagine era in bianco e nero, ma i capelli non erano scuri come quelli della compagna. Entrambe le donne dimostravano meno di trent'anni.

Aprirono l'armadio e il cassettone: gonne, abiti, un soprabito e una pelliccia corta che a Lucchesi sembrò di pelo sintetico. E molta biancheria intima, abbastanza elegante. Solo il cassetto del tavolino accanto al letto era chiuso a chiave. Ma la chiave non c'era e, per quanto la cercassero, non riuscirono a trovarla.

Lucchesi si mise a sfogliare i libri, alzandosi sulla punta dei piedi per raggiungerli. Per lo più di soggetto erotico e tutti scritti da donne. Li rimise a posto come li aveva trovati e staccò dalla parete la fotografia con le due giovani donne.

«Continua a cercare la chiave di quel cassetto. Vado un momento di là dai Bontempi.» Si recò in soggiorno, con la fotografia in mano. In tasca aveva quella della donna trovata al parco, ma l'avrebbe mostrata ai Bontempi solo se fosse stato assolutamente necessario.

«Per caso, una di queste due giovani è vostra figlia?»

«Sì, quella con una gran massa di capelli, ma la fotografia è di almeno dieci o dodici anni fa. Adesso l'Elisa è molto cambiata: si è tinta anche i capelli di biondo. Anche se li aveva già abbastanza chiari allora.»

«In origine com'erano?»

«Scuri, come i miei quando ero giovane.»

Tornò in camera da letto, dove Serra stava esaminando il contenuto del cassetto.

«Trovata la chiave?» chiese Lucchesi.

«No, mi sono servito di questo», e mostrò un coltellino multiuso, con una piccola lama appuntita.

«Hai forzato la serratura?»

«Mi sono limitato a farla scattare, non c'è voluto niente. Poi la richiudo e nessuno si accorgerà di nulla. Guardi un po' cosa ho trovato, commissario...» Alcune riviste pornografiche, due vibratori di fattura diversa e fotografie di entrambe le ragazze, anche molto più recenti di quella appesa alla parete. Entrambe erano nude. In alcune stavano sedute a gambe divaricate, con la vagina in primo piano. In una, l'amica di Elisa teneva scostate le grandi labbra. Aveva le unghie smaltate di rosso scuro, quasi nero.

Lucchesi sbuffò. Foto di quel genere ne aveva viste tante e ogni volta la prima cosa che gli passava per la testa era quella di una donna sul lettino di un ginecologo. L'unica differenza era che, nella fotografia, l'amica di Elisa aveva uno sguardo malizioso e la bocca semiaperta, da cui spuntava la punta della lingua. Fatti loro, concluse tra sé. «L'avevo sospettato», disse a Serra. «Comunque, non è certo la donna che cerchiamo perché, nonostante una certa somiglianza, questa Elisa si è tinta i capelli di biondo, ma prima li aveva neri. Me lo ha appena detto la madre.»

Serra continuava a frugare.

«Sbrigati che potrebbe arrivare la Bontempi», disse Lucchesi.

«Mi stava sfuggendo: c'è anche una piccola agenda telefonica, diversi nomi e numeri...» e iniziò a sfogliarla. «Tombola! C'è anche quello del cellulare di una certa Alda.»

«Segnatelo.»

«Ma...»

«Ti ho detto di segnartelo, anzi, no, segnati anche gli altri, ma fai in fretta. E bada di richiudere bene il cassetto. Lascia solo l'agenda e ficcati in tasca riviste e... tutto il resto. Non vorrei che per caso i genitori avessero la tentazione di aprirlo.»

«Ma, commissario, a me sembra quasi un fur...»

«Me ne fotto. Ne facciamo un pacchetto e, se questa Elisa si fa viva, le restituiamo tutto. La cosa importante è che non vedano niente quei due vecchi.»

Capitolo 7

Lucia Anticoli ci prese al terzo tentativo: il plaid era stato acquistato in via Agnello. Quando e da chi era tutto un altro paio di maniche. L'unica certezza era il prezzo: intorno ai seicento euro. Parlò con il capo commesso, un quarantenne basso e tarchiato, che non restò insensibile al suo fascino. Lucia Anticoli ci sapeva fare ed era in grado di prevedere qualsiasi situazione, di rado facendosi cogliere impreparata.

Quel pomeriggio era passata da casa e aveva indossato un tailleur nero, di seta leggera. Sotto, un top écru con una scollatura che non nascondeva l'attacco del seno. Si accorse subito che il quarantenne se la stava divorando con gli occhi. In casi del genere, prima dell'ispettrice, veniva fuori la donna, e Lucia una bella donna continuava a esserlo.

«Abbia pazienza, so che il mio lavoro costituisce spesso un fastidio per il mio interlocutore...»

«Niente affatto. Se potessi aiutarla in qualche modo ne sarei felicissimo», rispose il capo commesso.

«Secondo la sua esperienza, al giorno d'oggi, può essere che seicento euro vengano pagati in contanti?»

«Sarei portato a escluderlo. Difficile che qualcuno se ne vada in giro con una cifra del genere nel portafogli. Carta di credito, secondo la mia esperienza. Ormai per pagamenti del genere viene usata la carta di credito.»

«Lo pensavo anch'io. In questo caso, sullo scontrino che rimane a voi, come traccia del pagamento, c'è la firma del cliente. Anche se immagino che, come quasi sempre, le firme siano difficilmente leggibili...»

«In questo ha ragione. Anch'io, quando pago con carta di credito, faccio una firma non molto dissimile da uno sghiribizzo. Ma sullo scontrino dovrebbero esserci nome e numero della carta di credito del cliente. La difficoltà, semmai, è costituita dal ritrovare lo scontrino. Per la cifra non sarebbe difficile, perché questo tipo di plaid costa esattamente cinquecentonovanta euro, e una signora disposta a spendere cinquecentonovanta euro per un articolo del genere non chiede certo uno sconto. Anche perché di sconti noi non ne facciamo. Vede quel cartello appeso sopra la cassa? La nostra politica è quella di non fare sconti, ma di mantenere il prezzo invariato anche per due o tre anni, a dispetto dell'inflazione e...»

«Mi scusi se l'interrompo: lei ha parlato di "una signora". Cosa intendeva dire? Che di solito i plaid li comprano solo le donne?»

«Mi è venuta così, perché sono qui da più di dieci anni e credo che mi sia capitato due volte su dieci che lo comprasse un uomo. Anche perché le donne se ne intendono di più e sono in grado di valutare meglio il tipo di cachemire.»

«Capisco. Quindi, per non farle perdere altro tempo...»

«Di tempo, per lei, ne ho quanto ne vuole», azzardò il capo commesso.

Lucia Anticoli finse di non aver sentito. «Le stavo chiedendo, per non farle perdere altro tempo, se una ricerca sugli scontrini da parte vostra sarebbe infruttuosa, oppure...»

«Un tentativo si potrebbe anche fare, almeno credo. Potrei chiedere al capo cassiere, che in questo momento è in ferie e dovrebbe tornare verso la fine di luglio, per quanto tempo li conserva. Io non mi occupo di queste cose e potrei anche dirle delle sciocchezze, ma sarei propenso a pensare che li tenga per un anno, anche se forse la legge impone di conservarli più a lungo, oppure potrebbe averlo fatto lui, di sua iniziativa. È un tipo molto pignolo e... C'è però una difficoltà...»

«E cioè?»

«Non so per quale ragione, ma vede la Polizia come il fumo negli occhi e di sicuro non è tipo da dedicare una sera o due a una ricerca del genere.»

«Neppure a seguito di una richiesta formale? Polizia a parte, si potrebbe anche ipotizzare un ordine di sequestro da parte dell'Autorità giudiziaria.»

«Quello è cocciuto come un mulo. La strada migliore sarebbe che ci provassi io al posto suo, prima che ritorni...»

«E sarebbe disposto a farlo?»

«Per lei, senza dubbio», rispose arrossendo il capo commesso.

«Preferirei che non la mettessimo sul piano personale. Trovando quello scontrino, non farebbe un favore a me, ma permetterebbe alla Polizia di fare un grosso passo avanti in un'indagine. Questo deve essere chiaro.»

«Ma certo, chiarissimo», ribatté l'uomo un po' mortificato.

«Ciò non toglie che gliene sarei eternamente grata, perché è molto urgente», aggiunse Lucia Anticoli.

L'uomo tornò a sorriderle. «Quando è arrivata, stavo per uscire a bere un caffè al bar di fronte. Posso permettermi di offrirlo anche a lei?»

«Volentieri», rispose Lucia Anticoli.

Un grosso bicchier d'acqua e poi il caffè. «La ringrazio: per il caffè, per l'impegno che si è preso e per la sua gentilezza. Aspetti che mi annoto il suo nome», disse, estraendo un taccuino dalla borsa.

Usciti dal bar, il capo commesso le tese la mano, tenendola stretta nella sua, senza decidersi a mollarla. «Appena trovo qualcosa, sempre che la trovi, la chiamo immediatamente. Mi può dare il suo numero di telefono?»

«Lo trova sulla guida telefonica: Questura di Milano. Ispettrice Anticoli. Sezione Omicidi.»

«Ma il furto del plaid...»

«Le ho per caso parlato di un furto?»

«No, per la verità no, ma avevo pensato che...»

«Non si tratta di un furto, ma di un omicidio. Anzi, mi stavo scordando la cosa più importante», e tolse dalla borsa la busta contenente la fotografia che ritraeva il volto della donna del parco Solari. «Non è una bella immagine, ma la guardi con attenzione: ha mai visto questa donna?»

«Non mi pare. Non so... una cliente coi capelli rossi mi pare di ricordarla vagamente e mi sembra anche che fosse una bella signora. Ma questa fotografia... Ecco, proprio non saprei dirle se è la stessa persona.»

«Va bene, non importa. Ci risentiamo. Ispettrice Anticoli della Omicidi, non se lo scordi.»

Si allontanò in direzione di piazza Duomo, ancheggiando appena, a causa di quei tacchi che portava il meno possibile, ma bastò perché il capo commesso rimanesse lì a guardarla fino a quando girò l'angolo. Poi, con un sospiro, tornò nel negozio.

Lucchesi e Serra rientrarono in ufficio verso le diciotto.

«Telefoniamo a qualcun altro dell'elenco?» chiese Serra.

«Una copia ce l'hai anche tu. Prova e, se ne trovi uno disposto a riceverci anche questa sera, ci andiamo, ma non più di uno. Per gli altri, sempre che li troviamo, prendi pure i relativi appuntamenti per domani.»

Bussarono alla porta: Carniti, Lucia Anticoli e gli agenti Minniti, Lanza, Ferretti e Costanzo.

«Novità?» chiese Lucchesi.

Fu la Anticoli a prendere la parola: «Il plaid è stato acquistato nel negozio di via Agnello, ma non sappiamo da chi, né quando. Per fortuna mi sono imbattuta in un capo commesso che si è fatto in quattro e mi ha promesso che farà una ricerca sugli scontrini, sempre che il plaid sia stato pagato con carta di credito e in epoca abbastanza recente».

«Via Agnello... è più scomoda di corso Magenta e del Cordusio per parcheggiare. Può darsi che la donna che stiamo cercando di identificare abitasse da quelle parti», rifletté Lucchesi.

«Non ci farei nessun conto. Via Agnello è in una zona centralissima, dove le signore vanno a fare acquisti di un certo tipo, magari arrivando dall'altro capo della città. Non è una zona residenziale. In ogni caso, prima ero andata in corso Magenta, ma lì non tengono plaid di puro cachemire come il nostro. E, tornando, sono passata anche dal negozio che sta vicino al Cordusio: lì ne hanno anche di migliori, ma di un'altra marca. In teoria la donna, sempre che sia stata lei ad acquistarlo, potrebbe essere andata in tutti e tre i negozi, o in qualche altro che non abbiamo preso in considerazione, per poi trovare quello che cercava in via Agnello. E allora direi che è il caso di dimenticare che l'ubicazione del negozio sia in qualche modo collegata al luogo in cui la donna abitava.»

«Credo che tu abbia ragione, Anticoli», disse Lucchesi. Poi, rivolgendosi agli altri: «Esito delle ricerche in edicole, farmacie e altro sulla base della fotografia?»

«Abbiamo quasi esaurito il primo cerchio, che completeremo domani, e ancora niente. Ma ci siamo resi conto di una difficoltà imprevista...» rispose Lanza.

«Vale a dire?» chiese Lucchesi.

«Che alcune edicole, molte farmacie e diversi negozi hanno già abbassato la saracinesca per le ferie. Sono quelli che hanno anticipato a luglio e riapriranno in agosto.»

«Mi auguro che abbiate segnato tutto, in modo da non tornare due volte nello stesso...»

«Certo, commissario», lo interruppe Lanza.

«A proposito di ferie», disse Carniti, «un quarto d'ora fa ha telefonato un tizio che cercava di te, Anticoli. Aspetta che mi sono segnato il nome», e levò di tasca un paio di foglietti stropicciati. «Voleva parlare con te e solo con te... Ecco, dovrebbe essere questo: Alessandro Padovani. Ho insistito perché mi spiegasse cosa voleva e ha finito col dirmi di riferirti che si era scordato che la prossima settimana dovrebbe andare in ferie, ma che lui, a costo di rinviarle, se appena può, continuerà il suo lavoro di ricerca. Mi ha anche raccomandato di salutarti.»

«Padovani? Non conosco nessun Padovani... aspetta un momento», e prese il taccuino dalla borsa. «Ah, ecco! Sto perdendo i colpi: si tratta del capo commesso del negozio di via Agnello. Uno pieno di buona volontà, ma sostanzialmente uno sciocco su cui non conto molto, e che forse non sa bene neppure lui cosa cercare.»

«Ma che è disposto anche a perdersi qualche giorno di ferie per farti un favore. Bella forza! Se vai a fare le indagini con mezze tette di fuori...» fece Carniti.

«Senti, Carniti. Prima di tutto non ho mezze tette di fuori, ma solo una sobria scollatura che si giustifica col caldo che fa in questi giorni, e soltanto un fissato come te...»

«Piantiamola, per favore», disse infastidito Lucchesi.

«Per me la pianto anche subito. Ci mancherebbe», ribatté Carniti un po' piccato. «Comunque, commissario, c'è stata una telefonata anche per te. Dalla voce direi una ragazza, che quando ha saputo che non eri in ufficio non ha voluto dirmi niente, se non il suo nome: una certa Alice.»

«Si tratta di mia figlia», rispose brusco Lucchesi.

«Scusami», fece Carniti.

«Di cosa? Del fatto che ho una figlia? Mica l'hai fatta tu, l'ho fatta io. Va bene, ci vediamo domani. Potete andare, io ho ancora da fare.»

Qualcosa, però, non lo convinceva sulla ricerca fatta da Lucia Anticoli. Aprì il portafoglio: uno scontrino forse l'aveva ancora, tra quella miriade di biglietti che buttava una volta al mese, quando si decideva a fare un po' di pulizia. Lo trovò. Era come pensava e fece il numero dell'ispettrice. «Puoi passare da me un momento? Diciamo tra una decina di minuti. Prima voglio fare un paio di telefonate e...»

«Di cosa si tratta?»

«Sempre della tua ricerca sull'acquisto del plaid.»

«Ho fatto qualche cazzata?»

«Non mi esprimerei in questi termini. Probabilmente la cazzata la sta facendo il capo commesso tanto volonteroso... Ti aspetto tra dieci minuti.»

Fece le due telefonate che si era ripromesso. Gli bastarono e richiamò Lucia Anticoli, che arrivò subito e si sedette davanti alla scrivania con aria preoccupata.

«Sono certa di aver fatto qualche cazzata e tu non me l'hai voluto dire davanti agli altri.»

«Non ne ero ancora certo, perciò ho dovuto informarmi anch'io, per non correre il rischio di dire sciocchezze.»

«Allora?»

«La cosa è molto semplice: il capo commesso te lo sei conquistato, ma le cazzate le ha fatte e le ha dette lui.»

«Non capisco...»

«Tu hai una carta di credito?»

«Sì, ma la uso raramente.»

«Anch'io, dal momento che sono sempre squattrinato. Il fatto è che il tuo capocommesso ti ha detto una cazzata.»

«Non ti sto ancora seguendo...»

Lucchesi le mostrò lo scontrino. «L'ho trovato per caso nel mio portafoglio. Me l'ha rilasciato il mio macellaio quando, alcuni giorni fa, sono andato a comprare un paio di bistecche con soli cinque euro in tasca e ho dovuto pagare con la carta. Vorrei che tu lo guardassi. Non noti niente?»

Lucia lo considerò con attenzione, e poi alzò gli occhi, mortificata. «C'è solo il numero della carta di credito, ma non il nome del titolare ...»

«Appunto, e quel cascamorto avrebbe dovuto saperlo. Così come avrebbe dovuto sapere che per la ricerca che ti ha promesso forse non sarebbe bastata una richiesta a voce di un qualsiasi poliziotto. Ma non è tanto questo. Il punto è un altro.»

«E cioè?»

«Ci arrivo. Ho telefonato al macellaio: lui gli scontrini se li conserva anche per dieci anni, ma perché è un tipo che fa una grande fatica a buttare qualsiasi cosa. L'importo pagato, però, va subito sul suo conto in banca. La banca registra il pagamento, comprensivo del numero della transazione effettuata, che è poi il numero della carta registrato sullo scontrino.»

«E allora ci si dovrebbe rivolgere alla banca.»

«E qui ci va di mezzo la seconda telefonata che ho fatto: alla mia banca. Anzitutto non basta che un poliziotto vada in banca a informarsi. Occorre una richiesta dell'Autorità giudiziaria. Ma non è finita qui. La banca, per risalire al titolare della carta di credito, si deve a sua volta rivolgere alla società che gestisce le carte di credito, la Setefi, me lo sono annotato, e anche per questo è necessaria una specifica richiesta dell'Autorità giudiziaria. E veniamo ai tempi: minimo quindici giorni, ma anche un mese... Ovviamente, sempre ammettendo che l'acquirente del plaid abbia pagato con carta di credito...»

«Sono mortificata, sono proprio una cazzona...»

«Non dirlo neppure, il cazzone, semmai, è il capo commesso, ma questa, a quanto mi è parso di capire, è stata anche la tua impressione.»

«Vedrò di rimediare. Ho sbagliato e tocca a me...»

«Di questo non sono certo.»

«Che vuoi dire? Che vuoi occupartene tu?»

«No. Voglio dire che non so se ne vale la pena. Sarei quasi propenso a lasciar perdere, ma devo rifletterci un momento. Ne riparliamo tra qualche giorno, sperando di arrivare all'identificazione della donna del parco attraverso una strada più semplice.»

«E intanto? Telefono al capo commesso per dirgli di interrompere le ricerche?»

«Questo assolutamente no. Che ci perda pure qualche serata e qualche giorno di ferie. Mi sembra il minimo per un soggetto del genere...»

Erano rientrati Serra e Minniti. «Abbiamo beccato il geometra Cellini, quello di via del Torchio. Ha denunciato la scomparsa della moglie, mi pare avvenuta due giorni fa. Ci aspetta fino alle venti e trenta. Poi deve uscire a cena.»

«Per festeggiare?» domandò Lucchesi.

«Questo non gliel'ho chiesto», rispose Serra.

«Posso venirci anch'io?» chiese Minniti.

«Perché no? Torniamo tutti dalle parti di piazza San Sepolcro», disse Lucchesi.

Soltanto quando erano già in macchina ricordò che avrebbe voluto chiamare il numero di quella certa Alda. Pazienza, pensò, le telefonerò questa sera, e telefonerò anche ad Alice.

Parcheggiarono in piazza Mentana e, percorsa via Bagnera, sbucarono in via Torino, oltrepassando il Carrobbio. Via del Torchio era la prima a destra, imboccando Cesare Correnti.

Il geometra Cellini abitava al primo piano di un interno, separato dalla strada da un piccolo cortile. Li stava aspettando con la giacca sulle spalle, già pronto per uscire, nonostante fossero passate da poco le diciannove. Un pezzo d'uomo, sanguigno, che sovrastava anche Lucchesi di una decina di centimetri.

Lucchesi si presentò subito, per evitare il solito equivoco. Una stretta di mano. Una mano callosa di chi con le mani ci lavora.

«Si tratta, come credo le abbia accennato al telefono il mio agente, della denuncia di scomparsa di sua moglie Clara. Vorremmo saperne qualcosa di più rispetto a quanto risulta dalla sua segnalazione presentata il mattino di ieri l'altro. Dalla denuncia non risulta quando lei si è accorto della scomparsa di sua moglie, o forse potremmo dire della sua assenza. Vuole raccontarmi con esattezza come sono andate le cose? Sua moglie se n'è andata con una valigia, o è sparita nell'aria così com'era? Ma prima di tutto: di che colore ha i capelli sua moglie? Anche questo non emerge dalla denuncia, per via di una vecchia modulistica che qualche volta viene ancora usata nella quale non c'è una casella che preveda il colore dei capelli, quindi non è colpa sua, ma nostra.»

«Rossi», rispose il geometra Cellini, che nel frattempo li aveva fatti entrare in salotto, senza invitarli a sedersi. Un tavolo con quattro sedie, un divano davanti a un televisore e un tappeto dozzinale, a rombi rossi e blu.

«Rossi tinti? O è una rossa naturale?» chiese Lucchesi.

«Era una rossa naturale, anche se non proprio rossa, ma di un biondo che tendeva al rosso.»

«Abbia pazienza, geometra, sua moglie è assente da un paio di giorni soltanto. Perché ne parla già al passato?»

«E chi ne parla al passato?»

«Lei, geometra, quando ha detto: "*Era* una rossa naturale", non "*È* una rossa naturale".»

«Ma voi vi attaccate a ogni parola che si dice, quando...»

«Sì, ci attacchiamo anche a ogni parola, se può servire», rispose Lucchesi.

«E nel mio caso pensate che vi serva?»

«Non lo sappiamo ancora. Siamo qui anche per questo.»

«Senta, lei, siete qui per aiutarmi a trovare mia moglie o per farmi il processo? Parliamoci chiaro: se uno fa fuori la moglie, poi va subito a denunciarne la scomparsa?»

«Non sarebbe la prima volta. E, pensandoci bene, potrebbe anche essere ritenuta una mossa intelligente», rispose Lucchesi tranquillo.

«Be', quella è la porta...» iniziò Cellini.

Lucchesi non lo lasciò continuare: «E abbiamo intenzione di infilarla quando lo riterremo opportuno. Tra l'altro, non ha ancora risposto alla mia domanda: sua moglie, andandosene, si è portata dietro una valigia con alcuni indumenti?»

«E che cazzo posso saperne io? Quella non faceva altro che comprarsi vestiti e scarpe, e di valige ne abbiamo una dozzina, tra vecchie e nuove.»

«Lei ci permette di dare un'occhiata ai cassetti dove sua moglie tiene le proprie cose? Non parlo di indumenti, ma di documenti, lettere...»

«Non credo che mia moglie tenesse niente del genere. Se riceveva una lettera, la stracciava subito dopo averla letta e la buttava nella spazzatura.»

«Perché continua a parlarne al passato?» insisté Lucchesi.

«Perché al momento non c'è. Contento adesso?»

«Non del tutto. Potremmo dare un'occhiata alla vostra camera da letto?»

«La mia o la sua?»

«Dormite in camere separate?»

«Certo che dormivamo in camere separate, e sono cazzi nostri. Comunque, avete un mandato di perquisizione?»

«No», rispose Lucchesi.

«E allora niente. Il naso nella sua camera non ce lo cacciate.»

«Scusi, geometra, per caso sua moglie è solita depilarsi i peli del pube?» chiese Serra all'improvviso.

«Che cazzo sarebbe questo pube?»

«Quello che sta sopra la figa», disse Lucchesi con voce secca, facendo sussultare i due agenti.

«E che cazzo ne so io se si rasava la figa o no!»

«Diamoci una calmata», proseguì Lucchesi. «Dalla denuncia risulta che lei ha quarantadue anni e sua moglie quaranta. Vuole dirmi che non avete rapporti sessuali?»

«La Polizia può fare di queste domande?»

«Evidentemente sì, visto che gliela sto facendo.»

Cellini si prese un momento di tempo. «No, non avevamo nessun rapporto sessuale da molto tempo.»

«E perché non avevate rapporti sessuali?»

«Perché lei non voleva saperne. Era frigida. Ed era una cosa che mi faceva andar fuori di testa, perché io, invece...»

«Ha un'amante?» chiese Lucchesi. «Se le cose stanno come mi sta raccontando, sarebbe più che comprensibile.»

«Nessuna amante, mai avuto amanti», rispose Cellini.

«E allora?»

«Cazzi miei.»

«E va bene...» sospirò Lucchesi. «Tra poco ce ne andiamo. Lei, però, mi deve raccontare esattamente come si è accorto della scomparsa di sua moglie.»

«Quella sera lì ero fuori a cena...»

«Quindi esce spesso a cena?»

«Perché?»

«Perché, se non ho capito male, ci va anche questa sera.»

«Certo... Lavoro a un palazzo che stanno tirando su per l'Expo, proprio vicino alla stazione Garibaldi. Siamo tanti colleghi e molto spesso, la sera, andiamo fuori insieme, soprattutto adesso con questo caldo.»

«Dunque, era fuori a cena. E poi?» lo incoraggiò Lucchesi.

«Sì, ero fuori a cena. Abbiamo mangiato pesce, ma si vede che non era fresco, perché ho avuto subito problemi di pancia, così ho chiesto a un amico di accompagnarmi a casa, anche perché avevo bevuto un po' troppo.»

«Il nome di questo amico, per favore.»

«Non me lo ricordo più. Le ho appena detto che avevo bevuto.»

«E poi?»

«Sono arrivato a casa, sono stato sul cesso più di mezz'ora e poi sono andato a dormire.»

«Ha visto sua moglie, quella sera?»

«No. Saranno state le undici, perciò ho pensato che fosse a letto. La mattina dopo, mi sono svegliato verso le nove e, siccome era sempre lei a chiamarmi al mattino, non vedendola, sono andato in camera sua per svegliarla.»

«E cosa è successo?»

«Niente, non è successo niente. Lei non c'era e non aveva neanche disfatto il letto. Ho chiesto alla vecchia che sta di sotto se l'aveva vista e lei mi ha risposto di no. Allora, prima di andare al cantiere, sono passato in Questura a denunciarla, voglio dire a denunciare che era scomparsa.»

«Così? Subito? Senza informarsi prima da qualcuno? Non so... avrete pure degli amici, dei conoscenti...»

«Ce li ho io, ma mia moglie non la conoscono neanche. Ha sempre detto che dei miei amici c'era da vergognarsi e non ha mai voluto averci a che fare.»

«Va bene. Un'ultima cosa e ce ne andiamo», disse Lucchesi, togliendo di tasca la busta con la fotografia. «Lei, questa donna l'ha mai vista? Non la conosce?»

Giuseppe Cellini levò dal taschino della giacca un paio di occhiali. «È la fotografia di una morta?»

«Sì», rispose Lucchesi.

«Dev'essere una troia anche questa, ma non è mia moglie. Però questa fotografia mi ha fatto venire il voltastomaco. Niente in contrario se mi faccio un grappino?» Aprì una piccola credenza e se ne versò due dita, posando il bicchierino sul tavolo.

«Arrivederci, geometra», disse Lucchesi. «Ma mi levi una curiosità: lei è proprio un geometra? Il diploma lo ha preso?»

«No, se devo esser sincero ho smesso al secondo anno e non sono più andato avanti, ma in pratica è come se lo sono. Come ha fatto a capirlo?»

«Intuito professionale», rispose Lucchesi, dando un'occhiata a Minniti che, alle spalle di Cellini, aveva tolto di tasca un fazzoletto di carta col quale afferrò il bicchierino vuoto e lo ficcò in una tasca dei pantaloni.

Uscirono che imbruniva. « Vado a casa a piedi. Ma per voi ho un incarico. A proposito, Serra, sei riuscito a prendere qualche altro appuntamento? » chiese Lucchesi.

« Sì, con l'avvocato Laurenti, domani alle quattordici. Gli altri non sono riuscito a trovarli. »

« Va bene, allora avrete tutta la mattinata libera. Tu, Serra, devi tornare qui. Il nostro pseudo geometra dovrebbe essere al lavoro, domattina. Voglio che senti bene la vecchia di cui ci ha parlato, quella che sta al piano terreno. Mentre tu, Minniti, individui il cantiere dove lavora questo Cellini e cerchi di identificare l'amico che lo avrebbe accompagnato a casa, quando è stato male a cena. »

« Ma Cellini mi conosce. »

« Hai ragione. Mettiti in contatto con... anzi, ci penserò io. Il bicchierino alla Scientifica, domani mattina presto. Comunque, penso di arrivare in ufficio intorno alle otto e magari farò tutto io, e parlo anche con Corradi. Buonanotte. Dimenticavo di chiedervelo. Che impressione vi ha fatto questo Cellini? »

« Pessima », rispose Serra.

« Idem », disse Minniti.

Capitolo 8

Lucchesi impiegò più di mezz'ora a rientrare. Si era levata una po' di brezza, quasi un miracolo, e ci prese gusto a gironzolare. Avrebbe accorciato la serata. Una volta a casa, una bistecca e un'insalata e, dopo un paio d'ore di lettura, sarebbe stato maturo per una buona dormita, si disse.

Squillò il cellulare. «Pronto, Lucchesi.»

«Ciao, Andrea, sono Lucia. Spero di non disturbarti.»

«Affatto. Sto andando a casa a piedi e mi godo questo po' di fresco inaspettato. Volevi dirmi qualcosa?»

«Solo chiederti cosa dovrei fare domani. Non ne abbiamo parlato, e la faccenda del plaid, almeno per il momento, è rimasta in sospeso.»

«Ne parliamo domani. Appena arrivato in ufficio e sbrigate un paio di cose, sarò libero anch'io. Magari usciamo a berci un caffè e ti aggiorno.»

«D'accordo, Andrea. Buona notte.»

«Anche a te.»

Arrivò finalmente in via Scaldasole.

Spalancò la finestra e si mise sotto la doccia. Poi, con addosso soltanto l'accappatoio, prese la bistecchiera, accese la fiamma e la mise sul fornello. Solo allora ricordò che doveva fare due telefonate. Cinque minuti, frugando in tutte le tasche, per trovare il biglietto su cui Serra aveva trascritto il numero di cellulare della famosa Alda.

Una voce di donna, bassa e gradevole, rispose al quarto squillo.

«Mi chiamo Lucchesi, Andrea Lucchesi, parlo con la signora Alda?»

«Sì, è il mio nome, in effetti, ma non credo di avere mai sentito il suo. Con chi sto parlando, e come fa a conoscere il mio numero di cellulare?»

«Ha ragione, non ci conosciamo. Sono un commissario di Polizia e non sono neppure certo che lei sia la persona che mi interessa. Posso farle una domanda che potrebbe anche suonare impertinente? Lei mi scuserà, ma come le dicevo sono un commissario e...»

«Chi me lo garantisce?» chiese la voce all'altro capo del telefono.

«E ha ragione anche questa volta. Se ha dei dubbi, più che comprensibili, può telefonare in Questura e chiedere il nome del commissario che dirige la Sezione Omicidi. Dovrebbe trovare l'ispettore Carniti, parli con lui e gli spieghi i suoi dubbi e gli chieda una descrizione del commissario. Le anticipo che la descrizione la lascerà un po' sorpresa. La richiamo tra dieci minuti. D'accordo?»

Un momento di silenzio.

«Penso che non ce ne sia bisogno. Mi ha convinta. Cosa vuole sapere da me?»

«Le stavo dicendo che non sono sicuro di parlare con la persona giusta. Lei, per caso, ha i capelli neri, corti, con una sorta di frangia sulla fronte?»

«Sì, e lei, dal momento che non ci conosciamo, come fa a saperlo?»

«Lo so perché ho visto una serie di immagini che la ritraggono e, se mi scusa la franchezza dal momento che siamo adulti, potrei dirle di conoscerla anche piuttosto intimamente, sia pure in fotografia, questo è ovvio.»

«Ma come può aver visto queste fotografie?»

«Nel cassetto di un comodino. In casa della sua amica Elisa Bontempi, della quale i genitori hanno denunciato la scomparsa alcuni giorni fa. Lei, è o non è l'amica di Elisa?»

«Certo che sono l'amica di Elisa, ma che io sappia questo non costituisce reato...»

«Ci mancherebbe altro! Sono fatti vostri, e per i fatti altrui ho sempre avuto il massimo rispetto, voglio che le cose siano subito chiare. Il fatto è che quei due poveri vecchi mi hanno detto che Elisa è scomparsa mercoledì sera, dopo essere uscita con la sua amica Alda, che loro non conoscono. Ne hanno perso le tracce e non si danno pace. Mi hanno fatto molta pena. Ora, se lei sa dove si trova Elisa...»

«Elisa sta bene. È da me. Abbiamo deciso di vivere insieme.»

«Non posso certo criticare la vostra decisione. Soltanto che Elisa dovrebbe dirlo ai genitori, per rassicurarli.»

«Anche loro hanno visto le fotografie?»

«Assolutamente no.»

«Meno male. Ho cercato di convincere Elisa a parlare con i suoi, ma non ne ha il coraggio. Non ci sono ancora riuscita, ma condivido appieno il suo consiglio.»

«E allora ci riprovi. Al giorno d'oggi le persone anziane sono in grado di capire e di accettare più di quanto si pensi. E, in ogni caso, non si può lasciarli col cuore in sospeso a piangere una figlia che invece sta benissimo.»

«D'accordo. Mi ci metto d'impegno, a costo di trascinarmela dietro per i capelli.»

«Benissimo. Un'ultima cosa. Come le dicevo, i genitori non conoscono il contenuto di quel cassetto, che ho infilato in un pacchetto a vostra disposizione. Lo lascio in ufficio, sulla mia scrivania, con l'indirizzo di Elisa e l'ordine di consegnarglielo. Può passare anche domattina.»

«Meglio che ci metta il mio indirizzo. Può prendere nota?»

«Bene, allora tutto a posto. Se non ci fossi io, chieda dell'ispettore Carniti che avrò informato. Buonasera.»

«Buonasera a lei e... grazie, commissario.»

Chiuse il telefono soddisfatto. Almeno questa era fatta. Adesso Alice.

Prima, però, spense la fiamma sotto la bistecchiera che, forse, non aveva ripulito a dovere e aveva riempito la stanza di puzza di bruciato. Sventolò un giornale, ma l'unico risultato fu che si ritrovò di nuovo madido di sudore. Rinunciò, però, a una seconda doccia e fece il numero di Alice.

«Sono Andrea Lucchesi.»

«E io sono Adele. Se vuoi Alice, te la passo subito, ma, se vuoi un consiglio, piantala di annunciarti come Lucchesi. Basta Andrea. In casa ci siamo solo Alice ed io, quindi...»

«Conoscendoti, è meglio esser prudenti.»

«Stronzo. Ti passo Alice, che per il suo compleanno ha voluto una derivazione telefonica in camera. Magari tu regalale un cellulare, così la potrai chiamare quando vorrai, senza rompere le palle a me.»

«Buona idea. Le regalerò un cellulare, anche se avevo già provveduto a un regalo abbastanza originale...»

«Di che si tratta?»

«Non voglio romperti ulteriormente le palle. Passami Alice.»

«Sempre il solito stronzo.»

«Adele, stai diventando monotona. Passami Alice, per favore.»

Un piccolo rumore, un ronzio, e Alice fu al telefono. «Ciao, papà, aspettavo la tua telefonata, temevo che non arrivasse più. Soffrivo di una crisi di astinenza, anche perché domenica non ci siamo visti a causa del mio impegno.»

«Adesso sono qui, anche se so che è abbastanza tardi. È che sono giornate un po' particolari, che mi tengono impegnato fino a sera inoltrata, e ho qualche ritegno a disturbare la mamma dopo una certa ora. Ho saputo, però, che ti ha fatto mettere una derivazione in camera, quindi il problema dovrebbe essere risolto.»

«Non proprio, perché questa è solo una derivazione. Al telefono principale risponde sempre lei.»

«Potresti dirle che, se arriva una telefonata, diciamo intorno alle dieci di sera, sono di sicuro io, quindi puoi rispondere tu.»

«Credi che non ci abbia provato? Niente da fare, non ne ha voluto sapere. Si comporta come se fosse sempre in attesa di una telefonata per lei.»

«Potrebbe anche essere, e non sarebbe poi una cosa strana. La mamma è una donna ancora giovane, non ce la vedo a fare la vedova bianca.»

«Per quello non ce la vedo neanch'io, anche se la mia idea in testa ce l'ho, ed è molto chiara.»

«E sarebbe?»

«Che vuole parlare con te, vuole sentire la tua voce, vuole...»

«Darmi regolarmente dello stronzo.»

«Anche quello è un modo per comunicare, solo che uno sappia andare al di là del significato letterale delle parole.»

«Tu dici?»

«Certo, e lo sai benissimo anche tu, anche se non lo ammetterai mai.»

«Che cosa non ammetterei mai? Che sono in grado di andare al di là del significato letterale delle parole?»

«Sì, e che sai benissimo che la mamma potrebbe andare a letto ogni sera con un uomo diverso, ma non riuscirà mai a dimenticarti. Sei sempre tu l'uomo che vorrebbe avere.»

«A volte Alice ti ficchi delle idee in testa, senza...»

«So quello che dico. Non dico molto, ma almeno ogni tanto non potresti accontentarla? Il mercoledì resta tutto il giorno in casa da sola, è il suo giorno libero e io rientro intorno alle diciotto, a volte anche più tardi. La mamma è ancora molto carina, per te non dovrebbe essere poi questo grande sacrificio. Potresti farlo a scopo terapeutico...»

«Per la mamma?»

«Anche, ma soprattutto per me che sono costretta a conviverci.»

Lucchesi non seppe cosa ribattere. Era rimasto senza parole.

Chiuse la comunicazione. Era turbato. Riaccese il fornello, per poi spegnerlo subito dopo. L'appetito gli era scomparso. Si limitò a due pomodori e a mezza bottiglia di minerale.

Ricordò che conosceva una neuropsichiatra infantile che godeva della sua fiducia. L'avrebbe chiamata il giorno seguente per fissare un appuntamento, dal momento che voleva parlarle di Alice, spiegandole le cose per bene, senza trascurare nulla.

Si preparò il letto e si distese a fumare, una sigaretta dopo l'altra. Il sonno tardava a venire e, prima di addormentarsi, contò quattro rintocchi al campanile di una chiesa vicina.

Più che un sonno, un dormiveglia, di poco più di due ore.

Appena alzato, restò a lungo sotto la doccia, con l'acqua quasi fredda. Ne uscì solo quando si sentì rabbrividire. Poi una tazza di caffè, che bevve a rischio di ustionarsi la lingua, ma si sentì meglio. Si vestì.

Dopo poco scese e si incamminò a piedi. Alle otto meno un quarto arrivò in via Fatebenefratelli.

Carniti non era ancora arrivato. Gli lasciò sul tavolo un biglietto con le istruzioni per la consegna del pacco ad Alda Fiorentini e per il nuovo incarico di Minniti. Stava tornando nel suo ufficio, quando lo incrociò, seguito da Lucia Anticoli e dagli altri agenti.

«Senti, Carniti, mi ero scordato della riunione delle otto e ti ho lasciato sul tavolo un appunto con alcune istruzioni: una riguarda la consegna di un pacchetto che sta sulla mia scrivania e che dovrebbe venire a ritirare una certa signora Fiorentini. Glielo dài solo se non ci fossi, altrimenti glielo consegno io. Per il resto si continua con la solita routine. È perfettamente inutile che facciamo una riunione, se non abbiamo nulla di nuovo da dirci. Vorrei però parlare con Minniti e con la collega Anticoli: ci vediamo all'una.»

«Scusa, Lucchesi, ma incomincio a essere stufo di starmene qui con le mani in mano», brontolò Carniti.

«Mi dispiace per te, ma mi servi qui, e al momento non saprei che altro incarico darti. Anzi, una cosa ci sarebbe: abbiamo un altro omicidio in sospeso, la donna uccisa a martellate al Lorenteggio.»

«Per quello non caveremo un ragno dal buco. È stato di sicuro il marito, che adesso ha fatto perdere le sue tracce. Non ci resta che aspettare.»

«Cosa dovremmo aspettare?»

«Che lo prendano, mi sembra evidente», rispose Carniti.

«Ma intanto che aspettiamo, qualcosa si può fare», disse Lucchesi.

«E cioè?»

«In attesa di tornare nell'appartamento, portandoci dietro la Scientifica, con Corradi questa volta, e facendo le cose come Dio comanda, mi prepari una bella relazione, dettagliatissima, su quello che si è fatto e su quello che si potrebbe fare.»

«E per chi sarebbe questa relazione?»

«Per me, mi pare ovvio. In questo modo, avrai la giornata impegnata e non te ne resterai con le mani in mano.»

«E se non ne avessi voglia? O meglio, se la ritenessi inutile?»

«Rimediamo subito», disse Lucchesi, prendendo un foglio intestato con l'emblema della Repubblica e una stilografica. Non ebbe bisogno di pensarci: buttò giù quattro righe, ci mise data, firma e timbro e tese il foglio a Carniti.

«Di cosa si tratta?» chiese quest'ultimo.

«Di una richiesta scritta. Il dirigente della Sezione Omicidi ti chiede formalmente una dettagliata relazione entro le diciotto di questa sera e l'ispettore a cui è diretta, se fosse di avviso contrario, risponderà al suo dirigente sempre in forma scritta. Sono stato chiaro?»

«Chiarissimo», rispose Carniti, infilando il foglio in tasca e poi la porta, senza salutare nessuno.

Erano rimasti solo Minniti e Lucia Anticoli.

«Commissario Lucchesi, ti sei fatto un amico», commentò la Anticoli.

«Non me ne frega un cazzo. E, adesso, torniamo alle cose serie. Ieri pomeriggio, con Serra e Minniti, sono andato a far visita a un certo geometra Cellini, in via del Torchio, in un piccolo stabile interno dove sta solo un'altra inquilina, una vecchia che dovrebbe abitare al piano terreno. Questo Cellini, che molto probabilmente non è l'uomo che stiamo cercando e non è neppure geometra, ha denunciato la scomparsa della moglie Clara. Ma non ci ha fatto certo una buona impressione...»

«Pessima», intervenne Minniti.

«Esatto, pessima. Ora, era mia intenzione mandare Minniti, questa mattina, per cercare di cavar fuori qualcosa dalla vecchia signora, ma ho pensato che sarebbe opportuno che ci andassi anche tu, Anticoli, visto che, esaurita per il momento la storia del plaid, sei sugli affari inutili. Credo che una donna abbia più possibilità di sapere qualcosa dalla vecchia.»

«D'accordo. Ci vado anche subito.»

«Magari tra poco. Prima voglio uscire a farmi un caffè, se vuoi accompagnarmi... Tu, invece, Minniti, resti qui nel mio ufficio e rispondi al telefono e, se arriva la tizia del pacchetto, glielo consegni.»

Capitolo 9

Si avviarono verso piazza Cavour ed entrarono in un bar con aria condizionata, scegliendo un tavolino defilato. Il solo altro cliente era un vecchio signore, che stava bevendo un tè e leggeva *il Giornale*. Lucchesi gli gettò un'occhiata, stringendo le labbra, in segno di disapprovazione. Lucia Anticoli ne aveva seguito lo sguardo.

«Scusa, Andrea, ma secondo me non puoi incazzarti con tutti quelli che a Milano non leggono *la Repubblica, il Fatto quotidiano* o *il Manifesto*. So come la pensi, e sai anche che condivido le tue idee, ma cerca di non dimenticare che delle brave persone ci sono anche a destra.»

«Questo lo so da me. L'unica cosa che mi fa imbufalire è che nel nostro Paese non esista una destra degna di questo nome. In ogni caso, nel mio lavoro, non mi sono mai fatto influenzare da nessuno e non mi è mai importato che fossero di destra o di sinistra.»

«Lo credo bene. Anche perché oggi la sinistra...»

«Quasi peggio della destra, con tutte quelle spaccature, quelle divisioni, quei distinguo che mi fanno ogni volta andar fuori di testa. Tutto questo solo in senso strettamente politico, s'intende.»

«Ma non solo in ambito strettamente politico. Pensa a quel tizio che per un po' ha fatto il braccio destro di Bersani...»

«Ma, cazzo, Lucia, hai proprio deciso di rovinarmi la giornata?»

«Non sono stata io a cominciare.»

«Invece sei stata proprio tu, dicendomi che non dovevo condannare pregiudizialmente...»

«Solo a seguito della tua smorfia di disgusto per quel signore che sta leggendo...»

«Va bene, va bene. Mettiamoci un punto. Non ti ho invitata a bere un caffè per parlare di politica. A proposito, non te l'ho ancora chiesto: cosa prendi? Un caffè?»

«Preferirei un tè freddo.»

«Allora, un tè freddo per te e un caffè doppio per me.» Lucchesi fece un cenno al cameriere.

«Sei uscito senza far colazione? Di solito il caffè lo prendi appena sveglio o nel bar sotto casa.»

«Appena sveglio l'ho preso, ma ne ho bisogno di un altro, e doppio, perché stanotte avrò dormito due ore in tutto, se vogliamo chiamarlo dormire.»

«Non sei stato bene?»

«Niente affatto, quantomeno non in senso fisico, anche se ho quasi saltato la cena. È stata una telefonata di mia figlia Alice a scombussolarmi e a tenermi poi sveglio per quasi tutta la notte.»

«Hai voglia di parlarmene?» chiese Lucia.

«No.»

«Quando ieri sera mi hai proposto di uscire questa mattina a bere un caffè, Alice non ti aveva però ancora telefonato. Di cosa volevi parlarmi?»

«Anzitutto di un'altra telefonata, che mi ha fatto il medico legale. Ricordi quell'ipotesi un po' bizzarra a proposito del fatto che l'uomo del parco Solari potesse essere affetto da AIDS?»

Lucia assentì.

«Bene, a quanto pare, Farrandino si è rivolto a un'equipe di esperti, e la risposta è stata che l'accertamento è possibile se ci si trova di fronte a sperma fresco...»

«Allora siamo fregati», disse Lucia.

«Lasciami finire: ma non è impossibile anche se lo sperma è completamente essiccato, perché un'indagine sulla cellula... Be', non è che ci abbia capito molto, comunque è possibile, anche se richiederà tempi più lunghi.»

«Questo sarebbe il meno. Ma perché hai voluto dirlo solo a me?»

«Perché è un'ipotesi abbastanza campata per aria ed è del tutto inutile, per il momento, farne partecipi gli altri.»

«Sai una cosa, Andrea? Mi piace lavorare con te, volevo che tu lo sapessi. Adesso dammi qualche informazione in più su questo geometra o, meglio, sulla vicina di casa che dovrei sentire con Minniti.»

«Della vicina di casa non sappiamo niente, e può anche darsi che vi faccia fare un viaggio a vuoto, ma la situazione mi puzza, e vorrei cercare di andarci a fondo.»

«A quanto ho capito questo tizio vi ha fatto una pessima impressione. Vuoi spiegarmene le ragioni?»

Lucchesi ci provò, ma non con la consueta lucidità.

Lucia Anticoli lo ascoltò con attenzione, l'aria un po' perplessa. «Fammi capire se ho compreso bene: questo Cellini vi ha fatto incazzare perché si spaccia per geometra senza esserlo, o perché vi ha chiesto un mandato di perquisizione per poter mettere il naso su eventuali carte della moglie, vietandovi di entrare nella sua camera da letto? Perché nel primo caso ha mostrato soltanto una certa cialtronaggine e nel secondo si è avvalso di un suo sacrosanto diritto.»

«Ma anche...»

«Non ho ancora finito. Camere separate da molti anni: colpa della moglie frigida, vi ha detto lui, e questo potrebbe anche starci. Poi il fatto che la moglie era una rossa, ma non proprio una rossa, ma una bionda che tendeva al rossastro. E allora? Non è possibile? Non è che una debba per forza essere mora, bionda o rossa. Ci sono anche le sfumature intermedie. Dov'è il problema? Comunque, nella fotografia che gli avete mostrato non l'ha riconosciuta, ha escluso che potesse trattarsi di sua moglie.»

«"Questa è un'altra troia, ma non è mia moglie", mi pare che siano state le sue testuali parole», disse Lucchesi.

«Un buzzurro. Potrebbe essere soltanto un buzzurro che dà della troia anche alla moglie solo perché è frigida.»

«Tuttavia, la fotografia l'ha guardata appena, e sul fatto che l'abbia riconosciuta o meno non metterei la mano sul fuoco. Ma non è tanto questo che mi ha disturbato...»

«Che altro in particolare?»

«Il fatto che quando gli ho chiesto se avesse delle amanti, avendoci lui parlato della frigidità della moglie e sottolineato per contrasto la sua grande virilità, e in una situazione del genere sarebbe stato anche comprensibile, ebbene lui mi ha risposto che erano cazzi suoi.»

«Un buzzurro, come ti dicevo e, se vuoi, cialtrone, bugiardo e anche sfrontato. Ma nella veste dell'assassino ce lo vedi? Su queste basi ho dei dubbi, a meno che davvero avesse un'amante per la quale voleva disfarsi della moglie... Ma il quadro che ci si è presentato al parco Solari...»

«Probabilmente hai ragione, il quadro del parco Solari non gli si attaglia. Questo è un bestione, l'uomo del parco no. Comunque, la faccenda mi puzza.»

«Non posso impedirtelo. Intanto, andiamo a sentire la vecchia del piano terreno e forse ne sapremo di più.»

Il cellulare di Lucchesi squillava.

«Commissario? Sono Minniti. Qui davanti a me c'è la signora Alda Fiorentini per quel pacchetto. Le ho detto che lei è fuori, ma ha voluto aspettarla. Preferisce che sia lei a consegnarglielo.»

«D'accordo, tra cinque minuti sono lì. Appena arrivo, accompagni in via del Torchio l'ispettrice Anticoli.»

«Il commissario Lucchesi», disse Minniti alla donna seduta sul divano. «La signora Fiorentini», rivolto a Lucchesi.

«Buongiorno», Lucchesi tese la mano ad Alda Fiorentini. «Minniti, l'ispettrice Anticoli ti sta aspettando nel suo ufficio per andare in via del Torchio. Ci vediamo più tardi.»

Alda Fiorentini non si era alzata. I capelli neri trattenuti sulla nuca in un piccolo chignon fermato da una forcina bianca messa di traverso, la frangia che le copriva parte della fronte, un corpo snello. Indossava un vestito di lino beige, trattenuto in vita da un'alta cintura di cuoio, come di cuoio erano i sandali bassi che portava ai piedi. L'abito era abbastanza corto e lasciava scorgere le gambe abbronzate che teneva di sghembo, sulle quali era possibile notare una rada peluria scura, di chi ignora cosa sia la ceretta. Molto graziosa. Due grandi occhi grigi e appena un filo di rossetto sulle labbra che aprì in un sorriso.

«Mi scusi, commissario, se non me ne sono andata subito dopo aver ritirato il pacco, ma desideravo conoscerla.»

«Mi ha già ringraziato ieri sera e, se mi ha atteso per rinnovare i ringraziamenti, non era il caso. Quel poco che ho fatto, e che a rigore non avrei dovuto fare, è stato solo per tenere al riparo quei due vecchi da particolari che avrebbero potuto turbarli.»

«Elisa ed io gliene siamo grate. Volevo anche dirle che Elisa, stamattina alle otto, ha telefonato ai genitori e siamo andate da loro insieme. Aveva ragione lei: i nostri timori, soprattutto quelli di Elisa, erano infondati. Hanno capito. Hanno capito che ci vogliamo bene, e la signora Bontempi ha addirittura detto, dopo il primo attimo di sconcerto, che era contenta di conoscermi, aggiungendo che una nuora simpatica è di sicuro meglio di un genero antipatico.»

«Al di là delle più rosee previsioni, allora», disse Lucchesi sorridendo.

Ormai quasi le undici. L'appuntamento con l'avvocato Laurenti era fissato per le quattordici: di tempo ne aveva. Decise di approfittarne per fare la telefonata alla psicologa infantile. Doveva avere il numero di telefono sulla sua agenda da tasca.

Marion Kenneth, neuropsichiatra, era arrivata a Milano alla fine degli anni Settanta al seguito di un ingegnere italiano che aveva mollato dopo sei mesi. Ma non si era persa d'animo: aveva completato gli studi in Italia, si era guadagnata un incarico in università e aveva aperto uno studio in via Montebello. Ora viaggiava sulla sessantina.

Lucchesi l'aveva conosciuta anni prima, quando, in una complicatissima vicenda, si era trovato alle prese con un tredicenne, figlio di genitori separati, che aveva seri problemi. Marion Kenneth se l'era preso in carico, su richiesta del Tribunale per i minori, e i risultati erano stati ottimi. Anche Lucchesi si era preso a cuore la sorte di quel ragazzino che rubava dalla casa della madre, alla quale era stato affidato, tutto il possibile, per poi rivenderlo per quattro soldi ai compagni di scuola.

Con Marion Kenneth Lucchesi aveva subito simpatizzato e qualche volta erano anche usciti insieme. Poi si erano un po' persi di vista, anche se almeno una volta al mese Marion gli faceva un colpo di telefono. Forse si era presa in carico anche lui, tenendolo d'occhio da lontano.

Rispose subito. «Ciao, Andrea. È una vita che non ci vediamo, anche se ho seguito le tue imprese dai giornali. Come stai?»

«Cerco di tirare avanti, come al solito, anche se ultimamente ho ricevuto un brutto colpo che... Ma non voglio farti perdere tempo. Vorrei che tu mi ricevessi. Ho urgenza di sentire il tuo parere su una cosa che mi riguarda da vicino. Si tratta di mia figlia Alice che...»

«Spero che non si tratti di nulla di grave. Comunque, non mi sognerei mai di trattarti come un cliente. Un cliente per me non lo sarai mai. Potremmo cenare insieme, anche questa sera, e potresti espormi il problema con tranquillità. Penso che durante la giornata tu sia sempre impegnato e...»

«Non sempre. Oggi, ad esempio, non ho impegni fino alle due del pomeriggio.»

«Ma allora, cena a parte, alla quale non rinuncio, potresti venire da me anche subito. Mi è saltato un appuntamento e fino a mezzogiorno e mezzo sono a tua completa disposizione.»

«Dieci minuti e sono da te», rispose Lucchesi.

Via Montebello era quasi dietro l'angolo.

«E allora, come sta il mio bel negrone?» lo apostrofò Marion Kenneth, accogliendolo sulla soglia dello studio. L'unica che potesse permettersi un'uscita del genere. Certo troppo giovane per essere una seconda madre, ma una sorella maggiore senza dubbio sì. Una sorella un po' ammiccante, che gli era sinceramente affezionata e lo conosceva come le proprie tasche.

«Se devo essere sincero, e con te non ho mai avuto segreti, direi abbastanza male», rispose Lucchesi, sedendosi.

«Adesso mi racconti tutto», disse lei, sedendosi a sua volta. Alta e magra, con un viso tondo solcato da piccolissime rughe che si incrociavano in tutte le direzioni, capelli corti, quasi bianchi, due occhi grigi vivacissimi che parevano frugare l'interlocutore in fondo all'anima, e un sorriso che le illuminava il volto, facendola apparire quasi bella.

«Be', come ti dicevo, ho ricevuto un brutto colpo di recente. Quando prima hai parlato di giornali, immagino ti riferissi a quell'orrenda storia in cui c'erano di mezzo quello che allora era il mio capo, la contessa Urbinati...»

«Di lei abbiamo già parlato», lo interruppe Marion.

«...e un'ispettrice che lavorava con me, una certa Carolina Marchesi, che purtroppo è rimasta uccisa.»

«E della quale il mio Andrea era innamorato o in via di innamoramento», mormorò Marion Kenneth.

«Come fai a saperlo?»

«L'ho buttata lì. Forse perché ho visto anche la *sua* fotografia sui giornali.»

Sembrava possedere facoltà extrasensoriali. Andrea Lucchesi continuava a esserne sorpreso.

«Povero Andrea, mi spiace molto, mi spiace dal profondo del cuore. E della tua ex moglie cosa mi dici?»

«Alti e bassi, più bassi che alti, direi. Qualche mese fa, dopo un periodo di guerra fredda, all'improvviso mi ha invitato a pranzo, una domenica, e quando, nel pomeriggio, siamo rimasti soli perché Alice era uscita con quello che era allora il nuovo marito di Adele, lei mi ha portato a letto.»

«E la cosa è stata di tuo gradimento?»

«Sul momento, sì.»

«E qui hai commesso un errore: di quella donna non mi sono mai fidata, o meglio, non mi è mai piaciuta, anche se credo di averla vista due volte in tutto. Non dirmi che la cosa è andata avanti...»

«Lei avrebbe voluto, ma mi sono rifiutato. Non mi andava per molti motivi, tra gli altri perché mi sarebbe sembrato di tradire la fiducia di quel babbeo che si era sposato, ma che è sempre stato mio alleato nei momenti in cui scazzavo con lei perché avrei voluto più spazio con Alice. Da allora, è stata di nuovo guerra, anche se la cosa non...»

«Scusa se ti interrompo, Andrea, su questo versante magari ci intratterremo questa sera. Guarda che non mi sono scordata la cena. Al telefono, però, mi pare che tu volessi parlarmi di Alice. A proposito, quanti anni ha adesso?»

«Sedici, anzi, quasi diciassette.»

«Ed è una ragazza carina?»

«Secondo me, è bellissima. Forse lo sai già, ma ha avuto la fortuna di non ereditare il colore della mia pelle. Sembra solo un po' abbronzata, cosa, tra l'altro, che le dona moltissimo.»

«Bene, allora esponimi i termini del problema che ti affligge.»

Andrea Lucchesi iniziò dal tempo in cui Alice, ancora piccola, gli dava l'impressione di fare un sacrificio ad accompagnarsi a lui, fino all'improvviso capovolgimento avvenuto da un paio d'anni, ai discorsi che Alice gli aveva fatto quella volta che erano andati al ristorante e poi al cinema, per finire con la telefonata della sera precedente, quella che lo aveva tenuto sveglio per quasi tutta la notte.

Marion non lo aveva interrotto, limitandosi a qualche appunto su un blocco che teneva sulle ginocchia. «Hai finito?» gli chiese sorridendo.

«Sì, in effetti, mi sembra di averti raccontato tutte le cose salienti, per lo meno quelle che mi hanno destabilizzato.»

«Benissimo. Per prima cosa una domanda: quante altre ragazze conosci che abbiano sedici anni? Parlo delle ragazze di oggi, non di quelle di trent'anni fa, anche se forse non c'è poi quella grande differenza che qualcuno crede.»

«Be'... Veramente non ne conosco all'infuori di mia figlia, non è mia abitudine frequentare sedicenni.»

«E questa mi pare un'ottima cosa. Parlando sul serio: di sedicenni io ne conosco e ne ho conosciute tante, e ti dico che tua figlia non solo è del tutto nella norma, ma non è per nulla disturbata. Ti vuole un bene dell'anima. Direi, invece, che ha un rapporto molto difficile con sua madre. Da te vuole soltanto più attenzione e la chiede in ogni modo possibile, anche con la provocazione. Ma tu non ci devi cascare, non devi farti destabilizzare. Invece, chiacchiera con lei con serenità, anche se ti sottopone argomenti scabrosi. Al limite anche andando a vedere i suoi bluff, ma con affetto e, se ne sei capace, con un pizzico di ironia.»

«Ma dirmi che mia moglie, la mia ex moglie, mi vorrebbe nel suo letto, incoraggiandomi a scoparmela qualche volta per il suo quieto vivere? Il quieto vivere di Alice, voglio dire.»

«Questo è un consiglio che non seguirei. È probabile che tua moglie sia ancora innamorata di te, innamorata e rabbiosa. Che poi rimpianga te o il sesso con te, è una domanda a cui dovrebbe rispondere lei, sempre che abbia le idee chiare, e su questo avrei dei dubbi. Ma tu non puoi e non devi farci niente. Solo essere gentile e magari accampare scuse migliori, ad esempio facendo riferimento all'infarto che hai avuto, qualcosa del genere, insomma. Limitati a tenerla a bada fintanto che le passa, per il bene di Alice, ma anche per il tuo.»

Lucchesi sospirò. «E va bene, in qualche modo mi hai rassicurato.»

«Ne sono contenta, ma adesso ti devo proprio lasciare. Telefonami questa sera. Alle otto dovrei aver finito.»

Capitolo 10

La riunione delle tredici! Se ne ricordò all'ultimo minuto, anche se gli venne il dubbio di averla rinviata. Si sentiva stanco, frastornato e un po' sperduto. Pensò che forse non avrebbe dovuto accettare quella promozione, e avrebbe dovuto invece rintanarsi in un Commissariato di periferia, a leccarsi con calma le ferite.

Mancava ancora qualche minuto, pensò di uscire per farsi un boccone. Lo stomaco aveva iniziato a brontolare, e con piena ragione, perché, a parte un paio di pomodori e tre caffè, non aveva messo giù nient'altro. Si stava avviando, quando incontrò Lucia Anticoli con Minniti, seguiti da Carniti, Serra e Lanza.

A quanto pareva, sull'identificazione della donna ancora buio pesto. La quarantina di agenti aveva setacciato ormai il primo cerchio tracciato attorno al parco Solari. Tutto inutile: nessuno ne aveva memoria.

Qualcosa di buono, invece, avevano trovato Lucia Anticoli e Minniti, che si erano recati in via del Torchio e avevano incontrato la vecchia che non aveva altra voglia che di spettegolare.

Giuditta Franceschini, ultraottantenne, viveva da sola e con la testa pareva starci perfettamente.

«Certo che li conosco i Cellini, li conosco da quando sono venuti ad abitare qui. In questa casa ci siamo soltanto noi. La signora Clara è davvero una persona per bene, sempre gentile, sempre pronta a chiedermi se mi serve qualcosa, quando esce per fare la spesa. È anche una bella signora, alta, slanciata, ben vestita, ma senza esagerare. E poi quei capelli ramati... una meraviglia. Mi sono sempre chiesta come abbia fatto a sposare quell'animale, che neanche saluta e va e viene come se fosse il padrone di casa, ma la padrona sono io, mentre loro sono in affitto. Sono i miei inquilini, ma lui si comporta come se l'inquilina fossi io. Come avrà fatto a sposarlo? Si vede che le piacevano gli uomini grandi e grossi...»

«Senta, signora Franceschini, tre giorni fa il Cellini ha denunciato la scomparsa della moglie. Lei da quanto tempo non la vede?» aveva chiesto Lucia Anticoli.

«Adesso che me lo chiede, saranno proprio tre o quattro giorni. Pensavo che fosse andata a trovare la sorella che sta a Bologna, o a Modena... Da quelle parti lì, insomma.»

«Tre o quattro giorni... Ci pensi bene: tre o quattro? Non si ricorda che giorno della settimana fosse?»

«No. Io esco pochissimo di casa, soltanto la mattina per andare a messa alla chiesa di San Giorgio, che è qui vicino, in via Torino, dove c'è quella piazzetta che...»

«Sì, sì, lo so dov'è», l'aveva fermata l'ispettrice Anticoli.

«Poi, tornando a casa, faccio un po' di spesa e non esco più. Per me un giorno è uguale all'altro.»

«Ma, visto che va a messa tutti i giorni, saprà quando è domenica.»

«E perché? Se vado a messa tutti i giorni, ci vado di sicuro anche la domenica, e allora la domenica è uguale precisa agli altri giorni. Prima mi accorgevo che era domenica perché i negozi erano chiusi, ma io faccio la spesa alla Standa, che è aperta anche la domenica...»

«Ma gli altri negozi saranno chiusi», aveva insistito la Anticoli.

«Gli altri negozi non li guardo neanche, non ci faccio caso se sono aperti o chiusi», aveva risposto con logica ineccepibile la vecchia Franceschini.

«Allora non sa proprio dirmi con precisione quando ha visto la signora Clara per l'ultima volta...»

«Eh no, credi minga, non credo. Però... aspetti un momento che adesso mi viene in mente... Deve essere stata quella sera che lei è rientrata verso le otto. Stavo finendo di mangiare e lei ha picchiato alla mia porta per salutarmi. Sì, certo, è stata proprio quella sera, quando lui invece è ritornato di notte. Quando rientra, fa sempre un gran chiasso col portone, senza curarsi se è giorno o notte. Quella sera lì è ritornato alle due e un quarto. Dormo poco, per cui mi ero addormentata all'una passata, ma lui, col rumore che ha fatto, mi ha svegliata.»

«Come fa a dire che erano proprio le due e un quarto?»

«Perché ho guardato la sveglia che tengo sul comodino.»

«Insomma, questo signor Cellini non le piace molto, mi pare di capire», aveva concluso Lucia Anticoli.

«Non mi piace per niente e non solo perché è villano con me...»

«E per cos'altro?» aveva chiesto l'ispettrice.

«Perché la maltratta. Maltratta la Clara, voglio dire. In questo cortile si sente tutto, e anche se ci vedo poco, non sono ancora sorda. Adesso poi, che è estate e si tengono aperte le finestre per far entrare un po' di aria fresca, è quasi come averli in casa, e li sento che fanno quasi sempre baruffa. Quasi sempre ad attaccar lite. È lui, l'è lu, che litiga e le dice anche delle brutte parole...»

«E lei? La moglie?»

«Si mette a piangere, ripete "No, no, no", e qualche volta grida anche e poi si lamenta e piange ancora, finché lui la colpisce, allora lei smette di piangere, ma continua per un po' a lamentarsi piano, per il male forse...»

«Ma è sicura che lui la picchia?»

«Certo che sono sicura. L'ho vista tante volte con gli occhiali scuri. Una volta se li è levati e aveva un occhio tutto nero. E tante volte l'ho anche vista che camminava male, si vede per le botte. Quella volta dell'occhio nero le ho chiesto cosa era successo, anche se lo sapevo bene, e lei, poverina, mi ha detto che aveva battuto la testa contro uno spigolo...»

«E quella notte che è ritornato alle due e un quarto? Stessa storia?» aveva chiesto Lucia Anticoli.

«Quasi peggio delle altre volte. Lei piangeva e gridava, ma poi ha smesso, e poi ho sentito solo lui che camminava avanti e indietro...»

Lucia Anticoli rifletté. Non aveva altre domande. «Grazie, signora Franceschini. L'agente Minniti ha preso nota di quanto le ho chiesto e di quanto lei mi ha detto. Se vuole lo rileggiamo insieme, così, se va bene, ci mette una firma sotto.»

«Non c'è bisogno di rileggerlo. Mi dica dove devo firmare. Se riuscite a dare una lezione a quella bestia, sarò la prima a esserne contenta.»

«Allora non mi resta che ringraziarla ancora. Se le venisse in mente qualcosa d'altro, mi farebbe un colpo di telefono a questo numero?» Lucia Anticoli le porse un biglietto, sottolineando il numero diretto dell'ufficio.

«Certo, può stare sicura... Ma che stupida che sono... adesso che ci penso, l'anno scorso la signora Clara era andata da sua sorella. Mi pare che la burrasca fosse stata più forte del solito, così era passata a dirmi che sarebbe stata via quindici o venti giorni, e mi aveva dato anche lei un biglietto con scritto il numero di telefono e l'indirizzo della sorella, di modo che avrei potuto telefonarle in caso di bisogno. Se aspettate un momento ve lo cerco, l'ho messo di sicuro in qualche cassetto...»

Ci aveva impiegato una decina di minuti, ma alla fine l'aveva trovato: nome, cognome, indirizzo e numero di telefono della sorella.

Stavano per andarsene, quando Minniti, in un angolo del cortile, aveva notato un portoncino di legno.

«Per di là dove si va?» aveva chiesto alla Franceschini.

«Nelle cantine. Ce ne sono tre. Una la tengo io, anche se sono anni che non vado giù. Ci teneva il vino il mio povero marito, deve esserci ancora qualche bottiglia, ma io non bevo, e allora non ci sono più andata. Le scale sono molto ripide e ho paura di cadere. Le altre due sono più grandi e le usa il Cellini, e anche lì ci fa un casino che te lo raccomando...»

«Che vuol dire?» aveva chiesto l'ispettrice Anticoli.

«Vuol dire che una volta mi ero lamentata per il rumore. La signora Clara mi ha detto che il marito ci aveva messo una specie di laboratorio di falegnameria e che dovevo aver pazienza, perché ogni tanto ci faceva qualche lavoro e, siccome di giorno era sempre in cantiere, doveva farlo la sera tardi. E così ho portato pazienza, ma non per lui, per la Clara che mi faceva un po' pena. Mi viene in mente, adesso che ne parlo, che quella notte, che è rientrato alle due e un quarto, una mezz'ora o forse anche un'ora dopo, siccome non riuscivo più a riaddormentarmi, l'ho sentito scendere in cantina e c'è rimasto un bel po'. Non ha fatto rumore, però. L'ho sentito di nuovo quando è ritornato su.»

Questo il risultato dell'andata in via del Torchio, che Lucia Anticoli riferì parola per parola, aiutandosi anche con quella sorta di verbale che aveva fatto Minniti.

«Non posso che congratularmi con voi, un buon lavoro. Adesso, tanto per cavarci lo sfizio, dopo che la vecchietta ha sbugiardato ulteriormente il Cellini, non ci resta che fare un colpo di telefono alla sorella, che dovrebbe abitare...»

«A Bologna. L'abbiamo chiamata appena usciti da via del Torchio», disse Lucia Anticoli.

«Risultato? Sta da lei?»

«No. La sorella non l'ha vista né sentita, ed è anche molto preoccupata, perché ieri era il suo compleanno e Clara non manca mai di telefonarle per farle gli auguri.»

«Ma al marito, al Cellini, non ha telefonato? In via del Torchio non ha chiamato?»

«Certo che ha chiamato, per tutta la giornata, ma non ha risposto nessuno. Poi ha smesso perché non voleva imbattersi nel Cellini, col quale non parla e non vuole parlare.»

«E perché?»

«Perché ha detto che non vuole aver niente a che fare con un mascalzone del genere. Adesso, che ha saputo da noi che da alcuni giorni non si hanno più notizie di sua sorella, si è messa in agitazione. Mi ha detto che ha alcune cose da raccontarci e che viene su domani da Bologna. L'aspetto in ufficio per le undici.»

«Bene, bene, bene... Il quadro sta cambiando rapidamente, anche se non so se arriveremo da qualche parte. E tu, Lanza, hai qualche novità?»

«Certo, commissario. Ho individuato il cantiere dove lavora il Cellini. Altro che geometra, è poco più di un capomastro e, per mia fortuna, era fuori per andare a ritirare del materiale. Ho anche identificato il collega che quella sera lo ha accompagnato. Sono andato a colpo sicuro, perché me lo ha indicato il direttore dei lavori come uno "pappa e ciccia" col Cellini. Bene, prima non mi voleva dire niente, poi ha detto di non ricordare, ma alla fine, quando ho fatto la faccia feroce e gli ho ordinato di andare a cambiarsi perché mi doveva seguire in Questura, è crollato come un fico maturo. L'ho preso a verbale, con tanto di firma, precisandogli che tutto è coperto dal segreto istruttorio e che, se ne avesse fatto parola col Cellini, sarebbe finito dentro in quattro e quattr'otto...»

«Questa poi... E lui ha abboccato?»

«A meraviglia. Se l'è fatta sotto dalla paura.»

«E allora? Cosa ti ha detto?»

«Mi ha detto che quella sera c'era stata effettivamente una cena, ma il Cellini non era affatto ubriaco. Solo che voleva andarsene alle dieci, ma la macchina non gli partiva. Si era ingolfata o si era scaricata la batteria, una cosa del genere. Allora si è fatto accompagnare dall'amico, il cui nome è sul verbale. Non a casa, però, in via del Torchio, ma in via Marcona 37, dove ci sta una certa Carla Fumagalli, che è l'amante storica del Cellini.»

«Bingo! Adesso potete rompere le righe, e si salta la riunione delle diciotto. Ci vediamo domani mattina. Se ci fossero novità di qualche rilievo, mi potrete sempre trovare sul cellulare.»

«E la relazione che dovevo consegnarti per le diciotto?» chiese Carniti, che era rimasto sempre in silenzio, immusonito.

«Domattina anche quella, così avrai l'intera serata per rivedertela. Au revoir. Tu, Serra, vieni con me.»

Dall'avvocato Laurenti se la cavarono in pochi minuti. Lucchesi lo conosceva di nome. Una persona corretta, che godeva di grande stima.

«Voglio essere franco con lei, commissario: quando ho denunciato la scomparsa di mia moglie, avevamo litigato di brutto e temevo che facesse qualche colpo di testa. Nonostante l'apparenza, è una donna molto fragile, e qualche volta mi capita di dimenticarmene. In effetti aveva fatto la valigia, me ne sono accorto dopo. Ma era soltanto andata da una sua amica a Rapallo. Mi ha telefonato mezz'ora fa: è in treno e sta tornando.»

Sulla scrivania un portaritratti con la fotografia di una donna piuttosto scialba, coi capelli corvini, appena striati di grigio.

«È la fotografia di sua moglie, avvocato?»

«Sì, perché me lo chiede?»

«Perché, con uguale schiettezza, devo dirle che stiamo cercando di identificare una donna trovata morta, e indaghiamo sulle persone di cui era stata denunciata recentemente la scomparsa.»

L'avvocato Laurenti impallidì, ma fece un mezzo sorriso. «Per fortuna non si tratta certo di mia moglie. Comunque, auguri, commissario.»

Uscendo, Serra si fermò un attimo di fronte al bancone dietro cui stava seduta una segretaria. «Mi scusi, abbiamo dimenticato di chiederlo all'avvocato e non vogliamo tornare a disturbarlo: la donna nel portaritratti sulla sua scrivania è per caso sua moglie?»

«Certamente, chi altri vuole che sia?» fu la risposta della segretaria.

Di tornare in ufficio non aveva alcuna voglia. Salutò Serra e mangiò un toast con una birra, in piedi in un bar sulla strada di casa. Aveva intenzione di farsi una buona dormita, per recuperare le ore di sonno perdute, tanto più che la sera sarebbe stato a cena con Marion Kenneth.

Era stanco, di una stanchezza che non pareva abbandonarlo.

Avrebbe voluto dormire per quarantotto ore filate, dimenticando tutto e tutti.

Capitolo 11

Le otto. Tutti riuniti nell'ufficio di Lucchesi. Niente di nuovo di cui valesse la pena di parlare.

«Scusa, Anticoli, non è che ieri, alla Franceschini, avete mostrato la foto della donna del parco?» chiese Lucchesi.

«Accidenti a me! Non ci abbiamo pensato... Ma possiamo tornarci, non ci vuole niente.»

«Proprio quello che pensavo, ma non tanto per la fotografia. Mi hai detto che per le undici aspetti la sorella di Clara Cellini: tanto vale mostrarla a lei, giusto per toglierci ogni scrupolo. Dovreste, invece, tornare dalla Franceschini per prenderla meglio a verbale, nella forma giusta, e vedere se le è venuto in mente qualcos'altro. Allora potremo considerarci a posto, in attesa delle dichiarazioni della sorella.»

«Va bene. Possiamo già stendere il verbale in forma ufficiale, e per le undici essere di ritorno», disse Lucia Anticoli.

Carniti mise sulla scrivania tre fogli dattiloscritti spillati.

«Di cosa si tratta?» chiese Lucchesi.

«Come di cosa si tratta? Della relazione sull'omicidio del Lorenteggio che mi avevi chiesto. Vuoi almeno darci un'occhiata o...»

«La leggo immediatamente. Potete andare, tutti meno l'ispettore Carniti. Ah, Lanza, o Serra, quando esco, uno dei due venga nel mio ufficio a ricevere le telefonate. Così, in caso di necessità, mi chiamerà sul cellulare.»

«Scusa Carniti, dammi solo cinque minuti di tempo», disse Lucchesi quando rimasero soli. Lesse la relazione e poi alzò gli occhi verso l'ispettore. «Secondo me la situazione è stata un po' sottovalutata. È stata la scomparsa del marito che può avervi fuorviato o, comunque, che vi ha fatto restare in panciolle in attesa di rintracciarlo, e anche la Scientifica, in assenza di Corradi, non è che si sia sprecata molto...»

«Guarda che non è stata una decisione presa da me. È stato Pellegrini, anche se devo ammettere che ero sostanzialmente d'accordo.»

«Si può sbagliare anche in due», osservò Lucchesi. «Vedo dalla tua relazione che nella casa sono state trovate le impronte digitali della donna e quelle del marito, che aveva precedenti per truffa e lesioni gravi, altro aspetto che può avervi influenzato. Ma di impronte ce n'erano anche altre, due serie utilizzabili, e non sono state controllate.»

«In una casa d'abitazione se ne possono trovare anche dieci serie. Dipende da chi l'ha frequentata. Ma Pellegrini ha ritenuto che fosse inutile perder tempo...»

«...dal momento che il marito scomparso era già stato giudicato e condannato.»

Carniti prese un'aria seccata. «Comunque, le altre impronte sono qui e si possono sempre controllare, se lo ritieni importante.»

«Altra cosa: la casa a soqquadro e il furto chiaramente simulato... sempre sulla base del vostro processo sommario al marito scomparso, perché, senza questa sorta di giudizio preventivo, in base a quali altri elementi siete arrivati alla conclusione che il furto è stato simulato?»

Questa volta Carniti assunse un'espressione dubbiosa. «Forse un po' di ragione ce l'hai, ma sai anche tu come era fatto Pellegrini... Può essere che lui abbia sbagliato, o sia stato un po' superficiale, e io ho avuto il torto di andargli dietro. Ma non era neppure così facile contraddirlo.»

Bastò per smontare Lucchesi. «Adesso ci torniamo insieme, anche perché, ufficialmente, il titolare dell'indagine sei tu», disse a Carniti.

«Ci portiamo dietro anche la Scientifica?»

«Magari in un secondo momento. Intanto ci andiamo noi due. Però, iniziamo ad avvertire Corradi.»

Mezz'ora dopo stavano davanti al 65 di via Copernico, al Lorenteggio. Una casa di sei piani. La salumiera trovata col cranio fracassato stava al quinto. C'era l'ascensore.

«Chi vi aveva avvertiti che era accaduto qualcosa?» chiese Lucchesi mentre salivano.

«L'inquilina del sesto piano. In questo momento mi sfugge il nome, ma c'è nella relazione. Aveva sentito strani rumori al piano di sotto, forse anche l'urlo di una donna, ma aveva pensato che si trattasse della televisione. Poi, però, ci ha ripensato e al mattino, scendendo, ha bussato al quinto e, poiché non rispondeva nessuno, ha avvertito il Commissariato di zona. Quelli sono entrati e... hanno chiamato noi.»

«Andiamo a farci due chiacchiere. Forse la troviamo in casa», disse Lucchesi.

Gaudenzia Ferretti, così si chiamava la donna, era in casa. «Finalmente siete arrivati!» disse guardando Carniti, che forse ricordava di avere già visto.

«In che senso?» chiese l'ispettore.

«Nel senso che qualcuno aspettavo. Da qualche giorno dal piano di sotto esce una gran puzza, come di gatto morto, ma i Bruzzoni gatti non ne avevano. Ho chiamato l'ufficio d'Igiene, ma sono ancora qui che aspetto...»

«E gli inquilini del quarto piano? Anche loro hanno sentito la puzza?» chiese Lucchesi.

«Quelli non ci sono da un mese. Sono andati da una figlia che sta a San Benedetto del Tronto. Passano l'estate lì. Ci vanno tutti gli anni.»

«Adesso andiamo a dare un'occhiata», disse Lucchesi, avviandosi per le scale.

In effetti c'era puzza, una puzza che andava aumentando a mano a mano che si scendevano le due rampe di gradini.

Sulla porta dei Bruzzoni due strisce che si incrociavano e un cartello che avvertiva che l'appartamento era sotto sequestro per ordine dell'Autorità giudiziaria. La puzza si era fatta più spessa.

Lucchesi levò le due strisce e provò ad aprire la porta. Era chiusa a chiave.

«Maledizione! La chiave deve essere in ufficio. Me ne sono dimenticato», esclamò Carniti.

«Poco male», fece Lucchesi e, indietreggiando due passi, si catapultò contro la porta, che cedette di schianto. Furono investiti da un tanfo insopportabile. Entrarono, mettendosi un fazzoletto sulla bocca.

«Hai i guanti?» chiese Lucchesi.

«No, ho scordato anche quelli», rispose Carniti.

«Te li do io, ne ho portate due paia.»

Nella stanza d'ingresso, vicino a una panca, si vedeva ancora, per terra, la traccia di gesso che era servita a delimitare la sagoma della donna. Vicino alla parte alta, là dove doveva esserci stato il capo, una grossa chiazza nerastra, di sangue essiccato. Dappertutto un gran disordine.

«Da qui si va in un corridoio, la cucina, il bagno e due camere da letto. Una intatta, doveva trattarsi di quella degli ospiti, questo lo ricordo bene», disse Carniti, e spalancò la porta a novanta gradi.

«Adesso ci andiamo, ma prima apriamo le finestre. Qui c'è una puzza da non reggere», rispose Lucchesi.

Lo stesso disordine in cucina e, soprattutto, in quella che doveva essere la camera da letto dei due Bruzzoni. A terra i cassetti del comò che erano stati estratti dal mobile. Il contenuto sul pavimento, alla rinfusa.

Uscirono dalla stanza, dopo avere spalancato le finestre, per tornare in soggiorno. Nel piccolo corridoio il tanfo era impossibile. Carniti davanti, Lucchesi che lo seguiva. Stava per entrare in soggiorno, quando lo sguardo gli cadde su un'altra porta più piccola, tinteggiata dello stesso color crema della parete.

«Carniti, vieni un po' qui. Che c'è dietro questa porticina?»

«Quale porticina?»

«Questa che ho davanti agli occhi e che scompare quando la porta del soggiorno viene aperta del tutto, come hai fatto tu un momento fa...»

«Ma cazzo! Questa porticina non l'avevamo neanche vista...»

Lucchesi si impose di contare fino a tre. Avrebbe voluto strozzarlo, avrebbe voluto strozzare Pellegrini, quelli del Commissariato di zona, quelli che... Riuscì a darsi una calmata. «Adesso puoi rimediare: la porticina la apri tu, perché mi gioco le palle che il tanfo viene proprio da qui.»

La porta era chiusa da un piccolo chiavistello.

Carniti si limitò a tirarlo e fece un balzo indietro, come se fosse stato colpito da un cazzotto. Una scala a compasso chiusa, un secchio con dentro un paio di scope e uno spazzolone, un aspirapolvere e, in un angolo dello sgabuzzino, adagiato su se stesso, in una postura grottesca, quel che restava di un corpo maschile, in pantaloni e maniche di camicia.

Un paio di topi saettarono fuori dalla porta, mentre un altro proseguiva il suo lavoro.

«Madona santa, l'è lu! È il Bruzzoni!» esclamò Gaudenzia Ferretti che a loro insaputa li aveva seguiti all'interno dell'appartamento.

Il volto rosicchiato dell'uomo, la camicia e i pantaloni erano imbrattati di sangue secco e di escrementi.

Lucchesi richiuse di scatto la porta. Carniti era andato in bagno a vomitare.

La Ferretti stava in soggiorno, anche lei con un fazzoletto sulla bocca, gli occhi stralunati, scossa da un tremito che le faceva battere i denti.

«Signora, lei i Bruzzoni li frequentava?» chiese Lucchesi. «Porti pazienza e cerchi di rispondermi. È molto importante.»

«Sì, li frequentavo, nel senso che ci venivo spesso, la mattina, perché, anche se la proprietaria della salumeria era lei, non ci andava prima delle undici. Era lui che alle otto andava ad aprire. Lui e l'Ottavio.»

«E chi sarebbe questo Ottavio?»

«L'unico dipendente che avevano. Forse l'ho visto una volta, ma non lo conoscevo, anche se ne sentivo parlare spesso.»

«E non lo vedeva in salumeria?»

«Mah, in salumeria ci sarò andata un due volte in tutto. Le spese le faccio al supermercato.»

«Capisco. Adesso stia bene attenta e si guardi in giro: secondo lei, visto che in questa casa ci veniva, che cosa manca?»

Gaudenzia Ferretti volse un'occhiata circolare al soggiorno. Ci pensò su e si mise a muovere le labbra, come se stesse recitando un'orazione.

«Allora?» incalzò Lucchesi.

«Mah... Così, a occhio e croce, direi che non ci sono più i due candelieri d'argento che stavano sulla credenza e una grande cogoma, credo anche quella d'argento, che veniva dalla casa della sua mamma, di lei voglio dire. So che avevano anche un servizio da dodici di posate d'argento che stavano in una scatola di velluto, nel piano di sotto della credenza. Gliele aveva regalate lui a Natale dell'anno scorso, no, mi sbaglio, di due anni fa, e mi aveva detto che non le avevano mai neanche adoperate...»

«Nient'altro?» chiese Lucchesi, che aveva aperto la credenza senza trovare nessuna scatola.

«Non so se tenevano soldi in casa. Lei, però, aveva due collane, una di perle e una d'oro, e anche qualche anello. Bisognerebbe vedere in camera da letto se ci sono ancora...»

«Va bene, ho capito. Dovrei chiederle di venire in Questura, magari anche questo pomeriggio, per fare una deposizione scritta. Chieda di me: sono il commissario Lucchesi, e se non ci fossi io, dell'ispettrice Anticoli o dell'ispettore Carniti.»

«Quello che è andato a vomitare in bagno?»

«Sì, proprio quello.»

«Posso venire verso le cinque? E come faccio a trovarvi?»

«Per le cinque va bene. Quando arriva in via Fatebenefratelli, chieda della Sezione Omicidi. Lavoriamo tutti lì.»

«Va bene.»

«Adesso può andare, anzi, la prego di andare. Mi dia però il suo numero di telefono.» In quel momento fece la sua apparizione Carniti, pallido come un morto. «Questa signora verrà oggi pomeriggio in Questura. Mi ha già detto che cosa manca qui in soggiorno, e adesso ti riferisco. Sarà meglio che poi la senta tu», gli disse Lucchesi.

«D'accordo, e scusami Lucchesi.»

«E di cosa? Non tutti hanno uno stomaco di ferro.»

«No, non per quello. Ti faccio le mie scuse per la mia dabbenaggine e...»

«Acqua passata, tutti possono sbagliare, non fartene un problema. Piuttosto, adesso dobbiamo tirarci su le maniche. Io chiamo subito la Procura e il medico legale. Tu torni in Questura e vai da Corradi. Controllate anche le altre due serie di impronte e poi torni qui con lui e gli altri. Anzi, fammi un favore: telefona a Corradi e digli di mandare subito qualcuno per le fotografie e gli altri rilievi, ma che lui stia lì e ti aspetti per il controllo delle impronte. Guarda che alle cinque di oggi pomeriggio... Questo però credo di avertelo già detto. Adesso chiamo la Procura.»

«Ma tu resti qui?»

«Sì, qualcuno deve pur starci, ho sfondato la porta. E una piccola ricerca in camera da letto la voglio fare subito. La donna aveva anche dei gioielli, e sicuramente lui non è stato ucciso in quello sgabuzzino.»

Capitolo 12

Lucia Anticoli era alla scrivania. Davanti, il verbale firmato dalla vedova Franceschini. Se ne era fatta una copia e ne aveva evidenziato alcuni passi. Ma l'aveva fatto distrattamente, con un senso di disagio che negli ultimi giorni era tornato a riassalirla, e al quale, alla fine, era stata costretta a dare un nome: Andrea Lucchesi. Non aveva voluto soffermarcisi troppo di proposito, ma aveva finito col doverlo ammettere: quella domanda l'aveva presentata perché voleva lavorare con lui. Voleva stare con lui. Voleva vederlo tutti i giorni. Inutile fingere: continuava a esserne innamorata. Ed era incazzata come una biscia, perché pensava di esserne uscita, ma si era sbagliata. Aveva iniziato a fumare. Fumare una sigaretta, ogni tanto, l'aiutava.

Se ne accese una e diede un'occhiata all'orologio. Le undici e un quarto. La sorella di Clara era in ritardo.

Tornando dal caffè, aveva incrociato Carniti, che le aveva fatto un cenno con la mano, dirigendosi come una freccia verso l'ala dove stava la Scientifica.

«Dove stai correndo?» gli aveva gridato dietro.

«Dopo, dopo, cose grosse», aveva risposto Carniti, prima di scomparire dietro il gomito del corridoio.

Da quando aveva chiuso con Perrotta, Carniti si era fatto un po' avanti, ma lei lo aveva gelato subito. Soltanto adesso ne aveva compreso la ragione.

Bussarono alla porta alle undici e trentacinque. «Sono

Gemma, la sorella di Clara, e mi scuso per il ritardo, ma il treno... È lei l'ispettrice con cui ho parlato ieri al telefono?»

«Sì, sono io, si accomodi, signora», rispose Lucia Anticoli, spegnendo il mozzicone della sigaretta nel posacenere. «Posso offrirle qualcosa? Un caffè, un bicchiere d'acqua...»

«Grazie, un bicchiere d'acqua andrebbe bene e, visto che lei fuma, se potessi accendermi una sigaretta...»

Lucia Anticoli le tese il pacchetto e chiese al telefono interno una minerale con due bicchieri.

«Nessuna novità per mia sorella, ispettrice?»

«Sostanzialmente no, anche se, detto tra noi, e la pregherei di tenerlo per sé, stiamo scoprendo che il marito, il sedicente geometra Cellini, è quantomeno un gran bugiardo. Ma forse questo lei lo sa meglio di me, dal momento che mi ha detto di non volerci aver nulla a che fare...»

«Se si limitasse a essere un bugiardo... Di uomini bugiardi è pieno il mondo. Questo sarebbe il meno. No, guardi, non è solo un bugiardo, è qualcosa di molto peggio. E io sono convinta che a mia sorella sia successo qualcosa di brutto, di molto brutto, altrimenti l'altro ieri mi avrebbe telefonato per... Ma questo gliel'ho già detto al telefono», disse Gemma Lombardi, asciugandosi gli occhi che le si erano riempiti di lacrime.

Verso la cinquantina e ancora abbastanza avvenente. Alta e piuttosto formosa, con i capelli ondulati che le sfioravano le spalle. I capelli erano di un biondo ramato. Le mani curate stringevano una borsa, che apriva e richiudeva con fare nervoso.

«Signora Lombardi, capisco perfettamente la sua preoccupazione e non ho intenzione di rassicurarla con parole che sarebbero solo di circostanza; quello che vorrei sapere, e credo che proprio per dirmi questo lei abbia deciso di venire fin qui da Bologna, è se questa sua preoccupazione deriva da qualche elemento... come potrei dire... di carattere oggettivo, o se sia soltanto una sorta di premonizione, come può avere una sorella che abbia uno stretto legame con l'altra.»

«Se vuole possiamo anche chiamarla premonizione, ma si tratta di una premonizione che si basa su alcuni fatti.»

«E allora parliamone. Non le dispiace se accendo un registratore? Se riterrò che sia il caso di fare un vero e proprio verbale, ci faciliterà le cose.»

«Faccia pure, ispettrice, quello che intendo dire sono pronta a ripeterlo in qualsiasi momento.»

Lucia Anticoli premette il tasto di un registratore che aveva sul tavolo e incominciò: «Oggi, 27 luglio 2011, avanti a me, Lucia Anticoli, ispettore della Sezione Omicidi presso la Questura di Milano, si è spontaneamente presentata Gemma Lombardi, sorella di Clara Lombardi coniugata Cellini, scomparsa da alcuni giorni da Milano, dove risiede nella sua abitazione in via del Torchio 11. La signora Gemma Lombardi, preoccupata per la scomparsa della sorella, intende fare alcune dichiarazioni che riguardano il marito della persona scomparsa e cioè Giuseppe Cellini...

«Prego, signora, la ascolto.»

«Quello che voglio far presente alla Polizia è anzitutto il fatto che il marito di mia sorella ha da parecchi anni una relazione extraconiugale, per sua stessa ammissione fatta a mia sorella Clara...»

«Scusi, signora Lombardi, lei ha parlato di parecchi anni. Non potrebbe essere più precisa? E come è venuta a conoscenza della circostanza? Ritengo che glielo abbia detto sua sorella. Ricorda quando?»

«Senta, ispettrice, sono venuta per raccontarle tutto quello che so, ma quell'affare lì che continua a girare mi intimidisce un po'. Mi pare di parlare con lui e non con lei. Magari dopo, se lo riterrà necessario, faremo il verbale, ma adesso non potremmo parlare come facevamo prima?»

«Certo, signora», convenne Lucia Anticoli e spense il registratore. «Continui pure. Le avevo chiesto...»

«Ricordo benissimo cosa mi aveva chiesto. Che mio cognato, mi ripugna, ma devo chiamarlo così, avesse un'amante, mia sorella me lo aveva detto dopo pochi mesi che erano sposati. Lei non era più una ragazzina, ma in questo campo era come se lo fosse. Non aveva mai avuto alcuna esperienza sessuale, salvo qualche bacio con qualche compagno di scuola. Anche perché avevamo una madre rigidissima, che non la lasciava quasi neanche uscire di casa. Lui allora lavorava a Bologna e l'aveva abbordata per strada, anzi, no, l'aveva soccorsa, dopo che era caduta in bicicletta, facendosi male a una gamba. Lui l'aveva portata in ospedale con la macchina. Era stato gentilissimo. In ospedale era andato a trovarla tutti i giorni. Mia sorella era una bella ragazza, timida, e il Cellini aveva subito capito il tipo. E così Clara aveva finito con l'innamorarsi. Io ero già sposata e a quel tempo stavo a Parma. Un giorno ero andata a Bologna a trovare lei e nostra madre, che era ancora viva, e me ne aveva parlato. Mi aveva detto che si era innamorata, che lui le aveva chiesto di sposarlo e lei aveva risposto di sì, anche perché, ma questa è una mia idea, il matrimonio le avrebbe permesso di allontanarsi da nostra madre e andare ad abitare a Milano, dove lui le aveva detto che aveva una grossa impresa edile. Tutte bugie, come quella che era geometra. Un giorno, eravamo uscite insieme, me lo presentò. Mi fece subito una cattiva impressione, ma si trattava di una questione di pelle e non me la sentii di dare un dispiacere a mia sorella. Le ho già detto che in questo campo ne sapeva quanto una ragazzina?»

«Sì, me lo ha già detto.»

«Adesso non si metta a ridere, non c'è niente da ridere purtroppo, ma Clara aveva le idee confuse anche su come nascevano i bambini. Voglio dire: sapeva che crescevano per nove mesi nella pancia della mamma, ma non aveva del tutto chiaro come si facesse a...»

«Ho capito. Quasi da non crederci, ma evidentemente...»

«Già, evidentemente. Sono stata io, che avevo quasi dieci anni più di lei, a spiegarle tutto, come facevano le madri dell'Ottocento con le figlie appena uscite dal collegio e in procinto di sposarsi. Bene, quando glielo spiegai, mi sembrò anche contenta. Ma quando venni su a Milano a trovarla, qualche mese dopo, era in lacrime. Lui non c'era e lei mi raccontò tutto... »

« E cioè? »

« Che le cose non erano andate come le avevo spiegato io. Per lei l'atto sessuale era un tormento, ogni volta le faceva un male insopportabile. Lei piangeva e lui si arrabbiava. Di queste cose ne avevo già sentite. La feci venire a Bologna e l'accompagnai dal mio ginecologo: la colpa, se possiamo chiamarla colpa, purtroppo era sua. Adesso non ricordo bene, ma aveva qualcosa alla vagina, credo la conformazione, che le rendeva quasi impossibile avere un rapporto normale e non c'era niente da fare. Allora ricordo che le raccomandai di portare pazienza, che magari col tempo... Le consigliai anche di parlare con lui, di cercare di fargli capire. Niente da fare, quello è uno che non capisce niente e le cose, invece di migliorare sono andate sempre peggio. »

« Nel senso? »

« Nel senso che a un certo punto... Posso essere franca con lei? »

« È qui per questo, e siamo due donne adulte. »

« A un certo punto si è arreso e pretendeva sempre il sesso orale, ma voleva che mandasse giù tutto e questo la disgustava e la faceva star male... e vomitava anche per tre o quattro giorni. »

« Ed è così che si è trovato un'amante, probabilmente », mormorò Lucia Anticoli.

« Magari fosse stato così, almeno l'avrebbe lasciata in pace. Invece... »

« Invece? »

« Invece si deve essere imbestialito e ha incominciato coi rapporti contro natura... »

«Cosa intende, esattamente?»

«Sesso anale, facendole un male cane, e in qualche occasione le aveva anche procurato delle lesioni che avevano richiesto un intervento ospedaliero.»

«E lei non si è mai ribellata?»

«Certo, e allora lui la picchiava, finché faceva quel che voleva lui.»

«E non ha mai pensato di separarsi o di divorziare?»

«No. Riteneva il matrimonio una cosa sacra, per educazione, direi. A un certo punto ero quasi riuscita a convincerla, ma lui le aveva detto che a divorziare non ci pensava neanche e che poteva toglierselo dalla testa, perché le cose gli andavano bene così, dal momento che una donna, una vera donna, lui ce l'aveva, e lei era sua moglie... Ecco, è stato in quell'occasione, credo, che aveva ammesso di averne un'altra.»

«E allora perché avrebbe sposato sua sorella?»

«Credo perché aveva capito che tipo era, e la cosa lo intrigava. Non voleva rinunciare a una vittima. Proprio così. Per me è un pazzo sadico alla ricerca di una vittima sulla quale sfogare i suoi istinti più bestiali, e guardi che non parlo a vanvera.»

«Cosa intende dire?»

«Intendo dire, questo me lo aveva confidato qualche mese fa, quando era ricoverata in ospedale per un'emorragia, che negli ultimi tempi continuava a prenderla da dietro e, se non ci riusciva, usava tutta una serie di cosi di legno, che si era costruito lui, come se fossero dei veri...»

«Intende dire dei falli?»

«Ecco, sì, dei falli di dimensioni impossibili... Un pazzo, solo un pazzo può fare una cosa del genere. E uno che fa una cosa del genere, credo che sia capace di fare qualsiasi cosa.»

«Speriamo di no», mormorò Lucia Anticoli, visibilmente scossa. «Senta, signora Gemma, ormai si è fatta l'una e credo che sia necessario che parli col nostro dirigente, il commissario Lucchesi. Aspetti che vedo se c'è.»

Telefonò inutilmente e finì col rivolgersi a Carniti. «Sai per caso dov'è finito il commissario?»

«È ancora in via Copernico, al Lorenteggio, per quell'omicidio che... Ma tu non ne sai niente e adesso non ho tempo per raccontarti. L'ho sentito al cellulare poco fa, ma non vuole essere disturbato. Rientrerà tra un'ora o due.»

«Signora Lombardi, il commissario rientra non prima di un'ora. Che ne direbbe di uscire a mangiare qualcosa con me?»

«La ringrazio, tanto. Di treni per Bologna ne trovo fino a questa sera», rispose Gemma Lombardi.

«Mi aspetti solo un secondo», e, uscita dall'ufficio, la Anticoli tolse dalla borsetta un secondo registratore, che aveva messo in funzione senza che Gemma Lombardi se ne accorgesse.

Lo mise sulla scrivania di Lucchesi, accompagnato da un biglietto: *È la registrazione di quanto mi ha detto Gemma Lombardi, la cognata bolognese di Cellini. L'ho registrata a sua insaputa, dopo che mi aveva pregato di interrompere perché la cosa la intimidiva, ma volevo che tu sapessi subito cosa mi ha detto. Adesso esco con lei e rientrerò, sempre con lei, prima delle tre del pomeriggio. L. A.*

Quando Lucchesi rientrò in ufficio, alle quattordici e quindici, si trovò di fronte a un Carniti trionfante.

«Lucchesi, ci avevi preso in pieno!»

«Che cosa avevo preso in pieno?»

«Le altre due serie di impronte digitali: una potrebbe appartenere alla vicina di casa, ma l'altra è di un pregiudicato che abbiamo pescato subito. Indovina un po' chi è?»

«Non sono un indovino.»

«Tale Ottavio Malaguti, il commesso della salumeria dei Bruzzoni.»

«Può darsi che a casa ci sia stato anche lui.»

«Certo, ma c'è un piccolo particolare...»
«E cioè?»
«Che siamo andati a casa sua e abbiamo fatto una perquisizione, avvalendoci del 41, e sai che cosa abbiamo trovato?»
«Due candelieri d'argento.»
«Acqua.»
«Sbrigati, Carniti, che sono un po' stanco.»
«Uno splendido servizio da dodici di posate d'argento, ancora nella loro scatola di velluto e, all'apparenza, mai usate.»
«Questo è un elemento solido», convenne Lucchesi.
«Ma ce n'è anche un altro.»
«E sarebbe?»
«Che il Malaguti ha confessato di averli uccisi entrambi.»
«Bravo, ispettore Carniti», sospirò Lucchesi, sedendosi alla scrivania.
Si fece portare un tramezzino, una birra e un caffè e, letto l'appunto lasciatogli da Lucia Anticoli, mise in azione il registratore.
Quando finì fece il numero di Minniti che arrivò subito.
«Qui c'è una registrazione. Inizia come una vera e propria deposizione e poi prosegue sotto forma di conversazione tra l'ispettrice Anticoli e Gemma Lombardi, la cognata di Cellini. Adesso sono fuori, dovrebbero rientrare tra una mezz'ora. Ce la fai a mettere tutto sotto forma di verbale? Domande e risposte, intendo? Quanto tempo pensi che ti ci voglia?»
«Non lo so, commissario, dipende ovviamente da quant'è lunga la registrazione.»
«Hai ragione, a volte faccio domande idiote. A parte le pause, che sono tante, a sentirla ci ho messo poco meno di venti minuti. In mezz'ora ce la fai?»
«Vedrò di farcela, commissario.»
«Bravo, Minniti. Quando hai finito portami qui tutto.»

Si accese una sigaretta e si mise a riflettere. Lucia Anticoli aveva fatto un buon lavoro, ma, accidenti a lei, neppure a Gemma Lombardi aveva fatto vedere la fotografia della donna trovata nel parco. Tornò a riflettere. Sono un cazzone, concluse. Qui sento nuovamente puzza di bruciato, ma Clara Lombardi non può essere la donna del parco. Troppe cose non quadrerebbero. No, non ci siamo, anche se questo Cellini deve avere nell'armadio uno scheletro grande quanto una casa, e col cazzo che gliela faccio passar liscia... Accese la seconda sigaretta, pensando alla prossima mossa, obbligata. Adesso tutto gli pareva chiaro. Sapeva quel che avrebbe dovuto fare e, per un momento, non sentì la solita stanchezza.

Squillò il telefono interno.

«Lucchesi? Sono Alinovi. Mezz'ora fa è venuto da me Carniti. Hai presente un pavone che fa la ruota? Qualcosa di simile. Un po' limitato, ma onesto. Non si è preso meriti che non gli competevano. Mi ha spiegato tutto: l'insipienza del povero Pellegrini che forse è davvero meglio che sia andato a fare il vicequestore, e lui che gli era andato dietro, accettandone in modo passivo le conclusioni... Finché sei arrivato tu e, in un batter d'occhio, hai risolto il caso. Cosa aspettavi a venire a parlarmene?»

«Sta parlando del duplice omicidio del Lorenteggio...»

«Naturalmente. Di che altro vuoi che stia parlando?»

«Glielo chiedo perché la sua telefonata ha preceduto di poco la mia. Un'altra faccenda alquanto delicata che forse...»

«L'omicidio del parco Solari?»

«Magari... La soluzione di quello è ancora di là da venire, se mai ci arriveremo. Ma, proprio nel corso di questa indagine, mi sono imbattuto in una situazione che puzza di bruciato lontano un miglio. Può ricevermi, diciamo, al massimo entro un'ora?»

«Certo, ti aspetto.»

Arrivò Minniti col suo verbale. Era un po' stranito, ma

lo posò sulla scrivania senza alcun commento. Ci aveva impiegato venticinque minuti. Lucchesi lo scorse in fretta: praticamente perfetto rispetto alla registrazione che aveva ben chiara in testa.

Appena in tempo. Tornarono a bussare alla porta.

Lucia Anticoli, seguita da una donna che non poteva essere altri che Gemma Lombardi. «Commissario Lucchesi, le presento Gemma Lombardi, la cognata di Cellini, arrivata questa mattina da Bologna. Mi ha reso delle dichiarazioni interessanti, e gravi, direi, e vorrei che anche lei la sentisse.»

«Signora, buongiorno. Si accomodi. L'ispettrice mi aveva messo sul tavolo il registratore che aveva iniziato a usare...»

«Sì, ma poi la signora ha preferito che lo spegnessi e mi ha reso dichiarazioni che non sono ancora state verbalizzate.»

«E lei aveva schiacciato il tasto sbagliato, perché il registratore ha continuato a funzionare e quanto ha detto la signora è stato registrato. Ho già sentito tutto e la trascrizione, parola per parola, mi sono permessa di farla fare io...»

Lucia Anticoli rimase impassibile.

«Forse è meglio così, commissario. Forse è meglio che non debba ripetere tutto», disse Gemma Lombardi.

«Lo penso anch'io. Adesso, però, legga con attenzione il verbale e, se ha qualcosa da modificare o da aggiungere, provvediamo subito. Faccia pure con comodo.»

Gemma Lombardi lo lesse due volte. «Direi che va benissimo, commissario. Non una parola di più, né una parola di meno. Non ho niente da aggiungere, se non che spero che quel mascalzone...»

«Questo è un altro discorso. Solo un'ultima cosa, e le chiedo scusa se non sarà gradevole, ma è necessario», e sfilò dal sottomano una busta con la fotografia della donna del parco Solari. «Non è una visione piacevole e sono pressoché sicuro che la sua risposta sarà negativa, ma glielo devo chiedere: questa donna, ritratta nella fotografia, lei l'ha mai vista?»

Gemma Lombardi la guardò con attenzione. «Mai vista, commissario. Soltanto nei capelli ricorda vagamente mia sorella. Ma certo non è lei.»

«Bene, meglio così. Adesso, signora, può firmare il verbale. A che ora ha il primo treno per Bologna?»

La donna diede un'occhiata all'orologio. «Tra poco più di un quarto d'ora, ma non credo che ce la farò.»

«Ce la farà, se la faccio accompagnare alla Stazione centrale. Ci vogliono cinque minuti. Minniti, pensaci tu, e poi torna qui subito.»

«E adesso che facciamo?» chiese Lucia Anticoli, quando furono usciti.

«Adesso andiamo insieme da Alinovi, e ci portiamo dietro anche Minniti, appena rientra. Il questore ci sta aspettando.»

«Gli hai telefonato?»

«No, mi ha chiamato lui per felicitarsi della soluzione del caso del Lorenteggio. Lo aveva già informato Carniti che non stava più nella pelle e...»

«L'ho visto che correva agitato. Cos'è questa storia del Lorenteggio?»

«Te la racconto questa sera, quando mangeremo qualcosa insieme.»

«Mi stai invitando a cena?»

«Sì. Cosa c'è di strano?» chiese Lucchesi.

Capitolo 13

Alinovi lo stava aspettando. « Accomodatevi, accomodatevi. Non conosco, però... »

« Agente Minniti », fece l'interessato, mettendosi sull'attenti.

« Comodo, comodo. Ci sono arrivato: è uno dei due agenti che ti sei portato dietro dal Commissariato centro. »

« Esatto. L'altro è Serra. »

« Ti devo dare una tirata d'orecchie. Non me lo hai ancora fatto conoscere. »

« È vero. Rimedierò al più presto. »

« Bene, adesso raccontatemi cosa sta accadendo. »

« Le accennavo a una faccenda che puzza, una faccenda in cui ci siamo imbattuti nel corso dell'indagine sulla donna uccisa al parco Solari. Ebbene, una delle piste che stiamo battendo è quella delle donne la cui scomparsa sia stata denunciata negli ultimi giorni e abbiano un'età vicina a quella della defunta... »

« Mi pare un'ottima pista, quasi obbligata », disse Alinovi.

« Infatti... » e Lucchesi parlò per qualche minuto, soffermandosi sulle circostanze più salienti, quindi fece leggere ad Alinovi i suoi appunti, per finire con le dichiarazioni della vecchia Franceschini e di Gemma Lombardi.

« Ma non è che questa Lombardi sia un po' mitomane? » chiese il questore.

«A me non ha fatto questa impressione. Comunque, la collega Anticoli l'ha sentita a lungo.»

Alinovi alzò lo sguardo verso l'ispettrice.

«Più sana di me e di lei messi insieme», disse Lucia Anticoli.

«Cose da non credere», borbottò Alinovi. «Hai ragione, Lucchesi, qui c'è puzza di bruciato. Cosa pensi di fare?»

«Una perquisizione immediata in via del Torchio e, se le cose mi daranno ragione, il fermo del Cellini.»

«Sono quasi le cinque del pomeriggio, e una perquisizione...»

«Intendo avvalermi dell'articolo 41», disse Lucchesi.

«L'ho sempre considerata una scorciatoia poco elegante e molto poliziesca, ma qualche volta... Forse, hai ragione tu. D'altro canto, questi nostri colloqui sono del tutto ufficiosi: sei tu a condurre le indagini, io non ho neppure la veste per intromettermi più di tanto.»

Lucchesi riunì nel suo ufficio Lucia Anticoli, Carniti, Corradi della Scientifica e Minniti. Chiamò anche Serra e Lanza: voleva che fossero della partita.

Quando vi furono tutti, li considerò attentamente a uno a uno, prima di parlare. «L'indagine sulla donna del parco Solari ci ha per caso portato a imbatterci in una situazione che col filone principale non dovrebbe entrarci per nulla, anzi, che non c'entra per nulla. È come se, percorrendo una strada statale, ci fossimo trovati di fronte a una deviazione che, a mio avviso, vale la pena di percorrere. Forse si tratta di una sensazione, forse di un'intuizione, anche se alle intuizioni ho sempre creduto poco, quindi potrei anche sbagliarmi. Questo deve essere chiaro e voglio che lo sappiate tutti: potremmo fare un buco nell'acqua, ma in ogni caso la responsabilità sarebbe soltanto mia. Quello che ho in mente di fare, e con urgenza, cioè questa sera stessa, è una perquisizione d'iniziativa. L'eventuale prosieguo dell'indagine dipenderà dall'esito della perquisizione. Fin qui ci siamo capiti?»

«Certo. E dove dovremmo fare questa perquisizione?» chiese Carniti.

«All'11 di via del Torchio, nell'abitazione di tale Giuseppe Cellini.»

«E chi sarebbe?» continuò Carniti.

«Ve lo spiega la collega Anticoli. Non più di dieci minuti e poi partiamo, con tre macchine di servizio. Tu, Corradi, porta dietro tutto quanto potrebbe servirti.»

«In vista di cosa?» chiese Corradi.

«Non metto limiti alla provvidenza. Potrebbe trattarsi di indumenti, di tracce di sangue...»

«Anche di un cadavere?»

«Questo non lo so ancora. Comunque, preparati anche a questa possibilità.»

«Bene. In questo caso mi porto due uomini con tutta l'attrezzatura occorrente.»

«D'accordo. Mentre Lucia Anticoli vi spiega il necessario, faccio una telefonata. Posso farla dal tuo ufficio, Carniti?»

«Ma certo.»

Lucchesi tornò dopo qualche minuto. Non sapeva come si sarebbe evoluta la serata e non aveva resistito al desiderio di sentire la voce di Alice.

Le tre macchine di servizio arrivarono nei pressi del Carrobbio alle sei meno un quarto. Cellini non era ancora tornato a casa. Lo avrebbero atteso.

Lucchesi, Lucia Anticoli e Carniti si appostarono nel cortiletto. Gli altri, fuori, a passeggiare sul marciapiede. L'ispettore Corradi, con i due agenti della Scientifica, aveva trovato da parcheggiare più avanti, quasi all'incrocio con via Circo.

Il caldo non accennava a diminuire, ma via del Torchio era già in ombra e si incominciava a respirare.

«Che ne direste se andassimo a prenderci un caffè? Così compro anche le sigarette», propose Lucchesi.

In via Torino scorsero l'insegna di un bar tabacchi, il City Bar. Lucchesi si accorse di esserci già stato, perché riconobbe il barista, un giovanotto robusto dal sorriso aperto, che sapeva fare il suo lavoro. Due caffè e un tè freddo. Lucchesi prese anche due pacchetti di sigarette. Quando uscirono, l'asfalto del marciapiede li investì con un'ondata di calore. Riguadagnarono via del Torchio.

La vedova Franceschini si era affacciata alla porta e riconobbe l'ispettrice Anticoli. «Siete di nuovo qui?»

«Sì, signora, aspettiamo Cellini. La pregheremmo di restarsene in casa.»

«Che cosa succede?»

«Un normale controllo. Ma è meglio che lei non si faccia vedere.»

La signora Franceschini rientrò. Una tenda si mosse dietro una delle finestre che davano sul cortile. La vecchia non resisteva alla curiosità.

Cellini rientrò verso le otto. Quando vide Lucchesi e gli altri due, fece subito il viso scuro. «Ma che cazzo volete ancora? L'unica preoccupazione della Polizia è quella di venire a rompere i coglioni a un povero cristo che torna la sera dal lavoro e vorrebbe starsene un po' in pace?»

«Questa sera non esce a cena? Neppure un salto in via Marcona?» lo provocò Lucchesi.

Cellini strabuzzò gli occhi. «Che cazzo c'entra via Marcona?»

«C'entra, c'entra, non si preoccupi, ma di via Marcona, semmai, parleremo dopo. Adesso siamo qui per fare una perquisizione nel suo appartamento.»

«Una perquisizione? Ma siete diventati matti?»

«Qui, se c'è qualche matto, non siamo noi», rispose Lucchesi senza perdere la calma.

«Voglio vedere la carta, come si chiama... quella cosa che...»

«Il mandato di perquisizione?»

«Sì, il mandato di perquisizione. Perché, se non lo avete, col cazzo che vi faccio entrare in casa mia!»

«Abbiamo intenzione di effettuare una perquisizione alla ricerca di armi, ai sensi dell'articolo 41. Per questo tipo di perquisizione la Polizia non ha bisogno di un mandato. Naturalmente, potrà farsi assistere da un avvocato o da una persona di sua fiducia», disse Lucchesi.

«E dove lo trovo un avvocato a quest'ora?»

«Questi sono fatti suoi. Può telefonare a chi vuole. Noi aspetteremo che arrivi. Se, però, non trovasse nessuno da cui farsi assistere, noi procederemo comunque.»

«Sempre che decida di farvi entrare», disse Cellini a muso duro.

Lucchesi non si scompose. «Carniti, fai un fischio agli agenti che sono fuori e chiama anche Corradi con i suoi.»

Pochi secondi e il cortiletto brulicava di uomini.

«Allora, signor Cellini, è sempre deciso a non farci entrare?»

Cellini si guardò intorno. Non aveva scelta. «E va bene, venite pure, tanto non ho niente da nascondere. Ma domani mattina, la prima cosa che faccio è denunciarvi tutti. Non crederete di passarla liscia, spero.»

«Faccia pure quel che le pare. Intanto faccia strada e apra la porta dell'appartamento», disse Lucchesi.

«Ma che cazzo...!»

«E la pianti con tutti questi cazzi! Potrei denunciarla per turpiloquio. La mia pazienza ha un limite e lei l'ha già superato», tagliò corto Lucchesi.

Cellini infilò le scale brontolando e gli altri gli andarono dietro.

Entrarono in un corridoio, coperto da una moquette marroncina.

«Ha detto che cercate un'arma?» chiese Cellini a Lucchesi.

«Esattamente.»

«Allora siete proprio matti. Armi non ne ho mai avute.»

Lucchesi lo ignorò. «Forza adesso, stanza per stanza. E tu, Corradi, datti un po' da fare col Luminol.»

Lucchesi restò in corridoio, con Cellini che ora pareva un po' meno sicuro di sé.

«Guardate che se mi fate dei danni...»

«Metterà anche quelli nella denuncia», lo zittì Lucchesi, in tono secco.

«Commissario, venga un po' qui a vedere...» La voce di Lanza dal bagno.

Lucchesi lo raggiunse. Lanza teneva in mano un lenzuolo macchiato di una sostanza nerastra.

«Mi gioco una giornata di stipendio se questo non è sangue essiccato», disse l'agente.

«Dov'era?»

«In un fagotto, in fondo al cesto della biancheria sporca.»

«E questo cos'è?» chiese Lucchesi a Cellini che li aveva raggiunti.

«Ah... questo. Dovevo portarlo a far lavare, ma dopo la scomparsa di mia moglie me ne sono dimenticato. Comunque, è un lenzuolo, mica una pistola.»

«Questo lo vedo anch'io e vedo anche che è intriso di sangue vecchio. Vuole spiegarmi cosa è successo?»

«Sangue dal naso, ogni tanto a mia moglie capitava. Deve essere successo due o tre giorni prima che se ne andasse.»

«E per asciugare il sangue che le usciva dal naso, avete usato un lenzuolo?» chiese Lucchesi.

«E che cazzo ne so io! Dovreste chiederlo a lei. Cosa c'entro io se lei ha adoperato un lenzuolo?»

«Commissario! Qui c'è una grossa chiazza scura sul materasso.» Era Minniti dalla camera da letto.

Corradi andava avanti e indietro, illuminando il pavimento di una luce azzurra con uno strano strumento. «Tracce di sangue, commissario: in camera da letto, in bagno, dove sono ancora più evidenti, come se un corpo ci fosse rimasto a lungo, in soggiorno e, più deboli, fino alla porta d'ingresso.» Aveva parlato a bassa voce, ma Cellini qualcosa doveva aver captato, perché era impallidito.

«Bene, credo che ci dovrà spiegare un po' di cose. Magari prima di andare a sporgere denuncia», gli disse Lucchesi.

«Ma cosa...» fece Cellini, interrompendosi subito.

Erano in salotto. Lucchesi, che aveva una memoria fotografica, si accorse che qualcosa non tornava. «Scusi, Cellini, ma qualche giorno fa, qui, tra il divano e la televisione, non c'era un tappeto?»

«Un tappeto?»

«Sì, un tappeto a rombi rossi e blu. Me lo ricordo benissimo, perché su questa moquette marrone era davvero un pugno in un occhio.»

«Ed è un delitto avere un tappeto che non piace alla Polizia?»

«Certo che no. Ma non è il caso di fare dello spirito, non è il suo genere. Risponda invece alla mia domanda: c'era o non c'era questo benedetto tappeto?»

«Può darsi.»

«E che fine ha fatto?»

«E che cazzo ne so! L'avrà portato in tintoria mia moglie.»

«No, Cellini. Risposta sbagliata. Il tappeto era qui, quando sua moglie già non c'era più, quando sono venuto a parlare con lei per saperne di più, proprio perché lei ne aveva denunciato la scomparsa.»

Cellini sembrò pensarci un momento. «Non mi ricordo del tappeto. Non so cosa dirle.»

«Va bene. Ne prendo nota. Voi avete finito?» chiese poi a voce alta ai suoi uomini.

«Un paio di minuti», rispose Carniti da un'altra stanza.

«Allora, posso prepararmi per fare una doccia? Ve ne andate finalmente fuori dalle balle?» chiese Cellini.

«Tra poco. Una domanda, se permette: in che rapporti è con Gemma Lombardi, la sorella maggiore di sua moglie, quella che sta a Bologna?»

Cellini fu preso in contropiede. Una domanda del genere non se l'aspettava e gli ci volle qualche secondo per riprendersi e sbottare: «Adesso ho capito tutto! Quella troia di Bologna dev'essere venuta a fischiarvi qualcosa nell'orecchio. Chissà cosa si è inventata... Non mi ha mai potuto vedere e non faceva altro che metter su mia moglie contro di me. Ma, a costo di andare apposta a Bologna, io a quella puttana vado a spaccarle il culo...»

«Anche a lei?» chiese Lucchesi.

Cellini lo guardò senza parole. Aveva un'espressione allarmata e si sedette sul divano, più bianco di un lenzuolo. «Avete finito o no?» chiese dopo un momento.

«No, non abbiamo ancora finito. Dobbiamo dare un'occhiata alla cantina», rispose Lucchesi, il cervello che ormai correva a velocità doppia. Pensò, con un brivido, che quando era stato lì la prima volta, probabilmente Clara si trovava ancora infagottata in bagno, a pochi metri di distanza. Si riscosse alla voce di Cellini.

«Ma cosa volete andare a fare in cantina? Ci vado ogni tanto per fare dei piccoli lavori di falegnameria. Sono la mia passione. È vietato fare qualche piccolo lavoro di falegnameria in casa propria? Ci vuole la licenza?»

«No. Ma ha dimenticato che siamo alla ricerca di armi, e che potrebbero trovarsi anche in cantina. Comunque, sono curioso di vedere i risultati di questo suo hobby.»

«Non so neanche dove ho messo le chiavi. È parecchio tempo che non ci vado...»

«Non si preoccupi. Per come sono di solito le porte delle cantine, se non trova le chiavi, la forziamo o la sfondiamo, non ci vorrà niente. La metterà in conto a noi. Anzi, se ci saranno danni, la risarcirò personalmente. Allora: queste chiavi?»

«Non so dove le ho messe.»

«Non importa. Scendiamo lo stesso.»

Giuseppe Cellini scese le scale, seguito da Lucchesi e Carniti. Dietro, tutti gli altri.

La porta nell'angolo del cortile era chiusa da un catenaccio, assicurato da un lucchetto.

«Ci vogliono delle cesoie o un tronchesino. Hai qualcosa del genere?» chiese Lucchesi a Corradi. Poi un'idea: «Però, le chiavi del lucchetto dovrebbe averle anche la vedova Franceschini. Anticoli, puoi andare a vedere se...»

Lucia Anticoli non se lo fece ripetere. Bussò alla porta e la Franceschini, che stava in attesa di vedere come si concludesse la faccenda, le aprì subito. «La chiave del lucchetto della porta che va nelle cantine? Certo che ce l'ho, ma ce l'ha anche il Cellini.»

«Ha detto di non sapere dove l'ha messa.»

«Quello è un imbroglione. Lo sapete che due notti dopo è tornato giù e...»

«Dopo, ne parliamo dopo. Adesso mi presta la chiave?»

«Subito.» Dopo aver frugato in un cassetto ne tolse un mazzo, indicando la più piccola: «È questa, a me non serve più, ma la rivorrei indietro».

«Gliela restituisco tra poco», disse Lucia Anticoli.

Carniti tolse il lucchetto e fece scorrere il catenaccio. Un interruttore sulla destra illuminava una scala ripida, di una dozzina di gradini.

«Vuoi scendere prima tu?» chiese a Lucchesi.

«Come vuoi. Tu seguimi insieme con Corradi e un paio di agenti. Direi Minniti e Lanza. Venga anche lei, Cellini, scenda dietro di me. Tu, Anticoli, se vuoi restare qui...»

«Niente affatto. Scendo anch'io. Di sopra è rimasto Serra con i due agenti della Scientifica.»

Scesero in fila indiana. L'ambiente era umido e i gradini scivolosi. In fondo alle scale un altro interruttore comandava alcune lampade a soffitto, racchiuse in vetri ovali protetti da una griglia di ferro. Era pieno di ragnatele.

«Vuole indicarci la sua cantina?» chiese Lucchesi a Cellini.

«La terza, quella in fondo.»

Le porte erano fatte da un'intelaiatura metallica e da una serie di assi verticali. All'esterno di ciascuna un interruttore per la luce.

Capitolo 14

«Adesso non ci resta che buttar giù la porta», disse Lucchesi.

«Che stupido! Non ricordavo più dov'era la chiave, e invece è qui, nel mazzo che ho appeso alla cintura. Aspettate, vi apro, così non c'è bisogno di rompere niente.»

Lucchesi gli lanciò un'occhiata, ma si fece da parte.

Due o tre tentativi. «Questa no, questa neanche... Ve l'ho detto che è un po' che non ci venivo. Ecco, dovrebbe essere questa.» Cellini aprì la serratura senza alcuna difficoltà e accese la luce. Una lampadina penzolava dal soffitto.

Un locale di una ventina di metri quadri. Il pavimento di terra battuta e, contro le pareti, due grandi banconi da falegname, con un'attrezzatura da far invidia a un professionista. All'estremità di un bancone era agganciata una grossa lampada a braccio. «Fatto tutto da me, assemblando assi e montanti. Ho portato giù tutto pezzo per pezzo, poi li ho messi insieme e...»

«Complimenti. Vedo che ha una sega circolare, un piccolo tornio, trapani elettrici... Non manca niente. Queste gabbie per uccelli le ha fatte lei?» chiese Lucchesi.

«Certo. E chi se no? Le regalo agli amici. Faccio anche taglieri, posate di legno, cose del genere. Poi regalo tutto. Vi ho detto che è la mia passione e, quando ho un po' di tempo libero, la domenica specialmente, capace che ci passo ore.»

«Vede, Cellini, come ci si può sbagliare?» disse Lucchesi.

«In che senso?»

«Nel senso che lei sembra un orso, ma uno che passa il tempo libero a costruire queste belle cose deve avere un animo gentile. Proprio un bel laboratorio. Sua moglie non c'è mai venuta? Non ha mai visto questa cantina?»

«Mai venuta giù e mai vista, anche se io avevo insistito. Ma quella avrebbe avuto paura dei topi, anche se qui di topi se ne vedono pochissimi, e per quei pochi ho messo le trappole e anche un veleno, che se il topo se lo mangia non muore subito, ma va a stecchirsi da qualche altra parte.»

«E dove può andare a finire?» chiese Carniti.

«Nelle fogne. Credo che ci sia qualche passaggio che conoscono solo i topi e che porta nelle fogne. Tutta la città è piena di fognature e canali sotterranei. Una volta erano all'aperto, prima che coprissero tutto col cemento.»

«E la città era più bella...» mormorò Lucchesi che intanto esaminava il ripiano inferiore di uno dei due banconi, rimuovendo scatole di chiodi, custodie di plastica, martelli, seghetti alternativi, lime, spazzole e altri piccoli attrezzi.

«Lì non c'è niente, solo cianfrusaglie che non mi decido a buttar via», si affrettò a dire Cellini.

Lucchesi non se ne diede per inteso e continuò a frugare, muovendo, spostando, posando a terra una cosa dopo l'altra, fin che trovò quello che cercava: una sorta di rastrelliera. La base di legno, con degli incavi intervallati tra loro. Due montanti ai lati, collegati da un'asta di legno a mezz'altezza, anch'essa con degli incavi in corrispondenza con quelli della base. In tutto una cinquantina di centimetri. Posati sulla base diversi oggetti in legno tornito, tra i quindici e i venti centimetri di lunghezza, di vario diametro. Dei piccoli capolavori.

«Anche questi sono opera sua?» chiese Lucchesi.

Cellini, di nuovo impallidito, assentì col capo.

«Sempre per fare qualche omaggio a qualche amico? O magari anche a qualche amica?»

Cellini non rispose.

Lucia Anticoli si era fatta largo e osservava quegli strani oggetti con grande interesse. Alzò gli occhi verso Lucchesi. «Ma questi sono degli splendidi falli di legno.»

«Hai usato il termine giusto. Quasi delle opere d'arte. Chiamarli cazzoni sarebbe svilirli. Per favore, Corradi, adesso ti lasciamo campo libero. Fotografia d'insieme e foto, in particolare, di questa meravigliosa rastrelliera e del suo contenuto. Che nessuno tocchi i falli se non coi guanti, però. Sequestriamo tutto per il rilievo delle impronte digitali.»

«Quali impronte digitali? Ci troverete solo le mie. Se li ho fatti io, che altre impronte volete trovarci?» chiese Cellini.

«Non si può mai dire. Un fallo artificiale si può regalare o anche prestare. Queste sono cose che richiedono tempo, fatica e abilità. Lei, Cellini, è mai stato in Giappone?»

«No, che dovevo andarci a fare?»

«Be', in Giappone ci sono mille cose da fare e da vedere. E da qualche vecchia stampa si può trarre ispirazione per oggetti di questo genere. Una cosa che forse lei però non sa», e scandì le parole ignorando gli occhi di Corradi, «è che rilevando un'impronta digitale, con i metodi che vengono usati oggi, si può stabilire anche la data precisa in cui è stata lasciata: un mese fa, venti giorni fa, la settimana scorsa, e così via. Lei questo non lo sapeva, vero?»

Cellini sbiancò ulteriormente, mentre Corradi si girava dall'altra parte.

Lucchesi lo richiamò. «Non distrarti, Corradi. Una foto, anzi, diverse, soprattutto all'ultimo sulla destra, quello più lungo e grosso, che dovrebbe essere d'acero. Posso sbagliarmi, ma non credo. È di legno chiaro e ci sono tracce che sembrano esser state ripulite alla svelta, ma non abbastanza bene. Poi dovranno essere analizzati tutti con cura in laboratorio, insieme con quel lenzuolo insanguinato e al materasso che abbiamo trovato di sopra.»

Si poteva sentir volare una mosca, se mai una mosca avesse deciso di scendere in quello scantinato.

Adesso l'interesse di Lucchesi era rivolto al pavimento di terra battuta. Si mise quasi carponi, come un segugio che segua l'usta. Poi alzò gli occhi e mormorò qualcosa all'orecchio di Carniti, che, con un paio di agenti, si mise sulla porta.

Poi tornò a rivolgersi a Cellini: «Le rinnovo i miei complimenti. Adesso, però, diamo un'occhiata anche alla seconda cantina».

«Quale seconda cantina?»

«Quella accanto.»

«Ah... ma quella è solo un deposito di carabattole. Non ci vado mai. Cosa cerca?»

«Un tappeto. Un tappeto a rombi rossi e blu», rispose Lucchesi.

Cellini fece per girarsi, ma vide che la porta era sbarrata da Carniti e dai due agenti, uno dei quali piuttosto robusto. Si fermò, le mani lungo i fianchi e lo sguardo di un animale preso al laccio. «La chiave della seconda cantina, però, credo proprio di non averla. Non la uso mai.»

«Non fa nulla. Minniti, prendi una lima o un cacciavite. Basterà per far saltare la chiusura.»

Uscirono dalla cantina-laboratorio e Cellini, con uno scatto imprevedibile per uno della sua stazza, schizzò verso le scale. Lanza con un tuffo riuscì a placcarlo. Gli furono addosso in tre e riuscirono a immobilizzarlo.

Lucchesi dava ordini con voce gelida, ora: «Manette. E tu, Minniti, forza, apri questa maledetta porta».

La stanza era molto più piccola e il pavimento, sempre di terra battuta, ingombro di cose.

«Spostate tutto in corridoio, compreso quel vecchio materasso sventrato», disse Lucchesi.

La terra, sotto, non era compatta, ma sembrava calpestata di recente. Contro una parete, un badile ancora sporco di terriccio.

«Forza, a turno, scavate qui, in questa zona», e Lucchesi disegnò nell'aria un rettangolo.

La cantina era fresca, ma anche umida. Gli agenti, che si davano il cambio a scavare, furono presto madidi di sudore. La terra si accumulava in un angolo della cantina e, a mano a mano che il mucchio saliva, la fossa, di due metri per tre, si faceva più profonda.

Una ventina di minuti e un'ottantina di centimetri di scavo, quando Minniti si fermò. «Commissario, qui c'è qualcosa di solido. Il badile sta urtando contro qualcosa che fa resistenza...»

«Fermati, Minniti. Aspetta che vengo a vedere.» Si lasciò scivolare dal bordo e posò i piedi sul fondo dello scavo. Cominciò a spostare la terra con le mani. Gli ci volle poco perché apparisse uno spicchio di tela ruvida, imbrattata di terra umida e rossastra. Anche il tessuto era di un colore rossiccio. Lucchesi continuò a spostare la terra, con delicatezza, fino a quando quella macchia rossa prese forma: un rombo, seguito da un altro, di colore blu.

«Passatemi una torcia.» Si trattava solo di togliere l'ultimo leggero strato di terra. «Cellini!» quasi gridò. «Abbiamo trovato il suo tappeto, quello che stava davanti al divano. Cosa ne pensa?» Lì, al chiuso della piccola cantina, la sua voce rimbombò cupa.

Cellini non rispose. Aveva lo sguardo perso nel vuoto.

Lucchesi riemerse dallo scavo. «Adesso continuate voi. Ma prima, Corradi, fai scattare qualche fotografia.»

Balenarono i flash. Quando Corradi ebbe finito, nella fossa si calarono Minniti e un agente della Scientifica.

«Guanti e molta delicatezza», raccomandò Lucchesi. «Liberate il tappeto dal terriccio e issatelo su. Attenti, sarà molto più pesante di un comune tappeto arrotolato. Corradi, non è che avresti anche una cinepresa nel tuo armamentario?»

«Certo. Sta di sopra. Due minuti e la porto giù.»

«Ottimo. Fermatevi un momento. Voglio che tutto venga ripreso in un filmato.»

Il tappeto, arrotolato e chiuso alle estremità con due pezzi di corda, venne issato con fatica sul pavimento. Fu Corradi che, indossati i guanti, provvide a sciogliere i nodi e a svolgerlo. Dentro, avvolta in un lenzuolo, una sagoma umana. Corradi, mentre la cinepresa era sempre in funzione, svolse piano il lenzuolo, che presentava una larga macchia scura.

Tutti trattenevano il fiato. Solo a Lucia Anticoli sfuggì un gemito alla vista di quel corpo femminile che, nonostante la sepoltura di alcuni giorni, era incredibilmente ben conservato, come una statua di cera.

Fu Lucchesi a rompere il silenzio. «Cosa mi dice, Cellini? Anche questa volta non me l'aveva raccontata giusta. Mi aveva detto che sua moglie Clara non era mai scesa in cantina e non l'aveva mai neppure vista. Che non l'avesse mai vista può essere, ma per esserci scesa, c'era scesa eccome, accompagnata da lei... Maledizione! Abbiamo fatto notte. Le dieci passate. Che si fottano tutti! Non possiamo star qui a far la veglia funebre. Devo telefonare subito in Procura. Serve anche un medico legale...»

«Scusi, commissario, ma qui sotto non c'è campo. Volevo anche avvisare mia moglie del ritardo...» gli fece notare Costanzo.

«Va bene, salgo in cortile. Vieni anche tu, Costanzo, così chiami tua moglie che magari starà in pensiero...»

Le finestre della vedova Franceschini erano ancora illuminate e dietro una tenda se ne poteva scorgere la figura. Non voleva certo perdersi la fine dello spettacolo.

Lucchesi fece il numero della Procura. «Sono Lucchesi, della Omicidi, vorrei parlare con urgenza con uno dei sostituti di turno.»

«Resti in linea.»

«Pronto, Politi.»

«Dottor Politi... È un piacere sentirla. Sono Lucchesi.»

«Mi telefona per augurarmi la buonanotte? Stavo giusto per andarmene a casa.»

«Non proprio. Mi trovo in via del Torchio 11. Nel corso di una perquisizione d'iniziativa a carico di tale Giuseppe Cellini, ci siamo imbattuti nel cadavere della moglie, vecchio di quasi una settimana e sepolto in cantina. Una storia allucinante, da non credere...»

«Commissario Lucchesi, poi me la racconterà giusta, perché mi riesce difficile immaginare che, nel corso di una perquisizione ai sensi del 41, invece di una pistola, ci si imbatta, per usare le sue parole, in un cadavere sepolto in cantina.»

«Ha ragione, perfettamente ragione. Poi le spiegherò tutto. Ma intanto...»

«Intanto arrivo subito. Mi ripeta l'indirizzo.»

«Via del Torchio 11. Sarebbe bene far intervenire subito anche il medico legale, uno esperto, perché si tratta di un omicidio un po' particolare e...»

«Capito. Cerco Farrandino. Scommetto che pensava a lui...»

«In effetti...»

«A dopo», e Politi chiuse la comunicazione.

«Costanzo, torna giù e avverti gli altri che resto qui ad aspettare il sostituto e il medico legale. Se qualcuno vuole salire in cortile a prendere una boccata d'aria o a fumare una sigaretta, faccia pure, ma a turno. E non perdete di vista quel disgraziato di Cellini.»

Due passi in cortile e uscì dal portone, che era rimasto aperto. Accese una sigaretta. L'impressione che il calore fosse diminuito. Forse anche perché era in maniche di camicia e l'asfalto della strada si era un po' raffreddato. Alzò gli occhi verso il cielo, maledicendo Milano e soprattutto il suo centro, dal quale era quasi impossibile capire se vi fosse una stellata o si fosse rannuvolato. Dall'incrocio del Carrobbio, a un centinaio di metri, ancora il rumore del traffico. Sentì un passo alle sue spalle, due tacchi che battevano sul selciato: Lucia Anticoli.

«Mi offri una sigaretta?»

Lucchesi le tese il pacchetto, fece scattare l'accendino e ne prese un'altra per sé.

«Commissario Lucchesi, sei un drago. Due omicidi risolti in neppure una settimana. Questa volta vai in televisione.»

«Piantala, Lucia.»

«Certo, la pianto subito, ma sto parlando sul serio. L'unica cosa che mi dispiace è che mi avevi invitata a mangiare un boccone e qui, ben che vada, facciamo mezzanotte.»

«Rimedieremo domani. Ho intenzione di dare almeno mezza giornata libera a tutti. È stata una settimana infernale e hanno lavorato anche di domenica.»

«Buona idea. Spero che non riguardi anche me...»

«Non è un ordine. Ma una giornata libera non la vorresti?»

«Odio le giornate libere. Mi fanno impazzire.»

«Lucia...»

«No, cambiamo argomento. Tu, piuttosto, ti sei accorto di essere in condizioni pietose?»

«In che senso?»

«Nel senso che hai scarpe, pantaloni e camicia imbrattati di terra e le mani... no, le mani non si vedono, ma devono essere luride.»

«Me le sono appena risciacquate alla fontanella del cortile.»

«Meno male. Adesso torno giù e do il via libera a Carniti e Serra. Credo che muoiano dalla voglia di farsi una sigaretta.»

Lucchesi non rispose e la guardò rientrare nel cortile. Si accese una terza sigaretta. Nella media, dal momento che per oltre tre ore non aveva fumato.

Arrivarono Carniti e Serra. Si fermarono una decina di minuti. Poi fu la volta di Corradi.

«Sono quasi quindici anni che faccio questo mestiere, ma un incubo del genere non l'avevo mai vissuto», fu il suo commento.

«Neppure io», rispose Lucchesi.

Una macchina blu, con un lampeggiatore sul tettuccio, imboccò via del Torchio, fermandosi alla vista di Lucchesi che continuava a stazionare sul portone.

Politi scese per primo, seguito da Farrandino.

«Soddisfatto?» chiese a Lucchesi.

«Sì, dottor Politi, soddisfattissimo.»

«Adesso mi conduca... anzi, mi accenni in due parole di cosa si tratta. La relazione completa me la farà domani, perché sono quasi le undici e credo che lei non veda l'ora di farsi una doccia. Puzza come una cloaca.»

«Sarà la prima cosa che farò. Per ora porti pazienza e si turi il naso. Se volete seguirmi vi faccio strada.»

Politi non seppe resistere. Un'occhiata sommaria e uscì nel corridoio. Chi pareva invece andarci a nozze era Farrandino, che, indossati camice e guanti, esaminò attentamente il cadavere, prima da un lato e poi dall'altro. Fu costretto a dare un piccolo strattone solo per staccare il lenzuolo che, nella parte posteriore, si era appiccicato alle natiche della donna. «Un vero peccato... Doveva essere ancora una bella donna, ed è abbastanza raro incontrare una bionda naturale che vira al ramato...» borbottò tra sé. Poi, alzando la voce e indicando a Lucchesi alcuni punti: «Ci sono segni sul viso che fanno pensare a vecchie contusioni, in parte riassorbite. Potrebbe aver urtato contro qualcosa, ma l'ipotesi più probabile è che si tratti di un cazzotto, o di un ceffone inferto con molta energia».

La donna ora era bocconi e Farrandino le divaricò le natiche. «Come pensavo, dopo aver visto il lenzuolo: un'emorragia intestinale che non le ha lasciato scampo.»

«Dottore, vuole venire di là un momento con me?» chiese Lucchesi accompagnandolo nella prima cantina.

«Cosa ne dice di questi falli di legno tornito? Sono opera del marito.»

«Quasi un'opera d'arte... Ho visto qualcosa di simile in Giappone, in un piccolo museo, ma risalivano a diversi secoli fa. Mi faccia vedere... ecco, è stato usato questo: ci sono ancora minime tracce che potrebbero essere di sangue. Commissario, in separata sede mi racconta tutto, perché una cosa del genere non mi era mai capitato di vederla. Prima faccio l'autopsia, ma non ci dovrebbero essere sorprese. Un caso del genere, forse, meriterebbe un articoletto su una rivista di criminologia. Anzi, che sto dicendo? Lo merita di sicuro. Commissario, le spiace salire e mandarmi giù Politi? È di stomaco delicato, ma questi cazzi artistici non se li può perdere.»

Lucchesi risalì in cortile. «Dottor Politi, le spiacerebbe scendere un attimo? Il dottor Farrandino vorrebbe mostrarle una cosa...»

«E va bene...» Politi ridiscese le scale, sbuffando.

«Non di là, dove c'è il cadavere. In questa prima cantina che il Cellini aveva adibito a laboratorio di falegnameria.»

Politi entrò e Farrandino, come un prestigiatore, si scostò, indicandogli la rastrelliera in bella vista sul bancone. «*Et voilà.*»

«Ma cosa sono?» chiese Politi, con una nota di inquietudine.

«Come cosa sono? Non mi dica che non sa riconoscere dei fior di cazzi, anche se di legno tornito...»

«E cosa c'entrano con...»

«L'arma del delitto», rispose Farrandino in tono grave.

«Ma l'autopsia...»

«Domattina, per prima cosa, ma la causa della morte gliela posso anticipare anche subito: la signora che riposa di là è morta per emorragia intestinale o, se preferisce, in termini più tecnici, perché le hanno letteralmente sfondato il culo.»

Politi restò a bocca aperta, cercando di articolare una risposta che non si decise a venire. Aveva la fronte aggrottata ed era chiaramente seccato con Farrandino. « Il marito a San Vittore, subito. Ci pensi lei, Lucchesi, e il corpo all'obitorio. »

« E ci penso io », disse Farrandino.

« Io torno in Procura. Ci sentiamo domani, Lucchesi. Qui pensi a tutto lei. Il dottor Farrandino... »

« Lo riaccompagno io, tranquillo Procuratore », concluse Lucchesi.

Capitolo 15

Accompagnato Farrandino al seguito dell'ambulanza, Lucchesi raggiunse gli altri, dove si erano dati appuntamento. Mangiarono qualcosa tutti insieme, in un locale che faceva le ore piccole e aveva i tavolini all'aperto. Lucchesi in un cantuccio, un piatto di prosciutto e un paio di birre alla spina.

Carniti si offrì di riaccompagnarlo a casa. Accettò, era troppo stanco per rifiutare.

Restò sotto la doccia un quarto d'ora, poi mise tutti gli indumenti che aveva gettato per terra in un sacchetto di nylon. Li avrebbe lasciati in lavanderia il giorno dopo, andando in ufficio. Avrebbe potuto andarci più tardi, tanto ci sarebbero stati soltanto Lucia Anticoli e Minniti, che sulla giornata di riposo non avevano voluto sentir ragione.

Aveva commesso l'errore di bere un caffè. Di solito non influiva sul suo sonno, ma quella era stata una giornata particolare.

Si mise alla finestra. Da casa sua riusciva a vedere il cielo stellato. Accostò la poltrona alla finestra e accese una sigaretta, tirandosi vicino il posacenere. Smise di fumare, e di pensare, quando si accorse che l'alba non era lontana. Ma restò in poltrona e finì con l'addormentarsi.

Verso le nove venne svegliato dallo squillo del cellulare. Gli ci volle un momento per ritrovarlo, finché ricordò di averlo lasciato in una tasca dei pantaloni destinati alla lavanderia. Fece in tempo a recuperarlo che ancora squillava.

«Pronto, Lucchesi.»

«E io, Lucia.»

«Che ore sono?»

«Le nove. Pensavo che avessi deciso tu di prendere il giorno di riposo, e volevo sincerarmene.»

«Ma che riposo e riposo! Il fatto è che per quel dannato caffè mi sono addormentato tardissimo e ho dormito in poltrona.»

«Quanto ti ci vuole a essere pronto per uscire?»

«Un quarto d'ora, venti minuti al massimo.»

«Passo a prenderti in macchina.»

Non ebbe il tempo di protestare.

Ci mise meno del previsto e, quando arrivò Lucia Anticoli, era già in strada ad attenderla, fumando nervosamente.

L'auto si fermò alla sua altezza e Lucia gli spalancò la portiera. «Ti vedo rimesso a nuovo. Anche la giacca con questo caldo?»

«Per forza. Un salto da Alinovi mi sento in dovere di farlo, e poi mi aspetta Politi in Procura. Visto che non hai voluto godere del turno di riposo, mi darai una mano a stendere la relazione, e poi andremo insieme dal questore e in Procura.»

«Lo ritieni necessario?»

«Sì, anche perché con questa brutta storia di via del Torchio mi hai dato un aiuto determinante.»

«Tu dici?»

«Certo. Se non fossi stata tu a sentire la vedova Franceschini e, soprattutto, la sorella di Clara Lombardi, non credo proprio che avremmo risolto il caso con tanta facilità.»

«Grazie.»

«Una cosa, prima che me ne scordi: strada facendo, fermiamoci in quella lavanderia di Cesare Correnti. Devo lasciare il sacchetto con gli indumenti che indossavo ieri sera. E poi, prima di arrivare in ufficio, prendiamo un caffè come si deve. Scusa, potrei guidare io?»

«Va bene, anche se di solito...»

«È che voglio fare un po' di pratica.»

Lucia Anticoli gli cedette il posto.

Scaricato il sacchetto di biancheria, trovarono un bar invitante.

«Per me un caffè. Tu cosa prendi?» domandò Lucchesi.

«Un caffè anche per me. Non pensare di essere il solo a non aver dormito. Anch'io non riuscivo a prender sonno. Non potevo scacciare l'immagine di quel corpo avvolto nel lenzuolo...»

Quando arrivarono in ufficio, trovarono Minniti che li stava aspettando. O meglio, aspettava Lucchesi.

«Commissario, pochi minuti fa ha chiamato il questore. Aspetta una sua chiamata urgentemente.»

«Provvedo subito», disse Lucchesi e si attaccò al telefono interno.

«Lucchesi! Venti minuti fa mi ha chiamato Politi dalla Procura, raccontandomi in quattro parole quanto hai combinato ieri sera. Sono esterrefatto: due omicidi scoperti in sei giorni. Politi mi ha detto che aspetta una tua relazione. Ma se hai un momento di tempo vorrei saperne di più. Come hai fatto a... No, non lo voglio sapere, me lo racconti a voce.»

«Se mi dà una mezz'ora, con l'aiuto della collega Anticoli butto giù la relazione per Politi e passo a lasciarne una copia anche a lei.»

«Vi aspetto.»

«Col computer sono un mezzo disastro, uso solo due dita», disse Lucchesi guardando Lucia Anticoli.

«Io, invece, non dico di essere un fulmine, ma me la cavo. Se vuoi dettare, in mezz'ora ce la facciamo di sicuro.»

Lucchesi iniziò a parlare, prendendo le mosse dall'omicidio del parco Solari e dalla pista seguita basandosi sulla denuncia delle donne scomparse nei giorni successivi al ventidue luglio.

Terminò in una ventina di minuti e rilesse la relazione. Gli parve completa. «Alleghiamo anche una copia delle dichiarazioni della Franceschini e di Gemma Lombardi.»

Ci pensò la Anticoli, spillando tutto insieme.

«Possiamo andare. Aspetta che vedo se Alinovi è libero.»

«Sto finendo di parlare con una persona. Un paio di minuti e sono a vostra disposizione. Potete anche scendere subito», concluse il questore.

«Accomodatevi e non ditemi nulla», cominciò Alinovi, «prima leggo la vostra relazione», e inforcò gli occhiali. In pochi minuti ebbe terminato. «Cosa posso dirti Lucchesi? Che non so cosa tu ci abbia fatto per tanti anni a occuparti di furti e, a quanto vedo, ti sei trovato una collaboratrice di prim'ordine. Complimenti a tutti e due. Questa è una storia che farà epoca e...»

Venne interrotto dallo squillo di un cellulare.

«È il mio. Mi scusi, dottor Alinovi, se vuole che...» Lucchesi era imbarazzato.

«Ma rispondi, rispondi, magari si tratta di un altro morto...»

Nessun altro omicidio. Era Farrandino.

«Buongiorno, commissario. Solo per confermarle quanto vi avevo anticipato ieri sera. Ho lavorato di conserva col vostro Corradi della Scientifica. Per quanto mi riguarda, come le avevo già detto, una violenta emorragia intestinale, causata da gravi lesioni interne che hanno interessato... Ma è inutile che glielo spieghi per telefono, ho già steso una breve relazione autoptica. Lo strumento che l'ha provocata è quel fallo di grandi dimensioni, lavato, ma ancora con qualche minima traccia di sangue. Lo stesso sangue del lenzuolo trovato in casa, del materasso e del lenzuolo in cui il suo cliente aveva avvolto il corpo prima di infilarlo nel tappeto per dargli una degna sepoltura.»

«Scusi, dottor Farrandino, adesso mi trovo nell'ufficio del questore...»

«Gli porga i miei ossequi.»

«...e poi andrò in Procura. Se lei ha già pronta la relazione autoptica, passo a ritirarla e porto tutto al dottor Politi.»

«Perfetto. Mi troverà nel mio ufficio.»

«Era il dottor Farrandino», disse Lucchesi rivolto al questore.

«Questo l'avevo capito», rispose Alinovi.

«E mi ha raccomandato di porgerle i suoi ossequi.»

Alinovi scoppiò in una risata. «Lucchesi, da quanto conosci Farrandino?»

«Da poco.»

«Io da quindici anni, invece, e gli ossequi di Farrandino, che riserva a pochi, sono l'equivalente di una presa per il... didietro, scusa Anticoli. Per il resto è un professionista come pochi. Adesso vi lascio andare. La copia della relazione me la lasci?»

«Naturalmente.»

«Penso che sarà il caso di fare una piccola conferenza stampa, domani, e vorrei che tu ci fossi.»

«La conferenza stampa non posso impedirgliela, ma quanto a parteciparvi non se ne parla neppure.»

Alinovi lo guardò con un pizzico di sorpresa. «Come preferisci. Spesso dimentico come sei fatto... Ancora una cosa, però: questi famosi falli di legno li avrete sequestrati, vero?»

«Certo.»

«E dove sono adesso?»

«Li dovrebbe avere ancora Corradi, eccetto forse quello esaminato da Farrandino. Perché me lo chiede?»

«Perché vorrei darci un'occhiata», rispose Alinovi.

Politi lo stava aspettando. Seduto in poltrona, con un ampio sorriso. Si alzò in piedi vedendo che non era solo. «Vedo che si è portato anche la nostra ispettrice Anticoli...»

«Era il meno che potessi fare. In quest'ultima indagine mi è stata preziosissima.»

«Non lo metto in dubbio. Ma, a proposito di ultima indagine... due o tre giorni fa ha brillantemente risolto anche l'omicidio del Lorenteggio, anzi, il duplice omicidio del Lorenteggio. Me ne ha parlato il procuratore capo quando stamattina sono andato a riferirgli sulla faccenda di ieri. Due omicidi nel giro di pochi giorni...»

«Il caso. Colpi di fortuna, se così vogliamo chiamarli. Strade che si sono aperte seguendo l'indagine dell'omicidio del parco Solari...»

«Già, l'omicidio del parco Solari. Su questo versante a che punto siamo?»

«Per adesso a un punto morto. Andiamo avanti su due fronti che non si sono ancora esauriti, ma non è che ci speri troppo...»

«Sono sicuro che prima o poi ci arriverà. Devo però dirvi una cosa abbastanza importante, o che comunque vi interesserà: il Cellini, se non sta recitando una commedia, ma sarei portato a escluderlo, è completamente fuori di testa. Ha passato l'intera nottata a urlare e a sghignazzare. Il direttore di San Vittore mi ha avvertito, e lo psichiatra che lo ha visto questa mattina ha formulato una diagnosi di schizofrenia. Pare che ci siano anche stati dei tentativi di autolesionismo. Difficile, quindi, che regga un'ipotesi di omicidio volontario. Più fondata quella di omicidio preterintenzionale. Bisogna che ci pensi, anche se... Comunque, l'ho fatto ricoverare in osservazione nel reparto psichiatrico dell'ospedale Maggiore, ovviamente piantonato come si deve. D'altro canto uno che fa cose del genere con la testa non ci sta di sicuro. Lei cosa ne pensa?»

«Più o meno quello che ne pensa lei», rispose Lucchesi.

«Bene, per adesso credo che sia tutto. Anzi, no. Non le

ho ancora fatto le mie scuse, postume, e approfitto dell'occasione, in presenza di testimoni.»

«Per che cosa?» chiese Lucchesi.

«Per quella faccenda di via San Maurilio. Se ben ricordo non è che l'avessi proprio trattata...»

«Non lo ricordo neppure più, procuratore. In ogni caso, ognuno fa il suo mestiere, e lo fa come ne è capace», disse Lucchesi alzandosi.

Politi lo guardò uscire. Non capiva se quel commissario gli avesse fatto un complimento o avesse approfittato per tirargli una frecciata.

Capitolo 16

Tornarono in ufficio verso l'ora di pranzo. Nessuna novità. Minniti era stato raggiunto da Serra che, dopo essersi fatto una dormita, non se l'era sentita di restarsene a casa e aveva raggiunto il collega.

«Sapete che vi dico? Che negli ultimi giorni ci siamo fatti tutti un mazzo tanto, ed era giusto che oggi ci si prendesse un momento di respiro. Visto, però, che qualcuno non ci ha sentito e non ha voluto disertare, vi invito tutti a pranzo. Penso che ve lo siate ampiamente meritato. L'unico problema è il luogo. Nessuno di voi conosce un posticino dove...» Lucchesi non riuscì a terminare.

«Ci penso io. L'unico problema è che non possiamo lasciare del tutto deserto l'ufficio...» disse Lucia Anticoli.

«Posso restare io», disse Serra.

«Non se ne parla. Se c'è qualcosa di urgente, mi possono sempre raggiungere sul cellulare.»

Apparve sulla soglia Carniti. «Si può? Passavo di qui un momento per vedere se...»

«È il buon Dio che ti manda. Hai impegni urgenti, per caso?» ne approfittò Lucchesi.

«No, fino alle quindici sono libero. Qualcosa bolle in pentola?»

«Ancora non lo sappiamo di preciso. Stavamo per andare ad appurarlo. Ho appena invitato la collega Anticoli e gli agenti Serra e Minniti, che sono qui da stamattina presto, a mangiare qualcosa fuori, ma ci stavamo ponendo il problema di lasciare per un paio d'ore l'ufficio sguarnito. Potrebbe cercarmi il questore, che ho informato a grandi linee della storia conclusasi stanotte, ma vorrà saperne di più...»

«Ci resto io, non preoccuparti. Se chiama il questore, ci penso io.»

«Comunque, per le tre saremo tutti di ritorno», lo rassicurò Lucchesi.

«Ti ho detto di non preoccuparti. Tornate pure quando volete. L'impegno delle quindici non è poi così importante, posso anche rinviarlo. Se accadesse qualcosa, potrò sempre farmi raggiungere da Ferretti o Costanzo.»

«Grazie, Carniti, ero certo di poter contare su di te. Allora, cosa aspettiamo ad andarcene?» concluse rivolto agli altri.

«Se non vi spiace andiamo con due macchine. Dopo pranzo vorrei andarmene a casa a riposare. Credo di averne bisogno», disse la Anticoli.

«Ho la macchina in cortile. Vi veniamo dietro e poi riaccompagniamo noi il commissario», disse Minniti.

Pareva che tutto fosse dato per scontato. Lucchesi salì in macchina con Lucia Anticoli, e Serra con Minniti.

«Il buon Carniti c'è cascato come una pera», rise Lucia.

Lucchesi si limitò a sorridere. «Quello sono certo che conta su una telefonata del questore e se, come penso, non ci sarà, quando torniamo sarà incazzato come una biscia.»

Lucia Anticoli, come al solito, guidava spedita.

«Non abbiamo ancora deciso dove andare», osservò Lucchesi dopo qualche centinaio di metri.

«Ti ho detto che ci avrei pensato io», rispose lei, digitando un numero sul cellulare. «Vorrei prenotare per quattro. Sì, adesso, subito, il tempo di arrivare. Bene, tra un quarto d'ora siamo lì. Segni a nome Lucchesi.»

«Dove ci stai portando?»

«All'Acquasala. Qualcosa in contrario?»

«No, affatto. Sono mesi che non ci torno», rispose Lucchesi.

Venne subito riconosciuto. Il tavolo era pronto e si sedettero.

«Acqua minerale e vino della casa. E magari qualcosa dei vostri antipasti», ordinò Lucchesi.

Serra e Minniti avevano un'aria beata. Lucchesi si guardava in giro, fingendo una tranquillità che non aveva. Sul viso di Lucia Anticoli un'espressione tesa.

Fu mentre terminavano gli antipasti che Lucchesi, sotto il tavolo, urtò inavvertitamente un ginocchio di Lucia, ritraendosi subito. Un paio di secondi e fu il ginocchio di Lucia ad appoggiarsi al suo. Lucchesi si irrigidì, lo stomaco che gli si chiudeva e quel maledetto fremito al basso ventre che lo coglieva a tradimento. «Abbiate pazienza. Pensavo di aver fame, ma con gli antipasti temo di aver già fatto il pieno. Ho solo una gran sete. Ma voi continuate, altrimenti ci resto male.»

Serra e Minniti non se lo fecero ripetere, e anche l'ispettrice Anticoli mangiò un piatto di orecchiette, mentre Lucchesi si scolava un paio di calici di bianco.

«Ho bisogno di fumarmi una sigaretta. Torno subito.» Lucchesi scostò finalmente il ginocchio da quello di Lucia e uscì dal ristorante, cercando, sul marciapiede, un angolo all'ombra. Non una, ma due sigarette. Il sole picchiava, e in giro c'era un'atmosfera sonnolenta, che contribuì un po' a rilassarlo.

Rientrò e attese che gli altri finissero, sorseggiando un altro bicchiere di bianco.

Poco dopo, fuori del ristorante, si salutarono. «Penso che farò due passi a piedi. In dieci minuti sono a casa. Ciao, Anticoli. A domani», aggiunse rivolto ai due agenti.

Si avviò verso porta Genova e, quindi, verso via Scaldasole. Non devo ricaderci, pensò. Non sarebbe giusto né per me, né per lei. Soprattutto per lei. Dovette fermarsi un paio di volte, per un leggero giramento di testa. Si sentiva molto stanco.

L'anziana signora che abitava al quarto piano sembrava che lo stesse aspettando. La porta socchiusa per sentire i suoi passi sulle scale. Si affacciò quando arrivò al pianerottolo. « Buongiorno, commissario. Non ho il suo numero di telefono e sono alcuni giorni che attendevo di incrociarla. »

« Posso fare qualcosa per lei? » chiese Lucchesi.

« No, no, non si tratta di questo. È che lascio l'appartamento, che è di mia proprietà. I miei figli vogliono che vada ad abitare da loro. Non si capacitano del fatto che me ne stia qui da sola, con quattro piani di scale da fare a piedi. Secondo me, lo fanno per la loro tranquillità, non per la mia. Al pensiero di finire a Milano Due... Pazienza. Volevo dirle che intendo affittare il mio appartamento: due stanze, oltre al cucinino e al bagno, una cinquantina di metri quadrati in tutto. Il cucinino è già arredato. Non so se le interessa, ma se vuole darci un'occhiata... Sarei molto contenta se venisse ad abitarci lei. »

Lucchesi ci pensò un momento, poi seguì all'interno la signora che gli faceva da guida.

Un'ampia stanza d'ingresso con l'angolo cucina e una camera da letto che si apriva sul bagno. Quel che faceva al caso suo, si disse con il pensiero che correva ad Alice. L'appartamento era lustro, come ci si poteva aspettare da un'anziana signora che passava il suo tempo a tirar strofinacci e a dare la caccia all'ultimo granello di polvere.

« Mi piace. Mi piace proprio. Qual è il canone d'affitto? » disse Lucchesi.

La signora azzardò una cifra che superava di neppure duecento euro quella che lui pagava per il suo monolocale. Un vero colpo di fortuna.

« Direi che anche il canone va benissimo, anche se sospetto che mi abbia fatto un prezzo di favore... »

La signora sorrise.

«E quando sarebbe libero?»

«Tra una settimana, al massimo dieci giorni.»

«Allora, signora, affare fatto. Uno di questi giorni, anche domani, passo da lei e stendiamo il contratto di locazione. Intanto, se lei permette, vorrei fare una piantina dell'appartamento, per cominciare a ragionare su come arredarlo.»

La signora trovò un foglio di carta e un metro e Lucchesi, in pochi minuti, buttò giù uno schizzo, con l'esatta misura di ogni stanza.

«Signora, non so come ringraziarla. Ci vediamo domani, o se preferisce anche questa sera, verso l'ora di cena. Il tempo di procurarmi i moduli per il contratto e...»

«L'aspetto, commissario.»

Quasi tre ore di sonno, durante le quali ebbe l'impressione, un paio di volte, di sentire in sogno lo squillo del cellulare.

Quando si alzò erano quasi le sei del pomeriggio. Chiamò in ufficio e gli rispose Serra.

«No, commissario, niente di nuovo, tutto tranquillo. Tra l'altro, si è fermato in ufficio anche l'ispettore Carniti.»

«Passamelo, per favore.»

«Ciao Carniti, sono Lucchesi. Ti ringrazio per aver tenuto la postazione. Proprio non ce l'ho fatta a ritornare in ufficio e sono rimasto a casa a riposare. Nessuna novità?»

«Niente di particolare. Ha telefonato Politi, dalla Procura, ma non voleva niente di preciso. Soltanto informarti che le condizioni psichiche del Cellini si sono aggravate. È stato sentito pro forma e spedito in un ospedale psichiatrico giudiziario, in attesa di vedere come evolve la situazione. Non sapevo che già stamattina gli avevi portato una prima relazione, insieme alla Anticoli...»

«È stato lui a sollecitarmela, e la Anticoli, che pure era venuta in ufficio, mi ha dato una mano a stenderla. Dopotutto anche lei aveva fatto un ottimo lavoro e...»

«Capisco. A domani, ti auguro una buona serata.» Era chiaramente seccato, e lo sarebbe stato ancora di più se avesse saputo che, sempre con la Anticoli, prima ancora che in Procura era passato anche dal questore. Che vada a fare in culo anche Carniti, concluse dopo averci pensato un momento. Non me la sono andata a cercare, ma in fin dei conti il commissario sono io.

Si stiracchiò, con un senso di benessere, anche se qualcosa lo turbava... Ci arrivò quasi subito: il pranzo all'Acquasala e quel ginocchio di Lucia. Gli stava mandando messaggi molto chiari.

Squillò il cellulare. Neanche l'avesse evocata...

«Ciao, Andrea, sono Lucia. Tutto bene?»

«Sì, ho fatto una dormita di quasi tre ore. Mi hai preceduto di un soffio. Stavo proprio per telefonarti.»

«Sul serio? Che volevi dirmi?»

«Che tornando a casa ho incrociato la signora del quarto piano, che è proprietaria di un grazioso bilocale, con una cucinetta separata e già arredata. Be', tra una decina di giorni lo lascia e va ad abitare coi figli e l'ha affittato a me, anche se non abbiamo ancora steso il contratto di locazione. Con l'aumento di stipendio che ho avuto posso permettermelo, e finalmente potrò invitare a casa anche mia figlia...»

«E io che c'entro?» chiese Lucia con voce piatta.

«Te lo spiego subito: devo arredarlo in qualche modo. Ho già fatto una piantina. Ma anche se il mio stipendio non è più quello di prima, di risparmi da parte ne ho pochi, quindi devo fare le cose con giudizio. Perciò un consiglio, qualche suggerimento... Per farla breve, non potresti darmi una mano?»

«D'accordo, Andrea. Dunque, nei tuoi panni, andrei all'Ikea: hanno di tutto, per tutte le borse e...»

«Saresti disposta ad accompagnarmi? Ho sempre odiato...»

«Lo so, non occorre che me lo spieghi. In un paio d'ore, se hai le misure esatte, ce la possiamo fare.»

«Ti ringrazio. Allora, uno di questi giorni...»

«Da domani si ricomincia a pieno ritmo, chissà quando avremo tempo. Perché non questa sera stessa? Adesso...»

«Ma sono le diciotto passate.»

«Chiudono alle ventidue. Se vuoi, entro una ventina di minuti, posso essere sotto casa tua.»

«Grazie, Lucia.»

«Dovere», fu la risposta.

Una telefonata ad Alice ci stava. Le novità erano troppo grosse per rinviarle alla domenica. Le avrebbe regalato il cellulare, aveva deciso, per evitare di passare sempre attraverso Adele.

Fece il numero di telefono. «Sono Andrea, e vorrei parlare con Alice.»

«Oggi torna a casa più tardi, intorno alle diciotto, diciannove. È mercoledì, non te lo ricordi?»

«L'avevo scordato, Adele. Dille solo che le ho telefonato e...» Si accorse che stava parlando a vuoto. Adele aveva già interrotto la comunicazione.

Si rivestì in fretta e furia e scese in strada, avviandosi verso l'angolo. Il tempo di fumare una sigaretta e arrivò Lucia. La ringraziò tra sé, perché lui non aveva idea di dove si trovasse l'Ikea.

Lucia, invece, si dimostrò efficientissima. Prese in mano la situazione e, in meno di due ore, i problemi di Lucchesi erano stati risolti: mobili per la camera da letto e per il soggiorno, con tanto di divano letto, che sarebbe servito ad Alice nel caso si fosse fermata per il finesettimana, una libreria, un tappeto, un piccolo scrittoio e molte altre cose che a lui non sarebbero mai passate per la testa.

Lucchesi, che sapeva con esattezza quanto aveva sul conto corrente, seguiva la collega, annotandosi su un foglietto i vari prezzi e, quando vide profilarsi il rosso, la bloccò: «Lucia, ti ringrazio, ma ci fermiamo qui. Per il momento non posso permettermi altro».

«Neppure questo piccolo televisore? Guarda, Andrea, che le serate invernali sono lunghe, e non puoi sempre cavartela leggendo un libro.»

«No, il televisore non l'ho mai avuto e non ne sentirò la mancanza. Semmai il prossimo mese.»

«Va bene. Te lo regalo io.»

«Non se ne parla. Non voglio e non merito regali.»

«Ma io insisto. Desidero che tu abbia qualcosa di me nella tua nuova casa.»

Lucchesi si sentì stringere il cuore.

«Bene, adesso ti riaccompagno a casa.»

Lucia guidò fino in via Scaldasole, senza dire più una parola. Anche Lucchesi restò in silenzio.

«Senti, Lucia...» fece mentre scendeva dall'auto.

«Ciao», tagliò corto lei, e scomparve nel flusso del traffico serale.

Aveva lo stomaco chiuso. Non sarebbe riuscito a mandar giù nulla. Solo una grande arsura che lo spinse a bere mezza minerale. Si baloccò un momento con l'idea di scendere per comprarsi una bottiglia di whisky in un bar. Non si trattava soltanto dello stomaco. Lucia non ce l'aveva fatta e gli aveva mandato quel messaggio, anche a costo di umiliarsi, e lui nella sostanza ne aveva approfittato. Forse inconsciamente, si disse, in un vano tentativo di assolversi. Ma finì col resistere: il whisky non avrebbe rimediato alla sua cialtronaggine. Non poteva rimettersi su quella strada.

Si sedette in poltrona, scelse un libro a caso e iniziò a leggere, senza però riuscire a concentrarsi.

Lo squillo del cellulare.

«Sono Serra, commissario.»

«Ah... ciao, Serra. Sei ancora in ufficio?»

«No. Sono a casa. Avevo già provato a chiamarla un paio di volte, ma il telefono squillava a vuoto.»

«Ero uscito e non me l'ero portato dietro. Ci sono novità?»

«No, era solo per dirle che sono riuscito a trovare le ultime due persone della lista: Anselmo Bigatti di via Alcuino e Luigi Cerignola di viale Bligny. Ho preso due appuntamenti, sempre che a lei vadano bene...»

«Dimmi.»

«Il Bigatti è rientrato, dopo un paio di giorni di assenza da Milano. Se per lei è possibile, l'aspetterebbe domani a casa sua nell'intervallo di pranzo, tra le tredici e le quindici. Il Cerignola, invece, ha la mattinata libera dopodomani, venerdì. Potremmo andarci all'ora che lei preferisce.»

«Va bene. Conferma pure per questo Bigatti e fissa con Cerignola per venerdì alle dieci. Ci andremo insieme.»

«Okay, commissario. Buonanotte.»

Ritornò al libro che aveva sulle ginocchia: *Guerra e pace*, con quelle prime cento pagine, zeppe di dialoghi in francese. Insopportabili, anche per uno come lui, che amava la letteratura russa dell'Ottocento forse più di ogni altra. Rimise il volume nella sua artigianale libreria. Nella nuova casa al piano di sotto ogni volume avrebbe trovato la sua giusta collocazione.

Stava cercando un altro titolo, quando il telefono riprese a squillare.

«Pronto, Lucchesi.»

«Ciao, papà, sono Alice. La mamma mi ha detto che mi avevi cercato. Ho provato a richiamarti prima...»

«Mi ero scordato il cellulare a casa. Come stai?»

«Bene. Ci vediamo domenica?»

«Certo. Sarò da te alle dieci precise.»

«Come ti sta andando?»

«Sono stati giorni un po' pesanti, ma credo che il peggio sia passato. Parlo del lavoro, naturalmente...»

«Ti ricordi che domenica è il mio compleanno?»

«Meno male che me l'hai ricordato.»

«Ma papà...»

«Stavo scherzando. Come potrei essermelo scordato? Ti

ho già acquistato il regalo, anzi, questa volta i regali saranno due.»

«Ma te lo puoi permettere?»

«Sei tu a dimenticare che adesso sono commissario.»

«E questo...?»

«Ha fatto sì che abbia uno stipendio da nababbo, anche se forse sto un poco esagerando. Ciao, Alice, ci vediamo domenica.»

Trovò finalmente il libro che poteva andar bene e stava per tornare in poltrona, quando tornò a squillare il cellulare. Di sicuro Alice che voleva sapere... «Pronto, Alice?» rispose senza leggere il nome sul display.

«Mi spiace deluderti. Non sono Alice, sono Marion.»

«Ciao, Marion, che bella sorpresa! Non speravo di risentirti così presto. Anzi, se devo esser sincero, non speravo neppure di risentirti. Come stai?»

«Direi bene, e volevo ricambiare l'invito a cena di alcuni giorni fa.»

«Non chiedo di meglio. Quando?»

«Ti va bene domani sera?»

«Benissimo. Sono davvero contento di sentirti.»

«Anch'io, ed è questa la ragione della mia telefonata. Sai che sono sempre stata una donna schietta: ho voglia di vederti.»

«Grazie, Marion.»

«Se mi ringrazi un'altra volta metto giù il telefono.»

«D'accordo. Dove ci vediamo?»

«Inutile perdere un paio d'ore in un ristorante. Vieni direttamente a casa mia, alle venti e trenta. Non sono una grande cuoca, ma qualcosa rimedierò.»

«Va bene, Marion, a domani sera.»

Ritornò in poltrona, col libro ancora in mano. Ma neppure questa volta riuscì a concentrarsi. Qualche giorno prima aveva sentito una fitta al petto. Aveva cercato di non darci peso. Adesso, però, di nuovo. Aspettò, sospeso. La fitta non ritornò e riaprì il libro.

Capitolo 17

La notizia, nella quale ormai non sperava più, giunse inaspettatamente alle dieci e quaranta di giovedì ventinove luglio: « Commissario Lucchesi? Sono l'agente Ferretti. Abbiamo appena trovato una persona che ha riconosciuto la fotografia della donna del parco Solari. »

« L'ha identificata? »

« No, non ne conosce il nome. Si tratta di un'edicolante in via Bellezza, angolo via Balbo, non lontano dal parco Ravizza. La signora ci veniva abbastanza spesso ad acquistare i giornali. »

« Aspettatemi lì, arrivo subito. »

Chiamò al telefono Lucia Anticoli. « Ti va di venire con me? Un'edicolante ha riconosciuto la morta del parco Solari. »

« Arrivo subito. Stavolta, però, una piega la devi fare: ci andremo con una macchina di servizio. »

« Va bene... »

Fu interrotto dal ronzio del telefono interno.

« Lucchesi? Sono Alinovi. Purtroppo sono costretto a far rientrare nei ranghi gli agenti che ti avevo messo a disposizione. Abbiamo sforato i giorni, e i dirigenti delle varie Divisioni premono per riavere i loro uomini. »

« Signor questore, può richiamarli anche oggi. Pochi minuti fa abbiamo individuato un'edicolante in via Bellezza che ha riconosciuto la vittima. »

« Sul serio? Benissimo, e chi è? »

«Questo purtroppo non lo sappiamo ancora. Era una cliente. Ma un acquisto abitudinario di giornali ci consente di restringere la zona. Adesso posso farcela con i miei uomini.»

«Speriamo. Tienimi informato», disse Alinovi con un pizzico di delusione.

Stava uscendo quando ebbe un ripensamento. «Carniti? Sono Lucchesi. Sto andando in via Bellezza. Un piccolo passo avanti per la faccenda del parco Solari lo abbiamo fatto. Ho già chiamato la Anticoli, ma vorrei che ci fossi anche tu, se non sei impegnato.»

«Ci vediamo in cortile», rispose Carniti.

L'agente Ferretti, insieme con un collega in divisa che Lucchesi non conosceva, li stava aspettando.

Dietro la finestra dell'edicola, una tizia sulla cinquantina, grassoccia, con le unghie smaltate di verde solo in punta. Lucchesi le notò subito perché la donna stava ticchettando su una piccola calcolatrice il conto a un signore che aveva acquistato tre quotidiani e un paio di riviste.

Quando il signore si fu allontanato, Lucchesi si fece avanti, mostrando il tesserino di riconoscimento. «Signora, buongiorno. Sono il commissario Lucchesi. Un mio agente mi ha informato che lei avrebbe riconosciuto una sua cliente nella fotografia che le è stata mostrata.»

«Ah, lei sarebbe quel commissario nero che...»

«Sì, signora, sono quel commissario nero e spero che la cosa non la disturbi troppo. Allora, l'ha riconosciuta o no?»

«Certo che l'ho riconosciuta.»

«Con sicurezza?»

«Assoluta. Ci veniva tutti i giorni e comperava sempre due quotidiani. La ricordo bene, perché di solito il cliente compra sempre gli stessi giornali, lei, invece, cambiava. Un giorno *Corriere* e *Repubblica*. Un altro *Repubblica* e *Libero*. Un altro ancora *Corriere* e il *Fatto*. Si vede che non aveva idee precise, oppure voleva sentire tutte le campane. E riviste femminili, tipo *Vanity Fair*, e una volta alla settimana una rivista d'informazione. Ma anche qui una volta l'*Espresso* e la settimana dopo *Panorama*. Proprio un tipo un po' strano...»

«Ho capito.» Lucchesi non l'aveva interrotta di proposito. Tutto poteva essere utile. «Quindi la signora abitava qui nei pressi...»

«Questo non glielo so dire. Ci sono quelli che scelgono l'edicola più vicina e quelli che, invece, ne approfittano per farsi una passeggiata. Poteva anche darsi che quella signora non abitasse proprio vicino, perché, adesso che ci penso, quando pioveva non la vedevo e...»

«Mi pare un'osservazione sensata. Vorrei che me la descrivesse: alta, bassa, di statura media, vestita con eleganza oppure in modo normale... cose di questo genere, insomma. Tutto quello che ricorda. Mi pare che lei sia una buona osservatrice.»

L'edicolante fece un sorriso compiaciuto. «È vero, non mi scappa niente. Allora, vediamo... una bella signora, direi, forse un po' più giovane di me, con dei bellissimi capelli rossi, naturali, si capiva dalla carnagione chiara con qualche lentiggine. Abbastanza elegante, ma senza strafare, e si vedeva subito che ci teneva, si curava. Le unghie, ad esempio, le ho notate subito: io metto lo smalto solo in punta, facendo una specie di lunetta, come molte donne usano adesso; lei, invece, faceva soltanto una striscia centrale. Proprio una bella signora, direi, abbastanza alta, con un bel personale e un seno abbastanza prosperoso.»

«È lei. Non possono esserci dubbi», disse Carniti.

«Lo penso anch'io», convenne Lucchesi e diede un biglietto alla donna: «La ringrazio per la sua collaborazione e, se le venisse in mente qualche altro particolare, la prego di chiamarmi a questo numero».

«E adesso?» chiese Lucia Anticoli.

«Adesso non possiamo più contare sull'aiuto di tutti quegli uomini che in questi giorni abbiamo avuto a disposizione. Proprio prima che venissimo qui mi ha chiamato Alinovi per dirmelo. Possiamo contare solo sui nostri quattro o cinque agenti, anche se a giorni ne dovrebbero arrivare altri. Per il momento, direi Lanza, Costanzo, Ferretti e Minniti, che inizieranno a battere la zona. Seguiamo il metodo iniziale: facciamo un primo cerchio attorno all'edicola e così via, sperando di imbatterci in qualcun altro, ad esempio un negoziante, che sappia dare un nome alla donna della fotografia. Se comprava i giornali qui, non ci veniva certo dall'altro capo della città...»

«Speriamo bene», disse Carniti.

«Forse, a questo punto, sarebbe inutile andare dal Bigatti di via Alcuino», continuò Lucchesi.

«Chi è?» chiese Carniti.

«Il terzo dell'elenco di quelli che hanno denunciato la scomparsa della moglie, anzi, il secondo, perché nel caso dei Bontempi si trattava della figlia. Tornando alla nostra vittima, è del tutto improbabile che venisse da via Alcuino, ma ormai ho preso appuntamento per le tredici e tanto vale che ci vada. Potrebbe anche darsi che la donna venisse a lavorare da queste parti. Ci siamo dimenticati di chiedere a quella cinquantenne, che pensa di avere dieci anni di meno, a che ora passava la donna a prendere i giornali.»

«Poco male. Su questo particolare avrebbe anche potuto far confusione, col rischio di fuorviarci», disse Lucia Anticoli. «Io vado a mangiare qualcosa con Carniti. Ci vieni anche tu?» continuò.

«Meglio di no. Una spremuta e basta.»

«Vuoi che venga anch'io da questo Bigatti?»

«No, non occorre, ci vado con Serra.»

Poco dopo le tredici suonarono al campanello di Anselmo Bigatti. Un sessantenne panciuto e completamente calvo, salvo una coroncina di capelli grigi alla base del capo. Un viso che sprizzava bonomia, anche se, parve a Lucchesi, con un'espressione un po' mogia.

La solita storia: fece un sorriso a Serra che si affrettò a presentargli Lucchesi.

«All'ultimo momento ho pensato che avrei fatto meglio a telefonarvi, per evitarvi un disturbo inutile, ma poi mi sono detto che una chiacchierata con la Polizia avrebbe anche potuto essermi utile e...»

«Che intende dire?» chiese Lucchesi guardandolo sorpreso.

«Che proprio alla mezza, qui la posta la consegnano quando vogliono, ho ricevuto una lettera da mia moglie. Mi ha scritto da Firenze, e so anche con chi ci è andata, ma non gliene voglio. La capisco. Non ce la faceva più a sopportare di vivere con un pancione che ha vent'anni più di lei e se ne sta tutto il giorno al lavoro. Ho un negozio di calzature in centro. Uno che la sera arriva a casa stanco morto e regolarmente si addormenta davanti alla televisione. Vi ho detto che Cinzia ha vent'anni meno di me?»

«Sì, ce lo ha detto», rispose Lucchesi.

«Ecco, il punto credo che sia proprio questo. Lei era una mia commessa. Me la sono sposata quando aveva venticinque anni. Venticinque e quarantacinque non fa una grande differenza, o meglio, la fa, ma al momento si può anche non farci caso. Ma trenta e cinquanta è già diverso, e quaranta sessanta poi... Ho fatto anche i miei errori, perché a un certo punto, qualche anno fa, non ho più voluto che stesse in negozio: volevo che facesse finalmente la signora, e ho insistito perché stesse a casa. Ma qui, da sola, si annoiava, si intristiva, e la sera non la portavo mai fuori. La colpa è mia, soltanto mia. Se ha preso il volo, cosa posso fare?»

«Niente, credo», rispose Lucchesi.

«Lo sapevo, ma volevo la vostra conferma. Devo mettermi il cuore in pace e...»

«Le spiacerebbe farmi vedere la lettera che ha ricevuto da sua moglie?» chiese Lucchesi.

Bigatti gliela porse.

«Lei è sicuro che questa sia la grafia di sua moglie?»

«Certo. Ma non è tanto questo, è che l'altro ieri ho fatto una scappata a Firenze, prima ancora di sapere che ci fosse andata. Un mio fornitore ha una piccola fabbrica alla periferia di Firenze, e sapevo dove abita perché un paio di volte eravamo stati anche suoi ospiti, così come è stato lui da noi, quando è venuto a Milano qualche volta. Be', mi ero accorto che faceva gli occhi dolci a Cinzia e mi era sembrato di capire che lei non fosse insensibile alla sua corte. Un bell'uomo, intelligente, spiritoso, con quella sua parlata che... Basta. Sono andato a Firenze e mi sono appostato vicino a casa sua: verso l'ora di cena li ho visti uscire insieme e Cinzia sembrava un'altra donna, felice, con un aspetto radioso. Lui che le teneva un braccio sulle spalle e lei che parlava, parlava...»

«E lei, signor Bigatti, cos'ha fatto?» gli chiese Lucchesi.

«Niente. Che cosa potevo fare? Ho ripreso la macchina e sono tornato a Milano. Spero solo che mia moglie non abbia fatto un errore, che quel tizio non la pianti lì in mezzo a una strada. Se dovesse accadere, sarei pronto a riaccoglierla, come una figlia... Secondo lei ho sbagliato?»

«Non lo so. Non credo. Semmai, dovrei farle soltanto un rimprovero...»

«Quale?» chiese Bigatti con aria preoccupata.

«Quello di non aver provveduto subito a rettificare la denuncia di scomparsa, evitandoci...»

«È vero, ha ragione, dovete scusarmi, ma non c'ero con la testa. Il colpo è stato grosso, inutile negarlo», spiegò Bigatti con aria mesta.

«Pazienza. Comunque, dal momento che siamo qui, una fotografia di sua moglie ce l'ha?»

«Ne ho almeno un centinaio. Le conservo in un album e non ho nessuna intenzione di disfarmene. Con Cinzia ho passato un bel periodo della mia vita e... Aspetti un momento.»

Andò in un'altra stanza e ritornò con un album rilegato

in pelle. «Inizia con le foto del nostro matrimonio, e poi ci sono tutte le altre, delle nostre vacanze insieme.»

Sotto gli occhi di Lucchesi e di Serra si dipanò l'ultimo ventennio della vita di Anselmo Bigatti che, molti anni prima, pesava una ventina di chili meno e aveva ancora tutti i capelli in testa. Accanto a lui una bella bruna, sorridente. Le fotografie dell'album si interrompevano un anno prima, su una spiaggia. «Formentera», spiegò Bigatti. «Ci siamo stati l'estate scorsa. In questa fotografia Cinzia era venuta particolarmente bene, tanto che ne avevo fatto fare un ingrandimento e l'avevo messo in quel portaritratti», e indicò un mobile su cui stava una cornice d'argento, con Cinzia sorridente sulla spiaggia, in due pezzi, sullo sfondo del mare una barca a vela ormeggiata a pochi metri.

«Bella, vero? Per Cinzia pareva che il tempo si fosse fermato», continuò Bigatti.

Lucchesi diede un'occhiata d'intesa a Serra. Non era il caso di mostrare a Bigatti la fotografia che avevano in tasca.

«Va bene, togliamo il disturbo e le facciamo tanti auguri. Ricordi di passare in Questura per ritirare la denuncia di scomparsa. Può anche darsi che le cose finiscano con l'aggiustarsi», disse Lucchesi.

«Non credo. Mi spiace di avervi fatti venire inutilmente. Comunque, se passate in via Torino e vi occorrono delle buone scarpe, il mio negozio è proprio all'angolo con via...»

«Arrivederci, signor Bigatti», tagliò corto Lucchesi.

Scesero in strada. La macchina era rimasta all'ombra. Vi salirono e tornarono in via Fatebenefratelli.

«Io mi faccio un riposino in poltrona», disse Lucchesi. «Mi pare che domani abbiamo appuntamento con l'ultimo della lista.»

«Sì. Cerignola di viale Bligny, alle dieci del mattino», rispose Serra.

Si appisolò per un'oretta. Stava per darsi una sgranchita, per svegliarsi del tutto, quando bussarono alla porta. Guardò l'orologio: quasi le quattro del pomeriggio.

«Avanti.»

Apparve Lucia Anticoli.

«Ciao, Lucia. Mi sono fatto un sonnellino in poltrona. Che mi dici?»

«Che quattro nostri agenti stanno già battendo la zona attorno a via Bellezza. E tu? Com'è andata in via Alcuino?»

«Avrei potuto anche risparmiarmela. Una moglie che ha mollato il marito per un altro più giovane. Capita.»

«Nei tuoi panni non ci sarei neppure andata. Una che abita in via Alcuino non va certo d'abitudine a comprare il giornale in via Bellezza.»

«Lo so, lo so. Ma avevo già preso appuntamento e... Tu, piuttosto, vedo che hai la borsa. Te ne stai andando?»

«Sì, mi ha invitato a cena Carniti. Me l'aspettavo e ho finito con l'accettare. In fin dei conti è un bel giovanotto e anch'io ho il diritto di svagarmi un po'. Niente in contrario?»

«E perché dovrei avere qualcosa in contrario? Vediamo solo di non fare il bis di Perrotta...»

«Stronzo.»

«Grazie. Probabilmente me lo merito. Ciao, Lucia.»

«Non hai nient'altro da dirmi?»

La guardò, senza rispondere.

Restò seduto a lungo, a pensare, prendendo, di tanto in tanto, un appunto. Poi si fermò e rilesse tutto. Scosse il capo e appallottolò i fogli, per poi gettarli nel cestino della carta straccia. Era stanco, nervoso e irritato. Soprattutto irritato, fu costretto ad ammetterlo. Che bisogno aveva Lucia di venire ad annunciargli che la sera sarebbe uscita con Carniti, chiedendogli se non avesse nulla in contrario? L'ennesima provocazione, non c'erano dubbi. Perché Lucia gli aveva implicitamente comunicato la sua intenzione, vera o falsa che fosse, di farsi una scopata con Carniti, cosa che, invece di lasciarlo indifferente, lo aveva innervosito e irritato. E questo non poteva avere che un unico significato: Lucia Anticoli continuava a occupare un posto nel suo cuore, anche se razionalmente ci credeva poco; oppure seguitava a considerarla cosa sua, e questo era ancor peggio. Ne avrebbe parlato la sera con Marion, anche se accettare l'invito a cena di una donna per parlarle di un'altra non era il massimo. Ma con Marion ci poteva stare, perché in fondo dei suoi percorsi sentimentali se ne fotteva, di questo era certo. Sì, una chiacchierata con Marion lo avrebbe aiutato a capire a che punto stava.

Si alzò e uscì dall'ufficio, girando per via Manzoni. Avrebbe fatto un tratto di strada a piedi e, semmai, avrebbe preso un taxi in piazza Duomo.

Aveva bisogno di farsi una doccia, rilassarsi e riposare ancora un po'. Il suono del cellulare lo colse all'improvviso.

«Commissario Lucchesi? Sono Farrandino. Solo per dirle che l'equipe di specialisti che avevo messo sotto è riuscita a individuare il DNA... Mi sente?»

«Sì, la sento. Quale DNA?»

«Quello dello sperma che aveva addosso la donna del parco Solari. Soddisfatto?»

«Certo.» E proseguì verso casa.

Fece fermare il taxi davanti a un chiosco di fiori. Un mazzo di roselline. Forse Marion gliele avrebbe tirate in testa, ma non si poteva mai dire. In fondo era una donna anche lei.

Capitolo 18

Uscì di casa alle otto e dieci, dopo aver chiamato un radiotaxi.

Aveva cambiato la camicia. I pantaloni e la giacca del mattino andavano ancora bene. Sapeva che il suo guardaroba avrebbe avuto bisogno di una rassettata. Un problema che, prima o poi, avrebbe dovuto trovare il modo di risolvere, senza ricorrere ogni volta a una stireria, che lo spennava.

Dopo venti minuti era davanti al portone di via Montebello.

«Lucchesi», disse al citofono.

«Sali. Secondo piano. Se vuoi c'è l'ascensore.»

Preferì fare le scale. Alla vista di Marion che lo attendeva sulla porta, il viso illuminato da un sorriso ironico, restò basito.

«Sorpreso della mia mise?» gli chiese.

«In effetti, sì. Non ti avevo mai visto con un abito del genere, i sandali con una spanna di tacco e il viso truccato. Neppure quella sera che ti ho invitata a cena.»

«Solo una borghesuccia si metterebbe più elegante per uscire rispetto a quando riceve un uomo a casa propria. Tu, piuttosto, quando una signora ti invita a cena, non hai un abito più decente da mettere?»

«Certo, ma avrei dovuto portarlo in stireria e...» Lucchesi era mortificato.

«Sto scherzando, Andrea. Entra pure.» Gli sfiorò una

guancia con le labbra. Un lieve sentore di whisky. Lo conosceva troppo bene per potersi sbagliare. «Belle quelle roselline. Sono per me?» continuò lei.

«Sì, Marion, ma se...»

«Era una domanda retorica. Le gradisco molto. In quell'armadio dovrebbe esserci un vaso. Cercalo, mettici un po' d'acqua e... Ma che sciocca! Se non sbaglio è la prima volta che vieni a casa mia.»

«Sì, è la prima volta.»

«Allora, faccio io. Accomodati in soggiorno, intanto, per di là. Ti raggiungo subito.»

Lucchesi era intimidito. L'appartamento era arredato con grande gusto: mobili antichi, tappeti persiani, quadri moderni che si inseguivano, alternati a fotografie, sulle pareti di un tenue color avorio.

Arrivò Marion. «Cosa fai lì impalato? Se mi segui, ti mostro il resto dell'appartamento.»

Dal soggiorno si accedeva a una piccola sala da pranzo. Un tavolo rotondo già apparecchiato, il vaso delle roselline in un canto, una credenza seicentesca e alcune nature morte di ottima fattura.

«Qui c'è il cucinino. È il locale che uso di meno.»

Ritornarono sui loro passi. Dal soggiorno si passava in un altro disimpegno.

«La mia camera da letto e il bagno. E questo è lo studio.»

Grandi librerie, zeppe di volumi, che incorniciavano l'unica finestra e un'enorme scrivania, ingombra di carte. In un angolo, un tavolo più basso, di cristallo, su cui poggiavano computer e stampante.

«E questo è tutto. Adesso torniamo in soggiorno e ci beviamo qualcosa. Odio gli aperitivi, ma amo il Prosecco. Spero ti vada bene.»

«Sei la mia donna», fece Lucchesi.

«Cosa intendi dire?»

«Che adoro il Prosecco. Sia come aperitivo, sia per accompagnare il pasto. Forse sono un po' limitato, ma...»

«Non credo. Tu sei un uomo da Prosecco, si vede subito.»

«Credo che qualcuno me l'abbia già detto.»

«Una donna, immagino...» disse Marion.

«Credo di sì, anche se adesso non riesco a ricordare... Forse mia moglie, la mia ex moglie voglio dire.»

«Almeno in questo aveva ragione. Comunque, non ho intenzione di passare la serata a parlare della tua ex. Piuttosto, di tutte le altre, sempre che tu ne senta il bisogno, ma della tua ex moglie proprio no. Invece, con tua figlia come va?»

«Bene, direi. Domenica passeremo tutta la giornata insieme.»

«Ottimo. Adesso, però, alza il sedere e vai in cucina a prendere una bottiglia di Prosecco. La trovi in frigorifero, e nel primo cassetto dovrebbe esserci anche il cavatappi. Datti un po' da fare...»

Lucchesi si alzò. Trovò subito ciò che cercava e tornò con bottiglia e cavatappi.

Marion aveva preparato i bicchieri.

«Stappa e versa tu. Ovviamente non ti dà fastidio se fumo una sigaretta...»

«Affatto, forse ti sei dimenticata che sono un fumatore incallito.»

«Non l'ho dimenticato, è che ci frequentiamo troppo poco, e pensavo che dopo l'infarto... Ma evidentemente sei la solita bestia.»

Fumarono e bevvero un paio di bicchieri in silenzio.

«Senti, Andrea, tu hai qualcosa sul gozzo e aspetti il momento di tirarla fuori. Se ci ho preso, fallo subito. A cena desidero parlare di cose futili.»

Lucchesi tirò un respiro profondo. «A te non posso nascondere nulla. Si tratta di Lucia Anticoli.»

«E chi sarebbe?»

«Una mia collega con la quale avevo avuto una breve relazione abbastanza burrascosa...» Lucchesi le raccontò tutto, nei minimi particolari, finendo con quanto era avvenuto quel pomeriggio.

«E vorresti la mia opinione?» chiese Marion.

«Te ne sarei grato.»

«Com'è questa Anticoli?»

Cercò di descrivergliela come meglio poteva.

«Che fosse una bella donna l'avevo capito da sola. Vorrei però sapere qualcosa di più sul resto, quantomeno per come la vedi tu.»

«Molto intelligente. Una che sa fare bene il suo lavoro, molto meglio di tanti suoi colleghi maschi.»

«Non ci vuol molto. Mi dicevi che dopo averti fatto quello scherzetto è convolata a nozze con un collega, per poi piantarlo. E adesso, a quanto mi è dato di capire da quanto è avvenuto questo pomeriggio, potrebbe rifarlo con un altro, uno che lavora nella tua stessa Sezione, dove peraltro anche lei, da quando la dirigi, ha chiesto di entrare...»

«Sì, questa è stata la mia impressione.»

«E in entrambi i casi si è premurata di avvertirti.»

«Sì.»

«E tu ti sei irritato, e sei ancora incazzato per esserti irritato.»

Lucchesi non seppe cosa rispondere.

«Andrea, mi deludi un po'. Non so se sei ancora invaghito di lei, ma sarei portata a escluderlo. Il tuo mi pare piuttosto un grosso attaccamento di tipo fisico. Quello che è certo, invece, è che quella povera ragazza di te è sempre stata innamorata, e non le passerà mai. E se non l'hai ancora capito, non posso che concludere che sei uno stronzo colossale.»

«Tu dici?»

«Senza dubbio. È questo il tuo problema, o uno dei tuoi problemi: quello di pensarci sempre dopo.»

«Forse hai ragione...»

«Non *forse*. Ho *sicuramente* ragione.»

«Basta, Marion. Magari avevo solo bisogno di sentirmelo dire. Non devi convincermi. Secondo te, cosa posso fare?»

«Maturare, anche se temo che sia troppo tardi. Ma non si può mai dire... Potremmo anche fare un ciclo di sedute. In fin dei conti sono una neuropsichiatra infantile.»

«Prenderò la cosa in seria considerazione», rispose serio Lucchesi. «Ma intanto?»

«Intanto lasciala tranquilla e, se ci riesci, cerca di autodisciplinarti, senza prendere alcuna iniziativa, che a questo punto potrebbe essere rovinosa, sia in un senso che nell'altro. Le tue iniziative, semmai, riservale a me, che ho la pelle dura e di te non sono mai stata innamorata.»

Lucchesi era stato ad ascoltarla, limitandosi ad annuire.

«È ora che ci mettiamo a tavola. Ho fatto venire tutto da Peck. Spero che la cena sarà di tuo gradimento. Ti precedo. Tu vai a prendere un'altra bottiglia di Prosecco. Per una volta, in tuo onore, rinuncerò al rosso. Prima, però, mi concedo un sorso di whisky, per compensare la gradazione.»

Anni che Lucchesi non mangiava cose del genere. Ci diede dentro, sotto gli occhi materni di Marion, che invece si limitò a piluccare qualcosa, bevendo molto, ma attenta anche a rabboccare il bicchiere di lui. Alla prima bottiglia di Prosecco, ne seguì un'altra.

«Bene. Adesso sarebbe forse il caso di una sigaretta, prima del caffè. Cosa ne dici?» propose Lucchesi.

«Che sono d'accordo», mormorò Marion, allungandosi sulla sedia.

Lucchesi le tese il pacchetto e fece scattare l'accendino.

Quando era arrivato, era nervoso e inquieto. Adesso, invece, si sentiva in pace col mondo. Osservava Marion che, avvolta nelle volute di fumo, pareva persa dietro a un pensiero. Sussultò quando sentì il piede di lei posarglisi sulla patta dei pantaloni e cominciare a muoversi piano, quasi con timidezza.

«Andrea, sai che giorno è oggi?»

«No, Marion», rispose in tono leggero, come se nulla stesse accadendo.

«È il mio compleanno. Sessantadue anni e mi sento come una ragazzina in preda a una tempesta ormonale, maledizione al tuo Prosecco e al mio whisky.»

«Ne sono contento.»

«Non essere banale. Che significa che ne sei contento?»

Aveva la testa appena ovattata. Abbassò le mani sotto la tovaglia, trovandosi a contatto col piede di Marion che gli premeva sull'inguine. Prese ad accarezzarlo. La caviglia, il dorso, la pianta, le dita. Marion, gli occhi socchiusi, la sigaretta che le si consumava in un angolo della bocca, lo lasciava fare. Spense il mozzicone nel posacenere. Tolse anche l'altro sandalo, e il secondo piede si aggiunse al primo, sovrapponendosi alle mani di Andrea, per poi allontanarsi e andarle ancora a cercarle, in un continuo intreccio, che finì per diventare affannoso, mentre il respiro le si faceva sempre più rapido.

«Andrea, smettiamola», mormorò con voce roca.

Lui parve non sentire e continuò ad accarezzarle i piedi, con il palmo delle mani, la punta della dita, le unghie, mentre l'eccitazione gli cresceva dentro. Lo sentì anche Marion, quando lui le afferrò i piedi e se li premette contro. Lei emise un gemito e incominciò a strofinarglielo, scossa da un brivido. Si fermò, quando sentì che stava eiaculando, gli spasmi di lui che le risalivano lungo le gambe, e la vagina contrarsi, a lungo, con piacere.

Riaprirono gli occhi quasi insieme.

«Marion, temo di aver combinato un pasticcio.»

«Lo so, ti ho sentito, e il pasticcio l'ho combinato anch'io. Anche se quelli degli uomini, anche in questo caso, sono più rovinosi. Vai in bagno prima tu. Lasciami qui, tranquilla. Per un momento non voglio muovermi. Resta con me questa notte.»

«Adesso, dopo questa singolare performance, potremmo andare in soggiorno, bere qualcosa, fare due chiacchiere e fumarci una sigaretta da buoni amici. In fondo, ce lo siamo meritato», propose Marion.

Rimasero a lungo in silenzio, il capo poggiato alla spalliera del divano, fumando e bevendo. Lucchesi terminò il Prosecco, lei preferì un altro whisky.

«Andrea, mi trovi vecchia?» sussurrò a un tratto Marion.

«Non posso dire che tu sia una ragazzina, ma ho scoperto che forse sei la donna più eccitante che abbia conosciuto. Credo di non aver bisogno di dirtelo. Te l'ho appena dimostrato.»

«Non dire sciocchezze.» Marion spense la sigaretta nel posacenere e gli prese la mano. «Che cosa pensi di fare della tua vita, Andrea?»

«Non lo so, Marion. Ho sempre vissuto alla giornata e forse, in questo momento, l'unico punto fermo che ho è Alice, mia figlia.»

«Spero che tu non abbia delusioni. Ma in fondo dipende solo da te, forse ho già cercato di spiegartelo. Non investirci troppo, però: sarebbe un errore. Prima o poi lei prenderà il volo, è inevitabile. Secondo me, avresti bisogno di una donna. Qualcuno che ti stia vicino nei momenti di difficoltà.»

«Lucia Anticoli?»

«Ti ho detto di non dire sciocchezze. Quella è innamorata di te, e tu no. Non parlo di un'amante, o peggio ancora di una moglie. Un'amica, piuttosto, un'amica un po' particolare, una che...»

«Tu, Marion?»

«Se ti azzardi un'altra volta a dire una cazzata del genere, ti caccio subito», rispose Marion, brusca.

«Scusami, Marion. Forse era una battuta, o un'uscita infelice. Mi capita. Cerca di dimenticarla.»

Marion si girò a guardarlo. «Povero il mio Andrea», mormorò. Sciolse la mano dalla sua, gli fece una carezza sul viso. La mano scese sul petto per poi abbassarsi, piano, fino a posarsi sul ventre di lui, muovendosi piano.

«Andiamo di là, in camera da letto», sussurrò lei.

Andrea accese la lampada da notte, sul comodino.

«Spegnila, Andrea, voglio farlo al buio.»

«Ma perché, Marion? Voglio vederti.»

«Mi vergogno un poco. Sono vecchia, Andrea. Ho quasi vent'anni più di te...»

«Ti prego, Marion.»

Le sfilò l'abito. Sotto, Marion non aveva nulla. Non ne aveva bisogno. Alta, asciutta, senza un briciolo di grasso o una ruga, il ventre piatto su cui spiccava il folto cespuglio ricciuto che le copriva l'inguine. Due seni da ragazzina, ma con due grandi areole scure e grossi capezzoli. Teneva gli occhi bassi, come se fosse in attesa di un suo giudizio.

«Grazie, Marion, non so se tu abbia sessant'anni o trenta, e la cosa non mi interessa. Sei bellissima.»

Lei arrossì e non disse nulla, restando in piedi, senza muoversi.

Lucchesi si spogliò e la strinse contro di sé, baciandola con dolcezza sulla bocca, aspettando che schiudesse le labbra. Non l'aveva mai baciata. Marion iniziò a essere scossa da brividi che si fecero sempre più forti. Gli si strinse contro con forza, rispondendo con timidezza ai suoi baci.

«Basta, Andrea, basta, non voglio che finisca qui.»

Andrea la sollevò e la stese sul letto, continuando a baciarla, sugli occhi, sulla gola, sui capezzoli e giù giù fino all'inguine.

«Entra dentro di me, Andrea, ti prego...» mormorò Marion.

La penetrò, con dolcezza, muovendosi prima lentamente e poi più in fretta, finché la sentì inarcarsi e irrigidirsi, le mani di lei che gli artigliavano la schiena, un mormorio di disperazione.

«Andrea, Andrea mio...»

«Sì, Marion...»

«Non mi importa che tu lo pensi, ma dimmelo, dimmelo! Voglio sentire la tua voce che dice che mi ami...»

«Ti amo, Marion. Forse non lo sapevo, ma ti ho sempre amata.»

«Adesso taci, non dire più nulla. Spingi, spingi più forte, fammi venire ancora con te, insieme con te.»

Finirono insieme. Il gemito di un animale ferito, che non sembrava avere termine.

Marion ora singhiozzava senza ritegno, lui che la stringeva contro di sé, continuando ad accarezzarla con una dolcezza che non aveva mai provato.

Si addormentarono così, stretti l'uno all'altra, con il respiro che si confondeva.

Uno scossone alla spalla e Andrea aprì gli occhi.

Marion era in piedi, accanto al letto. Un sobrio tailleur grigio, una camicetta di seta bianca e scarpe basse. «Non so a che ora tu vada in ufficio, ma sono le otto meno un quarto. Il sole splende, e tra una ventina di minuti ho il primo appuntamento in studio. In cucina la moka è già pronta. Mi auguro che tu sia capace di accendere il fornello. La chiave lasciala sotto lo zerbino. Ora devo andare.»

«Marion, ma almeno...»

«Niente sdolcinature, commissario Lucchesi. E prima di uscire dal letto, aspetta che me ne sia andata.»

La guardò scomparire dietro l'uscio della camera e sentì la porta d'ingresso richiudersi con uno scatto. Restò immobile per un istante, lo sguardo rivolto al soffitto e la testa vuota. Finché si decise ad alzarsi. Andò in bagno e si lavò sommariamente. Poi tornò in camera da letto a recuperare gli abiti.

Si recò in cucina, ma decise che il caffè l'avrebbe preso al primo bar. Accanto al fornello un lettera. Sulla lettera il suo nome. Non era chiusa.

Caro Andrea,

per quanto mi riguarda, tutto ciò che è avvenuto ieri sera e stanotte è solo frutto di un attacco di pazzia senile, favorito dall'alcol. Ti sarei grata se volessi cancellarlo e dimenticare le mie parole. Abbi cura di Alice e, se ci fossero problemi su questo versante, avvertimi pure. Quella ragazzina, che non conosco, mi sta a cuore. Per il resto, ti prego vivamente di non telefonarmi. Siamo due persone adulte e penso che la nostra vita saremo in grado di gestircela da soli.

Marion

P.S. Ti prego di stracciare questa lettera.

Lucchesi si mise la lettera in tasca e uscì dall'appartamento, senza dimenticare di mettere le chiavi sotto lo zerbino. Al primo cassonetto che incontrò, tolse la lettera di tasca e ve la buttò, dopo averla fatta in pezzi minuti. Poi si infilò in un bar.

Era stanchissimo. Gli accadeva sempre più spesso.

Capitolo 19

Serra lo stava aspettando in corridoio. «Buongiorno, commissario. L'avevo chiamata cinque minuti fa, ma aveva il cellulare spento.»

«E perché mi avevi chiamato?»

«Perché temevo, vista l'ora, che si fosse dimenticato che alle dieci abbiamo l'appuntamento con quel Cerignola di viale Bligny.»

«Quando cazzo è successo che mi fossi scordato un appuntamento di lavoro?»

Serra lo guardò con aria mortificata. «Non sta bene, commissario?»

«Perché non dovrei star bene? Sto benissimo e non ho bisogno di una balia.»

«Non ho certo intenzione di assumere questo ruolo.»

«Ci mancherebbe altro...»

«Le ho messo sulla scrivania i giornali di questa mattina. Parlano della faccenda Cellini e riprendono anche la storia del Lorenteggio: DUE OMICIDI RISOLTI IN UNA SETTIMANA DAL NUOVO DIRIGENTE DELLA OMICIDI DI MILANO. C'è anche la sua fotografia e...»

«Senti, Serra, se non scompari subito, ti prendo a calci e... Chi ha contattato la stampa?»

«A me lo chiede? Lo chieda piuttosto al questore. È lui che ha convocato una conferenza stampa. Be', comunque, io sono nel mio ufficio. Se la mia presenza la infastidisce, in viale Bligny può andarci anche da solo, o farsi accompagnare da qualcun altro...» Girò sui tacchi ed entrò nella sua stanza, senza dar tempo a Lucchesi di ribattere.

Neppure il tempo di sedersi, perché il suo telefono stava squillando.

«Pronto...» disse Lucchesi, in tono ancora irritato.

«Forse ti disturbo, sono Pellegrini e ho appena letto i giornali. Per quella storia del Lorenteggio sono stato proprio un pirla...»

«Scusa, Pellegrini, ma mi pare che ne abbiamo già parlato, non devi fartene un problema. Piuttosto è stata la Scientifica...»

«Mettiamola pure così. L'ho fatto per tanti anni, ma si vede che non c'ero tagliato, me lo ha detto anche mia moglie che mi ha appena telefonato. Ti risparmio quello che mi ha detto, anche perché forse aveva ragione, ma ti confesso che mi sento davvero uno straccio...»

«Piantala, Pellegrini. Uno di questi giorni vengo a trovarti a Varese e...»

«Sul serio?»

«Promesso.»

Lucchesi chiuse la comunicazione con un grande senso di pena.

Il telefono tornò a squillare. Decise di ignorarlo. I giornali, piuttosto: quattro in tutto, ripiegati sulla scrivania e aperti alla pagina che Serra gli aveva segnalato. Una rapida scorsa e li gettò nel cestino.

Fu tentato di chiamare Alinovi, ma vi rinunziò, ricordando che l'intenzione di una conferenza stampa gliel'aveva preannunciata. Scaricò tutta la rabbia e la frustrazione sul cestino della carta straccia, che fece volare con un calcio contro la parete di fronte.

Accese una sigaretta e spalancò la finestra. Aveva la testa sempre vuota, e si sentiva confuso. Avrebbe dovuto scusarsi con Serra, e forse anche... Pensò a tutte le persone con cui avrebbe dovuto scusarsi e, gettato il mozzicone in cortile, tornò dietro la scrivania. Prese lo stradario di Milano e iniziò a esaminarlo con attenzione.

Dopo una decina di minuti chiamò Serra.

Luigi Cerignola prendeva servizio alle Poste di piazza Cordusio alle quattordici. Questa la ragione di quell'appuntamento alle dieci del mattino.

«Scusami, Serra, è che stamattina ero di pessimo umore. Ho passato una nottataccia e...» disse all'agente che guidava in silenzio la macchina di servizio.

«Ma adesso si sente bene, commissario?»

«Sì, molto meglio. Forse ieri sera ho mangiato qualcosa che mi si è inchiodato sullo stomaco. Ma adesso è passata. Mi era rimasto solo un cattivo umore che ho scaricato su di te...»

«Non si preoccupi. Avevo capito subito che c'era qualcosa che non andava. Ecco, dovremmo esserci. Quello è il trentasette. Trovo da parcheggiare e...»

«Sai a che piano abita?»

«Al primo, me lo ha detto Cerignola per telefono quando ho fissato l'appuntamento.»

Dal portone stava uscendo una donna con la borsa della spesa. Non avrebbero avuto bisogno di suonare il campanello. Tuttavia, la donna si fermò, dando a Lucchesi un'occhiata sospettosa.

«Andiamo dal signor Cerignola, ci sta aspettando», spiegò Serra.

«Abbia un attimo di pazienza», rispose la donna e premette il primo pulsante sulla destra, accanto alla porta. «Signor Cerignola? Sono la Matilde Malavasi. Ci sono qui due signori che dicono che devono venire da lei. Lei aspetta qualcuno?»

«Sì, grazie, li faccia salire», rispose una voce metallica dal citofono.

«Dovete scusarmi, ma di questi tempi la prudenza non

è mai troppa. Proprio l'altro giorno, qui vicino, a una mia amica...»

«Buongiorno, signora», troncò Lucchesi e infilò la porta.

Le scale erano quasi buie. Solo una lampadina sul soffitto dell'atrio. Una luce fioca, sufficiente per notare le macchie di umidità sulle pareti, ridipinte di fresco, ma con l'intonaco che in alcuni punti si era già gonfiato.

Luigi Cerignola li aspettava in cima alla seconda rampa di scale. Allampanato, le spalle appena curve e due occhi chiari. Indossava un paio di jeans e una camicia a scacchi. Tese la mano a Lucchesi. «Buongiorno, commissario. Questa mattina è sul giornale. L'ho subito riconosciuta. Entrate, entrate», e fece strada all'interno dell'appartamento.

Sempre quel cazzo di fotografia, si disse Lucchesi, ma se non altro non si è rivolto prima a Serra.

Un piccolo corridoio, una porta di fronte e due su entrambi i lati. Cerignola li fece entrare in quella di sinistra. Per un momento parve indeciso. «Forse è meglio che chiuda la finestra, per attutire il rumore del traffico. La tengo aperta finché non gira il sole, perché con questo caldo...»

Lucchesi si guardava in giro: mobili senza pretese, acquistati in qualche grande magazzino. Lo sguardo gli cadde su una ribalta di noce con il ripiano aperto, zeppo di fotografie di tutte le dimensioni, in cornici d'argento o di tartaruga.

«Bella quella ribalta», disse guardando Cerignola.

«Viene dalla madre di mia moglie. Col mio stipendio da impiegato postale non avrei certo potuto comprare una cosa del genere.» Aveva chiuso i vetri della finestra e messo in funzione un grosso ventilatore a stelo, che girava compiendo un giro di novanta gradi. «Vi posso offrire un caffè?»

«Volentieri. Magari anche un bicchier d'acqua», rispose Lucchesi, sedendosi sul divano.

«Torno subito.»

Pochi minuti e l'uomo riapparve con un vassoio. Sopra, due tazzine, una zuccheriera e un piccolo bricco del latte.

«Ceramica di Vietri», osservò Lucchesi.

«L'ha riconosciuta? Avevamo acquistato un servizio completo in viaggio di nozze, in Campania...» Luigi Cerignola sembrò assentarsi, lo sguardo che vagava nel vuoto.

Il viaggio di nozze, pensò Lucchesi, scommetto che sta ripensando a quello. «Signor Cerignola, il mio agente le avrà certo spiegato le ragioni per cui volevamo parlare con lei.»

«Sì, la scomparsa di mia moglie. Mi chieda pure tutto quello che vuole sapere.»

«Anzitutto, le circostanze precise. Sua moglie, a quanto risulta dalla denuncia, dovrebbe essere scomparsa venerdì scorso, il ventitré. Lei è venuto in Questura la mattina dopo, il sabato.»

«Sì, è stato venerdì scorso. Credo che le avesse telefonato un'amica, almeno così mi aveva detto lei, per andare al cinema. Ci andavano spesso insieme. Privilegiavano i film di Almodovar e di quell'altro regista spagnolo di cui adesso non ricordo il nome... Non volevo fare da terzo incomodo, anche perché Almodovar non mi ha mai convinto del tutto.»

«E ritengo che dopo il cinema non sia tornata a casa...»

«Appunto. Ho aspettato fin verso mezzanotte, pensando che magari si fossero fermate a prendere un gelato da qualche parte. Poi ho telefonato a questa amica, che mi ha detto di aver lasciato mia moglie dopo l'uscita dal cinema, anzi, no, di averla accompagnata in macchina per un tratto, fino alla fermata del tram che passa qui vicino. Ma questo alle dieci e mezzo, undici, un'ora del genere. Ho aspettato ancora un poco, ma poi ho incominciato ad agitarmi. Pensavo a un incidente. Ho telefonato a un sacco di ospedali, ma inutilmente. Poi anche ai vigili urbani, che mi hanno risposto che quella sera l'unico incidente segnalato era quello di un ragazzo che era andato a sbattere col motorino contro una macchina. Sono rimasto in piedi tutta la notte, poi, al mattino, sono venuto in Questura per segnalare l'accaduto, ma non ho più saputo niente. Ricordo che l'agente che ha raccolto la mia denuncia sembrava non prendermi molto sul serio. Mi aveva detto che di mogli che mollano i mariti ce ne sono almeno una decina alla settimana.»

«Un imbecille. Ce ne sono anche in Polizia. Piuttosto, lei ha controllato se sua moglie aveva qualcosa con sé quando è uscita?»

«Sì, l'ho fatto il giorno dopo, tornando dalla Questura. Le parole di quell'agente mi ronzavano in testa. Ho controllato bene in camera da letto: mancava soltanto un vestito azzurro, uno scamiciato che le piaceva molto. E un paio di sandali, ma ne aveva molti, non saprei essere più preciso. Abbiamo anche due valige piccole e una grande, che sono rimaste lì. Ho controllato soltanto per le parole di quell'agente.»

«Sa che film avevano visto quella sera al cinema?»

«No, questo non l'ho chiesto, ma potremmo anche chiamare l'amica.»

«Quindi lei la conosce?»

«L'ho vista un paio di volte. Credo che faccia l'insegnante, come mia moglie. Si chiama Chantal. Il cognome non lo so, ma il numero di telefono dovrebbe essere segnato sull'agenda di casa.»

Cerignola si alzò e prese un'agenda che stava accanto al telefono, su un tavolino. «Eccolo qui: *Chantal 02-85025625.*»

Serra lo annotò sul taccuino.

«Potrei dare un'occhiata alla vostra camera da letto? Magari sua moglie ha un cassetto dove tiene le sue carte. Non voglio fare irruzione nel vostro privato, ma è la prassi. A volte capita di trovare qualcosa che mette sulla buona strada...» disse Lucchesi.

«Venga, venga pure, commissario.»

Nella camera si entrava da una porta che stava sulla destra del corridoio. Lucchesi ebbe un moto di sorpresa: mobili stile Impero, letto rifatto, niente fuori posto. Un grande armadio e un piccolo scrittoio in un angolo. Vi si diresse, provandone il cassetto. Era chiuso e non c'era chiave nella serratura. «È lei così bravo a rifare il letto?» chiese a Cerignola.

«Dalla sera in cui Luisa non è tornata, dormo sul divano, in soggiorno.»

Lucchesi fece un cenno d'assenso.

«Lo scrittoio serve a Luisa. Corregge qui i compiti. Ci è molto affezionata perché lo aveva fin da ragazza. Anche questi mobili vengono dalla sua famiglia», spiegò Cerignola.

«Il cassetto è chiuso. Per caso, sa dove sia la chiave?»

«Non so. Non vorrei...»

«Non abbiamo intenzione di forzarlo, tranquillo, signor Cerignola.»

«Quello è il suo comodino», disse l'uomo indicando il lato sinistro del letto.

Serra ne fece scorrere il cassetto. Alcune ricevute, qualche ricetta medica e lettere, provenienti dall'Africa. In una busta la fotografia di una bimba, con la pelle color mogano e due grandi occhi scuri, la bocca aperta in un sorriso diretto all'obiettivo: le mancavano i due incisivi superiori.

«Abbiamo fatto un'adozione a distanza. Luisa ci tiene molto. Adesso la bambina dovrebbe avere undici anni», disse Cerignola.

Sotto le lettere una piccola chiave, ma il cassetto del comodino era privo di serratura. Serra la mostrò a Cerignola.

«Non so che chiave sia. Potrebbe anche essere quella dello scrittoio.»

La chiave girò senza fatica nella serratura. Nel cassetto dello scrittoio diverse lettere, senza busta, legate tra loro da un nastro azzurro. Accanto, penne, matite, pennarelli colorati e un vibratore color fucsia.

Cerignola arrossì. Lucchesi e Serra non fecero commenti.

«Possiamo dare un'occhiata alle lettere?» chiese Lucchesi.

«Fate pure», rispose Cerignola, sedendosi sul bordo del letto. Aveva un'aria sconsolata.

Amore mio... Mio tesoro... Tutte iniziavano con frasi del genere. Il nome di Luisa non c'era e le lettere non erano firmate.

«Vuole leggerle? Si tratta di lettere abbastanza personali, non firmate, che forse risalgono a molti anni fa», chiese Lucchesi.

«Preferisco di no. Vi pregherei di lasciarle dove sono, a meno che...»

«No, non credo proprio che ci servano», rispose Lucchesi dopo averle rapidamente scorse.

«Vorrei che tutto restasse come lo avete trovato, senza l'impressione che qualcuno ci abbia messo le mani», mormorò Cerignola.

«Certo, ha ragione.» Richiuse lo scrittoio e consegnò la chiave a Cerignola che la rimise nel comodino. «Possiamo dare un'occhiata al bagno?» chiese.

«È la porta più avanti nel corridoio.» Aveva parlato a voce bassa e si era rimesso a sedere sul letto.

Lucchesi andò. Una stanza di dimensioni quasi normali. Non aveva mai visto un bagno tanto grande. Entrando, un lavabo, un water, un bidet e una doccia. Sul lavabo un contenitore di schiuma da barba, un pennello e una spazzola con un pettine spesso che vi stava infilato. Accanto alla doccia, appeso a un gancio, un accappatoio maschile.

Una quinta di muratura separava la prima parte dalla seconda, molto più ampia, con una finestra che dava sul cortile interno. C'era da far invidia a un negozio di cosmesi. Aprì l'armadietto che incorniciava un grande specchio sopra il lavabo: traboccava di creme e vasetti di tutte le dimensioni. Accanto al lavabo un mobile laccato. Non era chiuso e Lucchesi lo aprì, considerandone, stupefatto, il contenuto: anche qui una miriade di vasetti, diversi barattoli di shampoo e balsamo, lozioni, creme per il viso e per la pelle, smalti per le unghie. Sul ripiano inferiore, un paio di rasoi elettrici, con una serie di testine intercambiabili, e anche qui schiuma da barba e rasoi usa e getta, ancora chiusi nella loro confezione. Di fronte una vasca da bagno e accanto un armadio di legno scuro, con le ante dipinte a motivi floreali. Lo aprì. Da un lato era zeppo di biancheria intima, di ottima qualità: slip e reggiseni di vari colori, abbinati tra loro. Non seppe resistere alla tentazione di prenderne un paio: un reggiseno a coppa e un tanga, con la parte posteriore che si riduceva a una fettuccia. Se li portò al naso: sapevano di violetta. Dall'altro lato, appese ognuna a una gruccia, camicie da notte e sottovesti che al tatto gli parvero di seta. Non sapeva che ci fossero ancora donne che le usassero.

Rimise tutto a posto, richiuse l'armadio e tornò in camera.

Cerignola era ancora seduto sul letto. Serra in piedi, come se non sapesse cosa fare.

«Signor Cerignola, se vogliamo andare di là, avrei ancora qualche domanda da farle», disse Lucchesi.

L'uomo li seguì come un automa e si sedette in poltrona, senza invitarli a fare altrettanto.

«Quando sua moglie uscì, quel venerdì sera, lei era presente? La vide uscire?»

Cerignola ci pensò un momento. «Mi salutò, per quello ho detto che indossava i sandali e lo scamiciato di seta azzurra. Stava mettendo qualcosa nella borsa. Poi ricordo che, mentre andavo in bagno, la sentii entrare in camera. Ma non la vidi nel momento in cui usciva di casa, perché me lo chiede?»

«Boh... routine. Me la descriverebbe, per favore? Fisicamente, voglio dire.»

«È una donna di quarantuno anni, ancora molto avvenente. Abbastanza alta, capelli rossi che spesso trattiene sul capo con una fascetta scura o con gli occhiali da sole. Ama molto gli occhiali da sole e li tiene spesso sul capo, anche di sera. È un suo vezzo. Molto curata nell'aspetto. È una cliente abituale di un centro estetico che c'è qui vicino...»

«Capelli rossi? Se li tingeva oppure...»

«No, assolutamente, è una rossa naturale. Lo si capisce anche dalla carnagione chiara. Ha qualche lentiggine sul viso. Lei vuole nasconderle, ma a me piacciono.»

«Scusi la singolarità della domanda. Usava lo smalto per unghie?»

«Sì. E ha sempre avuto uno strano modo di dipingersele: solo una striscia nella parte centrale. È una sua fissa e ci perde del tempo, quando non se lo fa fare dall'estetista.»

«E il corpo, signor Cerignola, se lo rade?»

«Parla delle gambe?»

«Sì, ma anche del resto: le ascelle, il ventre...»

«Ma perché queste domande?» chiese Cerignola, impallidendo.

«Ha ragione, posso sembrarle impertinente e me ne scuso.»

«Gambe e ascelle sì. Il ventre non lo so.»

«Ma... dormivate nello stesso letto. Non ho visto una seconda camera.»

«Commissario, sono anni che non vedo il corpo di mia moglie. Luisa viene sempre a letto con la camicia da notte. Forse avrà visto nel suo armadio, in bagno, una serie di camicie di seta: un'altra delle sue passioni, sempre camicie da notte di seta, estate e inverno.»

«Ancora una domanda e poi la lasciamo, visto che è quasi mezzogiorno: sua moglie non ha mai subito interventi chirurgici?»

«Interventi chirurgici? No... Solo un piccolo intervento, qualche anno fa, che però non potrebbe neppure definirsi...»

«Di cosa si è trattato?»

«Ero andato a trovare mia madre, che allora viveva in Campania, e quando sono tornato ho scoperto, no, mi sto esprimendo male, me lo ha detto lei...»

«Cosa le ha detto?»

«Che si era fatta fare un piccolo intervento ai seni. Non perché avesse qualche problema, solo per una ragione estetica. Le ho detto che ci teneva molto al suo aspetto fisico.»

Lucchesi scambiò un'occhiata con Serra.

«Signor Cerignola, adesso le chiedo di fare un ultimo sforzo. Le mostro una fotografia...» Tolse di tasca la busta con l'immagine del volto della donna del parco.

Cerignola la prese e la guardò, fissandola a lungo. Le labbra presero a tremargli, la foto che scivolava a terra e lui che si portava una mano alla bocca.

«La riconosce, signor Cerignola?» chiese a bassa voce Lucchesi.

L'uomo non rispose. Si alzò di scatto e corse barcollando verso il bagno. Da fuori lo si sentiva vomitare e gemere, come una bestia colpita a morte. Gli concessero un po' di tempo.

«Forse, potevamo anche risparmiargliela la foto. La descrizione era perfetta», disse Serra.

«Hai ragione», fece Lucchesi e andò a bussare alla porta del bagno, con insistenza.

Cerignola aprì la porta. Era cereo in volto. Si era lavato e si stava asciugando, ancora scosso da qualche conato. Lucchesi lo prese sottobraccio e lo riaccompagnò in soggiorno. Aspettò che si calmasse.

«Vuole bere qualcosa, signor Cerignola?»

L'uomo scosse il capo. «Quando è morta?»

«Quel venerdì sera. Per questo, poveretta, non è più tornata a casa.»

«Adesso dov'è?»

«Forse ancora all'obitorio. Non credo che... Vorrebbe vederla? Dovrebbe esserci un riconoscimento ufficiale.»

«Potete telefonare al padre. Trovate il numero sull'agenda di casa. Sta a Piacenza ed è un uomo ancora giovane. È anche sulla guida telefonica: Camillo Laudati, credo sia l'unico. L'avevo subito avvertito della scomparsa di Luisa e lui aveva cercato di tranquillizzarmi... No, non voglio vederla. Non voleva che la vedessi da viva e non voglio farlo adesso che non è più in grado di impedirmelo. Voglio solo le sue cose, la sua borsa, il suo abito. Ma come è potuto accadere che... Mi avevano detto che non c'era stato nessun incidente...»

«Non è stato un incidente, signor Cerignola, purtroppo qualcuno l'ha uccisa», mormorò Lucchesi.

Cerignola lo guardò come se non capisse.

«Sì, signor Cerignola, il corpo è stato ritrovato il sabato, ma non sapevamo di chi si trattasse. L'abbiamo appreso adesso.»

«Ma usciva sempre con la borsa, e dentro aveva i suoi documenti. Vuole dire che è stata vittima di una rapina?»

Lucchesi mentì: «Probabile. Ancora non lo sappiamo con certezza. L'unica cosa certa è che la borsa non c'era, e neppure l'abito».

Cerignola si chinò a raccogliere la fotografia che era rimasta sul pavimento. «Questa ve la potete tenere. Non voglio più vederla.»

Lucchesi dovette imporselo, non aveva scelta: «Capisco che non è il momento giusto per farle una domanda del genere, ma ci sono costretto: mi sembra di aver capito che i suoi rapporti con sua moglie...»

«Inesistenti, da molti anni. Da quando ho avuto un incidente e poi un problema che... Insomma, commissario, se proprio vuole saperlo, sono impotente.»

«Intende dire...»

«Che da anni non sono più un uomo. Luisa avrebbe potuto anche lasciarmi, ma mi voleva ancora bene, e abbiamo continuato a vivere insieme come fratello e sorella. E io che non mi sono mai davvero posto la domanda se... » L'uomo scoppiò in un pianto dirotto.

« Ha un amico? Qualcuno che possa starle vicino in questo momento? »

Cerignola scosse il capo. « Devo telefonare alle Poste centrali. Non posso andare in ufficio. » Andò a prendere un bicchier d'acqua in cucina e bevve fino in fondo. Poi si avviò a telefonare.

Lucchesi fece un cenno a Serra che fece sparire il bicchiere rimasto sul tavolo. Quindi si rivolse di nuovo a Cerignola: « Questo è il mio biglietto da visita. Di qualsiasi cosa abbia bisogno non esiti a telefonarmi. La vicina che abbiamo incrociato sulla porta di strada, in che rapporti era con voi? »

« L'unica persona che venisse in casa nostra e l'unica, a parte il padre, che sapesse della scomparsa di mia moglie. »

« Forse sarebbe bene che l'avvertissimo, che ne dice? Non voglio lasciarla qui da solo in questo momento. A che piano abita? »

Cerignola scosse le spalle. Si era accasciato in poltrona e tutto gli era indifferente.

Stavano rimontando in macchina quando il cellulare di Lucchesi prese a squillare. Ma lui non sembrava sentirlo.

« Commissario, la chiamano sul cellulare », disse Serra.

« Ero distratto, stavo pensando a... Pronto, Lucchesi. »

« Sono Lucia Anticoli. Ha appena telefonato Lanza. Ha identificato la donna del parco, è stata riconosciuta in un negozio. Si chiama... »

« Abbiamo appena finito di parlare col vedovo », rispose Lucchesi e chiuse la comunicazione.

Capitolo 20

«Che ne pensa, commissario?» chiese Serra mentre tornavano in via Fatebenefratelli.

«Che finalmente abbiamo scoperto chi era la donna del parco Solari, ed è un passo avanti. Ma il traguardo è ancora lontano, perché sono convinto che il povero Cerignola ci abbia detto la verità, e allora la strada è ancora lunga. E tu? Qual è la tua impressione?»

«Ne sono convinto anch'io. Ma perché mi ha fatto fregare il bicchiere?»

«Perché, dal momento che sono riusciti ad arrivare al DNA dell'uomo che stava con Luisa Cerignola, un controllo non guasta. Forse solo uno scrupolo, ma che ci permetterebbe, al di là delle impressioni, di dimenticarci del tutto il marito. Oggi stesso... Accidenti, forse siamo ancora in tempo, gira la macchina e torna in viale Bligny.»

«Vuole chiedere ancora qualcosa a Cerignola?»

«No, voglio cercare un centro estetico che stia nelle vicinanze. Ti ricordi come si era depilata la vagina la donna?»

«Sì, me lo ricordo bene.»

«Be', non ho molta pratica di queste cose, ma penso che una donna un servizio del genere non sia in grado di farselo da sola.»

«Che frequentasse un centro estetico ce lo ha già detto anche il marito...»

«Lo so, ma dal momento che non sappiamo niente dell'uomo, qualche altra notizia sulla donna potrebbe tornarci utile.»

Non ci volle molto. Percorsero viale Bligny da cima a fondo. Il centro estetico stava due isolati più in là del 37. L'una meno cinque e una ragazza stava calando una saracinesca a maglie.

«Aspetti un momento», le disse Lucchesi, scendendo dalla macchina.

«Ormai è chiuso. E questo è un centro estetico femminile. Non so cosa vogliate.»

«Voglio che riapra. Desidero farle alcune domande», rispose Lucchesi.

«Non diamo informazioni di nessun genere», disse la ragazza, una bionda che pareva appena uscita da una pagina pubblicitaria.

«Neppure alla Polizia?» chiese Lucchesi.

«La Polizia? Non vorrà dirmi che...» la ragazza sbatteva le ciglia lunghissime, sicuramente finte, che si abbassarono e si rialzarono più volte su due occhioni azzurri.

«Glielo sto dicendo. Adesso riapra questo dannato negozio e ci faccia entrare. Subito!» rispose secco Lucchesi, mettendole sotto il naso la sua tessera.

La ragazza non se lo fece ripetere. Rialzò la saracinesca e li fece entrare in una piccola stanza d'ingresso. Divanetti con una copertura damascata e un paio di tavolini bassi, sommersi da riviste di gossip.

«A quest'ora c'è solo lei?» chiese Lucchesi.

«Sì, la mia collega è già in ferie e la titolare, la signora Luciana, se n'è andata dieci minuti fa.»

«Lei come si chiama?»

«Doriana.»

«Doriana, e poi?»

«Lucidi. Per la verità, Maria Lucidi.»

«E Doriana è il suo nome di battaglia?» chiese Lucchesi.

La ragazza lo guardò senza capire, cercando di tirare

giù la minigonna, con un'occhiata a Serra che se la stava mangiando con gli occhi.

«Mi scusi, commissario, posso chiedere una cosa?» domandò l'agente.

Lucchesi fece un cenno d'assenso.

«Mi levi una curiosità, signorina Doriana, quelle unghie squadrate, con una grossa orlatura bianca, sono vere o finte?»

«Sono applicate. È forse vietato?»

«No, certo. Ma mi ero sempre chiesto come facesse una donna a lavorare senza spezzarsele», rispose Serra.

«Se si spezzano, si cambiano.»

«Bene, adesso che abbiamo accertato questo particolare fondamentale, non c'è una stanza dove si possa chiacchierare un momento senza restare in vetrina?» chiese Lucchesi con una punta di irritazione.

La ragazza aprì una delle tre porte che si affacciavano all'ingresso. La richiuse e ne aprì una seconda. Si trovarono in quello che poteva anche essere scambiato per un gabinetto medico: un lettino, un lavabo e scaffalature metalliche colme di piccoli strumenti lucidissimi e di vasi di creme di tutti i tipi.

«Aspetti un momento, nell'altra stanza, quella che ha aperto e poi richiuso, c'è per caso qualcuno?» domandò Lucchesi.

«E chi dovrebbe esserci?»

«Mi ci faccia dare un'occhiata. Non sono mai entrato in un centro estetico e sono un tipo curioso.»

«Ma è uguale a questa», protestò debolmente la ragazza.

«Le ho detto che sono un tipo curioso.»

Tornò nell'atrio e aprì la porta della prima stanza. Più o meno come l'altra, solo che in questa il lettino era uguale a quello di un ginecologo e le pareti erano tappezzate di immagini di donne che mostravano tutte le loro grazie nei minimi particolari, anche quelli più intimi.

Lucchesi le scorse velocemente. «Queste immagini da dove vengono?»

«Omaggio dei fornitori di prodotti estetici», rispose pronta la ragazza.

«Adesso la mia curiosità aumenta. Desidero vedere anche la terza stanza», e, senza dar retta alla ragazza, vi entrò, restando un po' perplesso. Niente lettini, ma un grande sofà quadrato, specchi dappertutto e anche qui, alle pareti, poster con figure femminili e maschili. I maschi avevano dei minuscoli perizoma ed erano evidentemente dei culturisti che, nelle posizioni più impensabili, mettevano in mostra la loro muscolatura artefatta. Tre poltrone completavano l'arredamento. Lucchesi si mise comodo. «Penso che possiamo fermarci qui. Quantomeno, invece di lettini ci sono poltrone. Odio parlare in piedi. Sieda pure anche lei, signorina Lucidi.»

Doriana si sedette sul bordo di una poltrona, le mani che tendevano la minigonna per impedirle di risalire.

«Mi levi un'altra curiosità: questa stanza a cosa serve?»

«Per attendere e rilassarsi prima di sottoporsi al trattamento estetico.»

«Capito. Non voglio farle perdere troppo tempo. Lei che mansioni ha?»

«Manicure, pedicure e tutto quello che una donna desidera per migliorare il proprio aspetto fisico.»

«Anche massaggi?»

«Qualche volta, ma quelli li fa la signora Luciana, di solito.»

«Anche la... come si chiama... la ceretta per le gambe?»

«Sì, la faccio io.»

«E ovviamente anche ogni tipo di depilazione...»

«Sì, certo.»

«Tra le vostre clienti c'è la signora Cerignola?»

«Cerignola?» chiese la ragazza con un battito di ciglia.

«Luisa, Luisa Cerignola. Una signora che abita in questa stessa via, sulla quarantina, con degli splendidi capelli rossi.»

«Ah... la Luisa. Certo che è una nostra cliente. Di solito, me ne occupo io. Dovrebbe venire oggi pomeriggio, come tutti i venerdì.»

«E che cosa fa alla signora Luisa?» chiese Lucchesi.

«Be'... questa è una domanda che riguarda la privacy della signora Luisa, una domanda...»

«Alla quale lei deve rispondere. Qui, adesso, oppure in Questura.»

«No, no, non ho nessuna intenzione di venire in Questura. Se lei ritiene che debba rispondere...»

«Sì, ritengo che lei debba rispondere.»

«Massaggi, soprattutto...»

«Ma non mi ha detto che i massaggi sono di competenza della signora Luciana?»

«Sì, quando si tratta di massaggi un po' particolari per i quali occorre esperienza. Ma nel caso della Luisa è diverso. Non ne ha poi questo grande bisogno...»

«E depilazioni?»

La ragazza arrossì. «Anche depilazioni.»

«Dove?»

«Al ventre, soprattutto. Lei vuole una depilazione molto personalizzata. Ma, mi scusi, queste sono domande che riguardano...»

«La privacy della signora Luisa. Me lo ha già detto, e io le ho precisato, e glielo ripeto, che deve rispondere. Mi descriva questa depilazione personalizzata.»

La ragazza arrossì di nuovo. «Be'... la Luisa vuole essere depilata anche nella parte inferiore del ventre, salvo un ciuffo proprio sopra... Mi ha capito, credo.»

«Quindi, la signora Luisa si faceva depilare anche la vagina... E con quale frequenza veniva?»

«Tutti i venerdì.»

«Bene, la saluto e la ringrazio per le informazioni che ci ha dato. Possiamo andare Serra.»

La signorina Doriana li guardò uscire, le lunghe ciglia finte che sbattevano come le ali di una farfalla.

«Almeno una cosa interessante l'abbiamo appresa: che quella povera Luisa andava a modo suo a farsi bella tutti i venerdì pomeriggio», disse Lucchesi mentre risalivano in macchina.

«E la sera, ufficialmente, andava al cinema con l'amica...»

«Appunto. Questo ci dà la misura del tipo di relazione tra la vittima e la persona che in effetti incontrava il venerdì sera, e del suo coinvolgimento, con quel pizzico di singolarità che conferma il quadro che ci siamo trovati di fronte al parco Solari. Aggiungo che quel centro estetico non mi convince del tutto. Non che la cosa riguardi la nostra indagine, ma potrebbe interessare un'altra Sezione della Questura. Un'occhiata, con una certa discrezione, sarei propenso a fargliela dare. Che per depilarsela occorra addirittura un lettino da ginecologo potrebbe anche essere, ma ho qualche dubbio... E ancora meno mi convince quella stanza con poltrone, sofà, che in definitiva è un letto, specchi e poster di dubbio gusto. Potrebbe anche darsi che qualche signora unisca l'utile al dilettevole. Non sarebbe la prima volta e un centro estetico costituirebbe un'ottima copertura. Ovviamente non mi riferisco alla Cerignola, ma... Insomma, un accenno al collega che si occupa di queste cose lo farò senz'altro. Anche perché quella ragazza...»

«Una gran bel pezzo di ragazza!» commentò Serra.

«Rispetto i tuoi gusti, augurandoti che non costi troppo cara.»

«Commissario, non penserà che...»

«Penso sempre al peggio. Sono un pessimista per natura. Ma forse questa volta le sto facendo un torto. È una capace ancora di arrossire. Ma porca di quella miseria, ci abbiamo perso un sacco di tempo quando c'era un'altra cosa più urgente da fare! Quel numero di telefono te lo sei segnato, mi pare.»

«Quale numero di telefono?»

«Sveglia, Serra! Quello dell'amica o collega con cui la Cerignola sarebbe andata al cinema venerdì scorso.»

«Certo. L'ho segnato sul mio taccuino, ma sappiamo solo che si chiama Chantal. Non abbiamo né cognome, né indirizzo.»

«Ferma un momento e dài qui», fece Lucchesi. Prese il cellulare e digitò il numero. «Sono Giulio, di Infostrada. Parlo con la signora Chantal di corso Sempione?»

«Mi chiamo Chantal e gradirei che la piantaste di qualificarvi col nome di battesimo, facendo altrettanto col vostro interlocutore. In ogni caso, non abito in corso Sempione. Cosa desidera?»

«Sottoporle una nuova vantaggiosissima proposta di contratto.»

«Senta, signor Giulio o come diavolo si chiama, mi congratulo con Infostrada che non sa neppure a chi sta telefonando.»

«Ma il numero di telefono che mi dà il computer...»

«Fatelo controllare da un tecnico. Anzi, la prego di prenderne nota: il numero corrisponde a Chantal Gregori, viale Papiniano 109. Corso Sempione non c'entra per nulla. Quanto alla vostra proposta vantaggiosissima...»

«Le chiedo scusa, signora, sono mortificato. Non la disturberemo più.»

«Lo spero bene», rispose Chantal Gregori.

«E adesso?» chiese Serra.

«Viale Papiniano 109, mi sembra ovvio», rispose Lucchesi.

Serra aveva un buco nello stomaco, ma non si azzardò a farne parola con Lucchesi.

Il nome GREGORI era il quinto, in alto a destra, sulla citofoniera del palazzone di viale Papiniano. Lucchesi premette il pulsante un paio di volte.

«Chi è?»

«Polizia. Solo un'informazione, se ci fa salire un momento.»

«E chi mi dice che si tratta della Polizia e non...»

«Abbia pazienza, signora, comprendo bene la sua prudenza, ma non posso mostrarle la mia tessera da qui sotto. D'altro canto, sul citofono c'è solo il nome Gregori, e noi vogliamo parlare con la signora Chantal Gregori. Non potremmo averlo immaginato il suo nome di battesimo...»

«È sulla guida telefonica. Potreste averlo preso da lì.»

Lucchesi avrebbe voluto urlare. Quella non si sognava di aprire. «Va bene, signora. Le posso solo dire che l'informazione che ci occorre riguarda una sua amica, la signora Luisa Cerignola di viale Bligny. Questo le fa cambiare parere?»

«Va bene, apro.»

Uno scatto e il portone a vetri si aprì su un ingresso decorato con alcune piante finte. Quattro gradini portavano a un pianerottolo con due ascensori.

«Dovrebbe essere quello di destra», disse Serra.

Lucchesi annuì.

Sul pianerottolo del quinto piano si affacciavano tre porte. La targhetta col nome GREGORI era su quella di centro.

Lucchesi bussò alla porta, che si schiuse appena, trattenuta da una catenella. Infilò nel pertugio la sua tessera di riconoscimento. La catenella venne sganciata e la porta si aprì del tutto.

Chantal Gregori aveva più di quarant'anni, ma li portava splendidamente. Capelli lisci, scuri, e due occhi verdi: un'accoppiata che Lucchesi aveva sempre apprezzato. Come apprezzò il resto: gonna a fiori, appena sopra il ginocchio, che lasciava vedere due belle gambe con caviglie sottili e polpacci torniti, camicetta bianca, tutte le curve al posto giusto.

La donna gli restituì la tessera. Anche lei aveva le unghie curate coperte da uno smalto scuro nella parte centrale. «Ma lei è quel commissario di colore che...»

«Sì, sono quel commissario di colore», rispose brusco Lucchesi.

«E non me lo poteva dire subito?»

«Dalla strada? Al citofono?»

«Vero anche questo.» Chantal Gregori li fece entrare.

«Mi scusi signora Gregori, o signorina...»

«Sono divorziata, quindi, signorina, credo, anche se preferisco signora. Ma può chiamarmi Chantal. Semplifichiamo le cose.»

«Solo una curiosità, Chantal: anche lei frequenta il centro estetico di viale Bligny?»

«Sì, come fa a saperlo?»

«Un'intuizione, vista la sua amicizia con Luisa Cerignola.»

«A proposito di Luisa...» lo interruppe Chantal.

«Ci arriviamo subito. Che ne pensa di quel centro estetico?»

«Se devo essere schietta, mi ha sempre lasciata un po' perplessa. Alludo soprattutto alla proprietaria, una donna abbastanza giovane, che però ha una certa aria da maitresse. Ma Luisa ci è affezionata, forse anche per la vicinanza a casa sua.»

«Allora che mi dice di quel lettino ginecologico che sta nella prima stanza?»

«Ho capito a cosa allude e ammetto che può anche dare adito a qualche sospetto, ma serve solo a un certo tipo di depilazione, credo abbia capito a cosa mi riferisco... Ma scusi, mi aveva detto che voleva chiedermi qualcosa a proposito di Luisa. Oppure state indagando sul centro estetico? Perché anch'io sono interessata a Luisa. È una settimana che non la sento e...»

«Non l'ha cercata a casa?»

«No. Di solito mi telefona lei.»

«Di venerdì?» chiese Lucchesi.

«Non sempre. Anche di mercoledì o di giovedì... Spesso, però, proprio il venerdì. Anche se temo di non seguirla...»

«Quando l'ha vista o sentita l'ultima volta?»

«Adesso mi mette in agitazione. Mi faccia pensare... Venerdì della scorsa settimana. Venerdì sera.»

«Quando siete andate insieme al cinema?»

«Sì. Da allora più vista né sentita.»

«Che film avete visto?»

Chantal aggrottò la fronte e cercò di ricordare. «Mi sembra *Carnage*, all'Eliseo di via Torino.»

«Risposta sbagliata. Quel film è in programma solo da questa settimana», disse Lucchesi, sparando a casaccio.

«Allora può darsi che mi confonda con... In questo momento non lo ricordo proprio. Ecco, ci sono: di *Carnage* avevamo visto il provino. Il film, invece, era *Le donne del sesto piano*. Bellissimo!»

«A che spettacolo siete andate?»

«Quello delle venti. Poi abbiamo preso un gelato e l'ho accompagnata al tram. Ma... scusate, posso offrirvi qualcosa?»

«Grazie. Un bicchiere d'acqua fresca, e il mio consiglio è che lo beva anche lei.»

«Perché dovrei? Non ho sete.»

«Perché l'aiuterebbe a ingoiare tutte le bugie che mi ha raccontato fino a questo momento», rispose Lucchesi.

«Ma io...»

«Ci vogliamo dare un taglio, Chantal? Sono spiacente di doverglielo dire, poiché penso, anzi sono certo, che lei non lo sappia: la sua amica Luisa è stata uccisa, proprio venerdì sera della scorsa settimana.»

Chantal si abbandonò sulla poltrona, bianca in volto. «Ma... com'è accaduto? L'ho lasciata...»

«Chantal, quella sera, quel venerdì sera, lei Luisa non l'ha neppure vista. E, se davvero è andata al cinema, è stato da sola o con qualcun altro. Adesso mi sono un po' scocciato. Del tutto en passant, le ricordo che un testimone ha l'obbligo di dire la verità, quindi, basta con le fandonie, la sua testimonianza potrebbe esserci preziosa. La sua amica Luisa, purtroppo per lei, non ha più bisogno di coperture compiacenti.»

Chantal alzò il viso rigato di lacrime, che si mischiavano al rimmel che le colava dagli occhi. «Ha ragione, commissario. La povera Luisa mi aveva chiesto di dire che saremmo andate al cinema insieme. Non potevo certo dirle di no. Eravamo amiche intime e...»

«Da quanto andava avanti questa storia? Voglio dire: da quando le chiedeva di fornirle una copertura?»

«Da parecchio tempo. Dall'estate scorsa, direi. Salvo un'interruzione di qualche mese.»

Lucchesi fece un rapido calcolo. «Maggio, giugno e luglio? Parlo di quest'anno.»

«Sì, mi pare di sì. Anche fine aprile, intorno a Pasqua, che mi pare che quest'anno sia caduta proprio verso fine aprile. E poi i primi giorni di luglio.»

«E visto che eravate amiche intime, oltre che colleghe, mi pare, lei saprà anche le ragioni di queste richieste...»

«Sì, me le aveva confidate. Mi aveva confidato che finalmente aveva trovato un uomo in grado di...»

«Soddisfarla?»

«Sì, di soddisfarla, perché il marito... Ma, commissario, se quel poveraccio sapesse che...»

«Per questo non abbia timori: quello che mi dirà resterà tra noi, anche se Cerignola, per quanto lo riguarda, è stato abbastanza esplicito.»

«Allora sapete già che il marito è impotente.»

«Ce lo ha detto lui stesso. Ma forse con lei Luisa è scesa in particolari più intimi. Badi che le mie domande possono essere importanti per individuare l'uomo che ha ucciso la sua amica. Nel nostro caso, come si manifestava l'impotenza di Cerignola? Non abbia paura delle parole. Siamo tra persone adulte e io sono un funzionario di Polizia, alla caccia di un assassino e non di pettegolezzi...»

Chantal sembrò rimanere in sospeso.

«Forse preferisce che il mio agente si allontani un momento?»

La donna restò un attimo indecisa, poi annuì.

«Serra, per favore, scendi a fumarti una sigaretta», disse Lucchesi.

Restarono soli.

«Allora, Chantal, le ho chiesto come si manifesta l'impotenza di Cerignola. Quali precise caratteristiche ha.»

«Dopo quell'incidente che aveva avuto e tutti i problemi che ne erano derivati, non era più in grado di... Insomma, non gli si rizzava più. I loro rapporti erano finiti del tutto. Luisa, in un primo tempo...»

«Prosegua, le ho detto di non aver paura delle parole.»

«In un primo periodo si faceva masturbare ed era convinta che col tempo sarebbe riuscita a farlo anche a lui.»

«E invece?»

«Con lui niente da fare, e venne presa dalla vergogna e dalla pena per quel pover'uomo, perciò non volle più nemmeno farsi toccare.»

«E ci pensava da sola, con un vibratore...» mormorò Lucchesi.

«Purtroppo sì. Ma lei come lo sa?»

«Lo abbiamo trovato nel cassetto del suo scrittoio.»

«E Luigi lo ha visto?»

«Credo di sì. Non sembrava troppo sorpreso. Credo che avesse capito e non sapeva ancora che Luisa fosse morta. Ha detto che continuava a volerle bene.»

«E anche lei gliene voleva. Ma...»

«Senta, non sono un medico e mi informerò meglio, ma credo che anche in assenza di un'erezione, si possa verificare un'eiaculazione.»

«No, commissario, in questo si sbaglia. Non lo dico perché ne sappia più di lei, ma perché me lo aveva confidato Luisa, che pure era caduta in questo errore. Suo marito non era più in grado di eiaculare, come se avesse un pezzo di carne morta.»

«Capisco. E lei sa chi fosse l'uomo che aveva trovato Luisa?»

«Questo no, glielo giuro, commissario. Devo anche dirle che la cosa mi aveva sorpresa, perché con tutta la confidenza che avevamo... No, sul punto non ha mai ceduto. Ricordo che mi disse solo un particolare: che era di qualche anno più giovane di lei, o forse suo coetaneo, non ricordo, e viveva ancora in famiglia, credo con la madre, perché il padre era morto. Quindi non potevano trovarsi a casa. Nemmeno in albergo, però. Luisa non ci sarebbe mai andata, si vergognava.

«Era un tipo un po' contraddittorio. Lo facevano dove capitava, in macchina o comunque fuori, all'aperto. Le avevo anche offerto di venire a casa mia, visto che vivo da sola e spesso non ci sono, ma lei aveva sempre rifiutato. Forse per timore che lo incrociassi.»

«Forse perché lei lo conosceva...»

«Questo lo escluderei. Ci ho pensato anch'io, ma tra le mie conoscenze maschili non ci sono persone che avrebbero potuto far invaghire Luisa. Non me lo sono mai spiegato. Devo anche aggiungere che Luisa era un tipo un po' particolare, portata a sviluppare fantasie erotiche abbastanza singolari.»

«In questo quadro si spiegherebbe anche quella strana idea della depilazione totale.»

«Un momento, ma lei... Finalmente ci sono arrivata: Infostrada. Mi sbaglio?»

«No, non si sbaglia.»

Chantal si aprì in un sorriso. «Se ha finito, commissario...»

« Sì, ho finito. Se ricordasse qualche altro particolare che potrebbe essermi utile, mi telefoni in Questura, Sezione Omicidi. Il mio nome è Lucchesi. »

« Lo so », disse Chantal, accompagnandolo alla porta.

Capitolo 21

Stavano rientrando in Questura. «Maledizione!» fece Lucchesi, «quasi le tre del pomeriggio e non abbiamo ancora mangiato. Starai morendo di fame anche tu... Conosci un posto dove a quest'ora ci possano dare qualcosa?»

«Lasci fare a me, commissario», rispose Serra, guardandolo con gratitudine.

Si fermarono in una strada che Lucchesi non ricordava di aver mai percorso. Era piacevole: case basse che si susseguivano senza i muri deturpati dai soliti graffiti. Ne prese nota. Ci sarebbe tornato.

«Per me soltanto due fette di prosciutto e una mozzarella», disse a un ragazzo che stava terminando di sparecchiare i tavolini riparati da un tendone.

«Lo stesso per me. Anche una birra alla spina?» chiese Serra.

«E vada per la birra», rispose Lucchesi.

L'attesa di un quarto d'ora lo innervosì. «Ma cazzo! Mica saranno andati a cogliere il luppolo...»

Serra sorrise. «Commissario, non so se posso chiederglielo, ma... cos'è che quella tizia faticava a dirle in mia presenza?»

«Che Cerignola non era neppure in grado di eiaculare. Glielo aveva confidato la sua amica.»

«Allora la ricerca del DNA sul bicchiere che ho messo in tasca è inutile.»

«Lo penso anch'io, sempre che Chantal mi abbia detto

la verità, e a sua volta Luisa Cerignola l'abbia detta a lei. In ogni caso, sarebbe una notizia di seconda mano, quindi tanto vale che facciamo fare l'accertamento. Pensaci tu, oggi stesso, non si può mai dire... Certo che a questo punto rischiamo di trovarci in un vicolo cieco.»

«Ma possibile che non si riesca a identificare quel tizio con cui Luisa Cerignola aveva una relazione?»

«Forse non impossibile, ma molto, molto difficile. Dovremmo scavare nel passato di Luisa, magari partendo dall'ambiente scolastico. Mi pare che fosse un'insegnante. Ho scordato di chiedere a Chantal se insegnavano nella stessa scuola, ma in questo caso qualche idea le sarebbe venuta, mentre mi ha detto che tra le sue conoscenze maschili... Non sappiamo neanche dove insegnasse Luisa Cerignola, né da quanto tempo. Ci vorrebbe un altro colpo di telefono a Chantal e a Cerignola, ma lascerei passare qualche giorno. Non so, ci vorrebbe qualche idea, ma non mi viene in mente altro.»

Serra annuì. Anche lui era a corto di idee. «E se facessimo una riunione tutti insieme? Con gli ispettori, voglio dire. Per me lei resterà sempre il migliore, ma può darsi che a qualcun altro qualcosa venga in mente», propose infine.

«Non hai torto: facciamo pure la riunione. Magari intorno alle diciotto. Ci pensi tu?»

«D'accordo, commissario.»

«Prima, però, fai recapitare il bicchiere a Farrandino. Lo chiamo subito. Anzi, forse è meglio di no. Sono un po' stanco e vorrei riposare un paio d'ore. Accompagnami a casa, per favore. Per le diciotto sarò di nuovo in ufficio.»

Stanco, di una stanchezza mortale, ma anche agitato. Stava in poltrona e non riusciva a smettere di pensare, finché si appisolò, quasi senza rendersene conto.

Si svegliò di soprassalto, col cuore che gli batteva come impazzito. Guardò l'orologio: aveva dormito un quarto d'ora. Qualcosa l'aveva svegliato, ma non riusciva a ricordare... Ci arrivò all'improvviso: una fitta al petto mentre attraversava piazza Sant'Alessandro e aveva alzato gli occhi per guardare i due campanili attorno ai quali sfrecciavano le rondini. Quelle, però, erano cornacchie, si disse. Mi sono sognato tutto, anche la fitta al petto.

Aveva però un dolore sordo allo sterno e faticò ad alzarsi. Forse quella birra gelata dopo il piatto di prosciutto... Un lieve formicolio al braccio. Ricordò che gli avevano raccomandato una visita di controllo mensile e lui, dopo i primi tempi, se n'era infischiato. Odiava i medici, gli ambulatori, gli ospedali, l'odore di medicinali e di disinfettante che si annidava in ogni ambiente in cui si aggirassero dei camici bianchi.

Aveva sete e si attaccò a una bottiglia di minerale che aveva in frigo, bevendo a garganella. Accese una sigaretta e guardò di nuovo l'orologio. Ormai i buoni propositi se li era dimenticati e un pacchetto al giorno non gli bastava più. Fanculo, pensò, fanculo questo dannato cuore e questa vita del cazzo, fanculo...

Lo squillo del cellulare: Alice. «Ciao, papà. Anche oggi...»

«Alice, se vuoi che domenica ci vediamo, non parlarmi di giornali e di fotografie.»

«Va bene, va bene. Ma ti telefonavo, soprattutto, per dirti una cosa importantissima: la mamma mi ha proposto di passare con te l'intero fine settimana, da sabato pomeriggio a domenica sera. Penso che abbia trovato qualcuno e voglia liberarsi di me. Io non chiedo di meglio, se tu...»

«Fammi pensare... ti andrebbe se andassimo fuori Milano?»

«Mi sembrerebbe una splendida idea!»

«Bene. Sabato pomeriggio, alle due, davanti a casa tua. E ricordati di preparare un piccolo bagaglio per la notte...»

«Sabato? Vuoi dire domani, papà.»

«Certo. Per un momento mi ero scordato che oggi è venerdì. A domani, Alice.» Chiuse il cellulare. Alice... per lei valeva la pena di vivere. Il numero del medico l'aveva segnato sull'agenda: prese appuntamento per il mercoledì della settimana successiva.

Ma porca...! Le sei meno venti e aveva fissato la riunione per le sei. Si buttò la giacca sulle spalle e scese precipitosamente le scale. Stava per chiamare un taxi, quando due tocchi di clacson richiamarono la sua attenzione: Serra che lo stava aspettando.

«E tu cosa ci fai qui?»

«L'aspettavo, commissario. Ancora cinque minuti e l'avrei chiamata.»

«Ma non sei il mio autista personale. Cosa ti è venuto in mente di...»

«Mi scusi, commissario, ma quando ci siamo lasciati ho visto che era molto stanco e, se mi perdona la franchezza, non aveva neanche una bella cera. È da qualche giorno che la osservo: secondo me dovrebbe riguardarsi un po'. Da quando non fa un controllo medico?»

«Ci mancava anche l'uccello del malaugurio... Comunque, ho preso appuntamento col medico per mercoledì prossimo.»

«Bene», e Serra bruciò un semaforo.

«Ma cazzo, Serra! Vuoi andare a sbattere?»

«Tutto calcolato, siamo un po' in ritardo.»

La riunione alle diciotto si tenne regolarmente. Arrivarono alla spicciolata e presero posto davanti alla scrivania di Lucchesi. A portare qualche sedia in più ci aveva pensato Minniti.

Lucchesi, appena seduto, fu preso da un accesso di tosse che lo lasciò senza fiato. Di nuovo quel dolore allo sterno. «Scusatemi, devo prendere un bicchier d'acqua.»

«Ci penso io, commissario», saltò su Minniti e, in un baleno, tornò con mezza minerale e bicchieri di carta.

Lucchesi accese una sigaretta e scolò due bicchieri colmi. Le finestre erano già spalancate e dalla strada saliva il rumore del traffico. «Spengo la sigaretta, ma qualcuno chiuda le finestre. Vi ho voluti qui tutti per fare il punto della situazione. Sono a corto di idee e mi auguro che a qualcuno frulli qualcosa in testa. Dunque, riassumendo: la donna uccisa al parco Solari è stata identificata. Si trattava di tale Luisa Cerignola, insegnante e moglie di un impiegato postale, e abitava al 37 di viale Bligny. Abbiamo anche accertato che aveva una relazione extraconiugale, ma non sappiamo con chi, salvo il fatto che forse era un uomo più giovane di lei... Non lo sa nemmeno la sua più intima amica, che copriva le sue scappatelle, alla quale, però, non ha mai confidato l'identità dell'amante. Tuttavia, siamo riusciti a risalire al DNA dell'uomo che quella sera stava con lei e che quasi con certezza è il suo assassino. Non dovrebbe trattarsi del marito, del quale peraltro ci siamo procurati il DNA che è in via di accertamento. Ma anche trascurando il fatto che il marito, visto il quadro che ci si è presentato al parco Solari, probabilmente non è l'uomo che cerchiamo, dovremmo comunque escluderlo per due ragioni: la prima, che quel venerdì sera, come in altre occasioni, l'amica aveva dato alla Cerignola la solita copertura, confermando al marito di lei che sarebbero andate al cinema insieme; la seconda, che il marito dovrebbe essere impotente e, quando dico impotente, intendo dire che non è in grado di eiaculare. Ora, entro un paio di giorni, dovremmo comunque conoscere anche il DNA del marito e sapere chi era il padre del bambino che la vittima portava in grembo. Se, come ritengo, l'autore della gravidanza è lo stesso che le ha lasciato le tracce di liquido seminale sul ventre, avremo fatto un passo avanti, anche se non arriveremo alla sua identificazione. Avremo tutte le caselle sistemate al posto giusto, ma su una di esse, quella che a noi ora più interessa, mancherà il nome. Questo è quanto e, come vi dicevo, sono aperto a qualsiasi idea che vi frulli in testa.» Aveva parlato per quasi un quarto d'ora, senza interrompersi. Terminò di bere la minerale e si passò il fazzoletto sulla fronte sudata.

Lucia Anticoli, seduta in seconda fila accanto a Carniti, alzò un dito.

«Dimmi, Anticoli.»

«Nessuna idea, solo un'osservazione: l'amica intima della morta è persona affidabile?»

«Direi di sì.»

«Allora, se Luisa Cerignola era tanto in confidenza con lei da chiederle di coprirla e da confessarle di avere una relazione, rifiutando però di rivelarle con chi, le ipotesi non possono essere che due: che l'amica conosceva l'amante della Cerignola, e questa non voleva esporlo; oppure che si trattava di persona la cui identità, per ragioni che non conosciamo, non poteva assolutamente essere rivelata.»

«È stata anche la mia conclusione. Ma sul piano pratico cosa possiamo fare?»

«Non lo so proprio. L'unica cosa che mi viene in mente è di torchiare come si deve l'amica, magari convocandola qui, nell'ipotesi che abbia voluto coprire Luisa Cerignola anche su questo versante.»

«L'idea non mi entusiasma. Lo dico perché l'ho conosciuta. Ma si potrebbe anche fare», mormorò Lucchesi. «Ci credo poco, ma forse è un tentativo al quale non possiamo sottrarci. Questi sono i casi in cui verrebbe da rimpiangere Pellegrini e la sua faccia feroce... Comunque non lo farò io. Pensaci tu, oppure Carniti, decidete voi. Potreste convocarla per lunedì prossimo, o martedì. Nessun'altra osservazione?»

Tutti scossero il capo.

«Va bene, anzi, va male. Non ci resta che aggiornarci. Nel frattempo, sapremo qualcosa di più sugli esami che stanno facendo sul DNA. Ci vediamo. Se qualcuno ha bisogno di me, può sempre raggiungermi sul cellulare.»

L'ultima a uscire fu Lucia Anticoli, che si trattenne sulla porta, come se volesse dirgli ancora qualcosa.

«C'è dell'altro?» chiese Lucchesi.

«Come stai, Andrea? Non hai il tuo solito aspetto.»

«Sto benissimo. È solo una giornata storta, forse una birra troppo fredda e un po' di mal di stomaco, ma credo che non sia nulla di grave.»

«Abbiti riguardo. Non farmi stare in pensiero. A proposito, non mi hai neppure chiesto com'è andata la mia serata con Carniti.»

«Sono fatti tuoi, Lucia. Perché avrei dovuto chiedertelo?»

«Già, perché avresti dovuto chiedermelo? Sono fatti miei. Hai perfettamente ragione.»

Non è che Carniti fosse un cattivo diavolo, tutt'altro, ma aveva sempre bisogno di essere gratificato e, forse, in cima ai suoi pensieri, c'era la promozione a commissario. Non perdeva occasione per mettersi in mostra, a volte anche ingenuamente. No, pensò Lucchesi, non era l'uomo che avrebbe potuto risolvere i problemi di Lucia che, quanto a intelligenza, lo sopravanzava di una spanna. Ma perché perdere tempo a pensarci? Un moto di stizza e Lucchesi si accese una sigaretta. Aprì la finestra e si appoggiò al davanzale. Lo aveva ripreso la stanchezza.

Bussarono alla porta. Serra, che entrò come se passasse per caso.

«Che c'è, Serra? Ti è venuta qualche idea?»

«Non è per questo. È che ormai ho capito che per lei le macchine di servizio è come non esistessero...»

«Odio le macchine in generale, e quelle di servizio in particolare.»

«Lo so, ed è per questo che mi chiedevo se per caso non vuole che le dia uno strappo a casa. Devo andare proprio da quelle parti e...»

«Di bugiardi nella mia vita ne ho incontrati tanti, ma pochi che ti superassero», rispose Lucchesi, sorridendo e facendolo sorridere. «Però non è una cattiva idea. Vorrei comprare un cellulare per mia figlia, e di queste cose ti intendi certo più di me.»

«Di sicuro, commissario. No, non voglio dire che m'intendo di cellulari, ma conosco un negozio, che è di strada, dove c'è un commesso che ci consiglierà per il meglio.»

«Ottimo, Serra, mi fai un grosso favore. Domenica è il compleanno di Alice, mia figlia, e ho appunto pensato di regalarle un cellulare. La porterò via per il fine settimana, domani pomeriggio e domenica. A proposito, bisogna che mi ricordi di prendere una macchina a nolo.»

«Ad acquistarsi una macchina non ci ha mai pensato?»

«Ti ho appena detto che odio le macchine.»

«Già, ma anche in questo caso, se lei permette, la posso consigliare.»

«Cosa vuoi dire?»

«Nell'officina in cui porto il mio catorcio, hanno due macchine per i clienti, un'Alfa e un'Audi. Le affittano a un prezzo da niente. Se lei mi permette di fare un colpo di telefono...»

Lucchesi gli indicò l'apparecchio.

«Deve darmi solo gli estremi della sua patente. Al resto ci penso io. Adesso, però, direi di andare, prima che il negozio di telefoni chiuda», disse Serra dopo aver telefonato.

«Serra, sei un amico», disse Lucchesi.

«Grazie, commissario.»

«Ma qualche volta noleggi l'auto anche tu?»

«Sì, quando esco da Milano con la mia ragazza. Non le ho mai detto che ho una ragazza? Quando la porto fuori, mica posso usare la mia 127 che è un pezzo da museo. Voglio fare bella figura. Ma di cambiarla, per il momento, non posso permettermelo, neanche a rate.»

«Andiamo Serra», disse Lucchesi, prendendoselo sottobraccio.

Se ne era semplicemente scordato, o forse l'aveva rimosso, perché abbandonare la sua topaia lo immalinconiva: sabato mattina l'Ikea gli avrebbe consegnato i mobili. Se ne ricordò quando sentì suonare il campanello e una voce sgarbata attraverso il citofono gli disse che, se non si affrettava ad aprire, avrebbero scaricato tutto in strada.

Scese, dopo aver cercato affannosamente le chiavi del quarto piano, che era già libero, e si trovò di fronte a due pezzi di marcantonio che, una cicca in bocca, stavano scaricando da un camion una serie di scatoloni di tutte le dimensioni.

«È lei quello dei mobili?» chiese il più anziano.

«Sì», rispose Lucchesi.

«Che piano?»

«Quarto.»

«C'è l'ascensore?»

«No. Vi faccio strada e vi do una mano.»

«Come sono le scale?»

«Abbastanza strette.»

«Allora, si tolga di mezzo e lasci fare a noi.»

«Non chiedo di meglio», disse Lucchesi e cercò qualcosa per fermare la porta di strada, tenendola aperta.

Ci misero più di mezz'ora, con un andirivieni inframmezzato da bestemmie che richiamarono gli inquilini dei vari piani, compreso il tossico che stava al secondo, che doveva aver fatto le ore piccole, e si mise a bestemmiare a sua volta con una voce in falsetto che fece sghignazzare i due autotrasportatori.

Di fronte alla marea di scatoloni che avevano ammassato nella prima stanza, Lucchesi fu preso da un profondo sconforto. «E tutti questi scatoloni...» chiese speranzoso, mettendo mano al portafoglio.

«Noi siamo autotrasportatori, mica montatori. Se voleva anche il montaggio doveva chiederlo in anticipo.»

Pensò a Lucia Anticoli, maledicendola tra sé. Era già stanco prima di incominciare. Si accese una sigaretta, sedendosi su una scatola quadrata, cinquanta per cinquanta, che cedette con uno scricchiolio sinistro, facendolo balzare in piedi.

Qui dobbiamo organizzarci, pensò, e scese al bar a farsi un caffè doppio.

Passò quasi l'intera mattinata a vuotare gli scatoloni, ammucchiandone il contenuto lungo le pareti, cercando di capire qualcosa sui foglietti di istruzioni che gli parevano scritti in tutte le lingue conosciute meno che in italiano. Fortunatamente, si disse, ci sono i disegni che illustrano in sequenza le varie fasi di montaggio e solo un imbecille... Alle undici e mezza era riuscito a mettere insieme a malapena il letto, rendendosi conto solo all'ultimo che avrebbe dovuto montarlo in camera e non in soggiorno, perché, una volta finito, non sarebbe mai passato dalla porta di comunicazione. A questo si aggiungeva il fatto che gli erano rimasti in mano due bulloni di destinazione ignota. Era fradicio di sudore, avvilito e stanco morto. Ed era ricominciato il dolore allo sterno.

Si sedette per terra, appoggiato al muro e non trovò di meglio che accendersi la quinta sigaretta. Sono un imbecille, si disse. Qualche sospetto l'ho sempre avuto e stamattina ne ho avuto la conferma. Fece volare il mozzicone dalla finestra e salì al quinto piano, che per fortuna era ancora perfettamente funzionante.

Non era solo lo sterno a fargli male, ma anche le braccia, le gambe, il ventre, la schiena. Bastò per rassicurarlo. Si spogliò e si infilò sotto la doccia. Poi si rivestì, mise qualcosa in una borsa e si buttò in poltrona, dove restò per qualche minuto, cercando di darsi una calmata, finché sentì il campanello.

«Commissario, sono Serra. Sono qui con la 147. Lei è pronto?»

«Arrivo subito.»

Serra lo aspettava accanto a un tizio sulla trentina con una tuta che un tempo doveva essere stata blu.

Serra gli diede tutte le istruzioni: «Commissario,questo è il signor Osvaldo. Lei dovrebbe solo mettere una firma qui. Domani sera mi fa un colpo di telefono e poi passo io a ritirare la macchina e a riconsegnarla. Ma... la vedo affranto. Cosa è successo?»

«Ho passato la mattinata a cercar di montare i mobili acquistati all'Ikea. Sono un vero disastro e...»

«Ma perché non me l'ha detto? Sarei venuto con Minniti che in queste cose è un mago. Se vuole, mi lascia le chiavi e ci pensiamo noi.»

«Questo no. A parte il fatto che me ne sto andando e non sapresti dove sistemare i mobili, penso che avrai altri programmi per il sabato pomeriggio. Se proprio non ce la facessi da solo, ti invito a cena una di queste sere e mi dài una mano a finire, o meglio, a incominciare. Ma adesso no, hai già fatto anche troppo.»

«Come vuole, commissario. Queste sono le chiavi della macchina e questo il numero da chiamare, caso mai avesse qualche problema. Buon fine settimana e auguri a sua figlia.»

Lucchesi montò in macchina e attese che Serra si allontanasse con l'Osvaldo. Non voleva testimoni. Girò con prudenza la chiave di avviamento e partì con un balzo. La frizione staccava subito. Avrebbe dovuto ricordarselo.

Capitolo 22

Arrivò in via Burigozzo con cinque minuti di ritardo. Aveva fatto un giro ampio per impratichirsi. Non voleva fare una magra figura con sua figlia.

Alice lo stava aspettando sulla soglia di casa, con un borsone gonfio, che sarebbe bastato per una settimana.

«E questa splendida macchina rossa? Quando te la sei comprata? Senza dirmi nulla...»

«Non è mia. L'ho noleggiata per il finesettimana. Una cosa alla volta. Ho già una sorpresa per te: sono sceso di un piano.»

«In Questura?»

«No, in via Scaldasole. Ho preso in locazione un appartamentino di due stanze: soggiorno con divano-letto, cucinino e camera. Finalmente potrò ospitarti senza vergognarmi.»

«Questa sì che è una notizia! Allora il prossimo finesettimana sarò da te, anche se, te lo devo dire, se mi avessi invitata, sarei venuta anche nella casa di prima, col sacco a pelo, se necessario. Comunque, contaci, perché, come ti ho già detto ieri, sembra che la mamma non veda l'ora di liberarsi di me.»

«E la cosa non ti infastidisce?»

«Proprio no. Sono affari suoi. Semmai sarei infastidita se tu mi dicessi che il prossimo finesettimana non puoi ospitarmi perché da te c'è un'altra donna...»

«E anche questi non sarebbero affari miei?»

Alice tacque un momento. Stavano imboccando la tangenziale est e Lucchesi era un po' teso e frastornato dal traffico. «Sì, sarebbero affari tuoi e non avrei niente da ridire. Se per caso ti trovassi una donna, però, vorrei esserne informata prima.»

«E magari dovrei presentartela per esser certo che vada bene anche a te?»

«Non sarebbe una cattiva idea. Piuttosto, non mi hai ancora detto dove siamo diretti.»

«Sul lago di Garda. In un paio d'ore saremo là. Ho prenotato un piccolo albergo a Villa di Gargnano per questa sera.»

«Ci sei già stato?»

«No, mai. Me l'hanno raccomandato e, con un piccolo colpo di fortuna, ho trovato due stanze libere. Faremo un finesettimana tranquillo e...»

«Hai lavorato questa mattina?»

«Sì, ma non ho fatto il poliziotto. Ho fatto, o meglio ho cercato di fare, il falegname, o meglio il montatore di mobili acquistati all'Ikea. Per la verità con risultati abbastanza scoraggianti.»

«Ma ci sono le istruzioni!»

«Ma vado nel pallone solo a leggerle, per quanto mi ci metta d'impegno.»

«Ci penso io, che in queste cose ci so fare. Se domani rientriamo nel primo pomeriggio, in un paio d'ore ti sistemo tutto. Spero solo che tu abbia fatto acquisti sensati. Avresti potuto...»

«Non ero solo. Mi sono fatto accompagnare da una mia collega, l'ispettrice Lucia Anticoli.»

«E non hai pensato a me?»

«Be', hai i tuoi impegni...»

«Com'è?»

«Com'è cosa?»

«Non cosa, chi. Com'è questa ispettrice che ha pensato all'arredamento della tua casa?»

Lucchesi sospirò. Quando Alice ci si metteva... «Parlare d'arredamento è un po' eccessivo, comunque è una gran bella donna.»

«E ti piace?»

«È una semplice collega. Niente di più.»

Alice non rispose. Lucchesi pensò che la cosa migliore fosse quella di lasciarla cuocere nel suo brodo.

Era un albergo piccolo e gradevole, al termine di un vicolo acciottolato. Sul davanti, una terrazza a lago, coperta di glicine.

«Pensa che in questo piccolo borgo ha soggiornato Lawrence. Mi hanno detto che deve esserci anche una targa su una casa del paese...»

«Lawrence... Lawrence?» chiese Alice sorpresa.

«Sì, Lawrence. Non credo che ce ne sia più di uno.»

«Allora quello dell'*Amante di Lady Chatterley.*»

«Proprio quello. L'hai letto?»

«Certo. Me l'ha passato un'amica.»

«Ho capito e non voglio guastare questo nostro fine settimana con commenti che potrebbero irritarti. Anch'io, a suo tempo, l'ho letto, ma non mi aveva entusiasmato. Tanto è vero che non mi ha più preso la voglia di rileggerlo, e tu sai quanto ami le riletture. Secondo me, è stato un po' sopravvalutato, anche se certi altri suoi libri...»

«Ad esempio?»

«*Figli e amanti,* tanto per ricordarne uno. Quello lo potresti leggere, senza farti ingannare dal titolo, e pareggiare il conto, magari consigliandolo anche alla tua amica. Mi piacerebbe, in fatto di letture, poterci mettere il becco anch'io.»

«Papà, adesso non metterti a fare il falso puritano. Mi sembrerebbe di parlare con la mamma, anche se in fatto di letture, nonostante faccia l'insegnante, secondo me non saprebbe neanche da che parte incominciare. Ci scommetto, però, che in questo posto tu ci sei già venuto. Dimmi la verità.»

«Alice, adesso non farmi incazzare. Ti ho già detto che non ci sono mai venuto. Non tornerei con mia figlia in un posto in cui avessi portato una donna.»

«E io cosa sono?»

«Mia figlia, appunto, ed è una questione di rispetto. E si tratterebbe di una questione di rispetto anche se tu non lo fossi. Anche una donna non porterei in un luogo dove fossi già stato con un'altra.»

«Un vero gentiluomo. Guarda, papà, che non ti sto prendendo in giro. Sto parlando sul serio, ed è anche per questo che mi piaci.»

Stavano ancora davanti al banco della piccola reception, in attesa che qualcuno si facesse vivo. Lucchesi diede un altro colpo al campanello che stava sul ripiano e finalmente apparve una donna di mezz'età, bassa e grassoccia, col viso arrossato e gli occhiali da vista.

«Mi chiamo Lucchesi. Ho telefonato, prenotando due stanze per questa sera.»

La donna si calò gli occhiali sulla punta del naso e gli diede un'occhiata sospettosa al di sopra delle lenti. «Guardi che questo è un albergo serio.»

«Se avessi dubitato del contrario, non ci sarei venuto con mia figlia.»

«Sua figlia?» La donna aveva un'aria incredula.

«Sì, mia figlia. Alice, mostra a questa gentile signora la carta d'identità. Ecco il mio documento», continuò rivolto alla signora e, cosa che non era solito fare, mise accanto alla carta d'identità la sua tessera di riconoscimento, con tanto di fotografia e di qualifica.

La donna si aggiustò gli occhiali e lesse attentamente entrambi i documenti. «Dottor Andrea Lucchesi... commissario di Polizia... e Alice Lucchesi.»

«Appunto. Di solito una figlia porta il cognome del padre.»

«Mi deve scusare, ma avevo avuto l'impressione...»

«Signora, sono venuto qui a trascorre il finesettimana per rilassarmi insieme con mia figlia, quindi le sarei grato se mi risparmiasse le sue impressioni. Piuttosto, ci fa vedere le camere?»

La donna, ancora confusa, li accompagnò al piano di sopra. Entrambe le stanze davano sul lago. A pochi metri, nell'acqua appena increspata, nuotavano alcune anatre e qualche vela si muoveva pigramente al largo.

«Benissimo. Magari sarà così cortese da indicarci anche un buon ristorante per la cena?» chiese Lucchesi.

«Se volete, potete anche cenare qui, sulla terrazza. Questa sera potrei farvi uno splendido carpione pescato la notte scorsa.»

«Non amo il pesce in carpione», rispose Lucchesi.

«No, no. Non si tratta del pesce in carpione, ma di un pesce che si chiama carpione. È una prelibatezza, il migliore dei pesci di lago. Si trova solo nell'alto Garda, in acque profonde, ed è rarissimo, da leccarsi i baffi.»

«Vada per il carpione. La cena a che ora è?»

«Alle otto», rispose la donna.

Nel pomeriggio fecero due passi all'interno del paese. Si trovarono a passare in via Colletta, dove, su una casa, era apposta una targa che ricordava il soggiorno di Lawrence, dal 18 settembre 1912 al 30 marzo 1913.

«Allora stava qui?» chiese Alice.

«Già. Ricordo di aver letto da qualche parte che lasciò l'Inghilterra con la sua compagna, attraversarono Germania e Austria e, dopo una breve sosta in Tirolo, si avviarono, a piedi e con lo zaino sulle spalle, attraverso le Alpi, passando per Bolzano, Trento e Riva del Garda, fino ad arrivare qui, dove abitarono in un appartamento ammobiliato, al primo piano. E, se non ricordo male, è proprio qui che finì il suo romanzo.»

«*Lady Chatterley*?» chiese Alice.

«No, *Figli e amanti*. Ma è ora che ci muoviamo.»

Una puntata fino a Riva per negozi. In quella stagione era assediata dai turisti, soprattutto tedeschi.

«Sembra quasi di essere in Germania», disse Alice.

«Non è storia di oggi. Il Garda è sempre stato meta prediletta da tedeschi e austriaci, fin dal secolo scorso, anzi, dall'Ottocento. Scendevano a frotte e si sentivano in un altro mondo: il clima del lago, di sicuro più mite di oggi, la vegetazione di tipo mediterraneo... Se ne innamorarono allora, e l'innamoramento non è ancora finito. In Germania, magari ignorano dove si trova Milano, ma il lago di Garda sanno benissimo dov'è.»

«I tedeschi non mi sono mai piaciuti. Ogni volta il pensiero mi corre ai campi di sterminio», osservò Alice.

«Accade anche a me. È inevitabile. Credo, tuttavia, che le persone vadano considerate a una a una. Ci si può imbattere in persone estremamente amabili, senza dimenticare che c'è una frotta di scrittori, filosofi, musicisti tedeschi che hanno contribuito in modo fondamentale a formare...»

«Non mi piacciono lo stesso», lo interruppe Alice.

«Tutti i torti non posso darteli, comunque, è ora che ci mettiamo sulla strada del ritorno. Andiamo a prendere l'aperitivo a Gargnano», concluse Lucchesi.

Ci volle quasi un'ora per arrivare: il traffico era intenso in entrambe le direzioni e la strada, stretta, non consentiva sorpassi. Trovarono un parcheggio e si diressero nella piazza del paese, dove scelsero un bar con i tavolini all'aperto, a un paio di metri dal lago. Il Baldo che si ergeva sullo sfondo, alla loro sinistra.

«Per me un Prosecco. Per te?» chiese Lucchesi.

«Anche per me», rispose seria Alice.

«Magari a cena, adesso ti consiglierei un analcolico.

Non vorrei che ti addormentassi prima del tempo. La giornata è ancora lunga.»

Alice abbozzò.

Trovarono anche il tempo di visitare una delle poche limonaie ancora in funzione e Lucchesi acquistò dai proprietari, due simpatici vecchi, una bottiglia di limoncello. «Per la mamma. Portagliela, le farà piacere, ma dille che l'hai comprata tu. Adesso però rientriamo in albergo. Una doccia, e alle otto in punto appuntamento in terrazza.»

Alice lo abbracciò con tenerezza.

Alle otto meno un quarto Lucchesi era sotto il pergolato. Si era cambiato la camicia e portava sulle spalle un pullover color salmone. Il sole non era ancora calato. Dal lago spirava una brezza leggera e le anatre ciangottavano. Stava appoggiato alla ringhiera, fumando una sigaretta e lasciandosi andare al piacere della sera, finalmente con la testa sgombra da pensieri.

I tavoli apparecchiati erano quattro. Sul loro, posto in una piccola nicchia del terrazzo a picco sull'acqua, isolato dagli altri, un cartoncino ripiegato con la scritta *Riservato.*

Dieci minuti dopo apparve la prima coppia: lui in un completo di tasmania scuro e una cravatta rossa a farfalla; lei, una bionda sulla quarantina, con un abito corto di seta a pois che le fasciava un sedere troppo generoso e due sandali chiari, con quelle zeppe che Lucchesi trovava detestabili. Camminando a passettini svelti, in equilibrio precario, la donna si diresse subito verso il tavolo di Lucchesi, con un moto di stizza alla vista del cartoncino che lo destinava ad altri. Presero allora posto a un tavolo vicino e ordinarono un Martini al ragazzo in grembiule bianco che se ne stava in attesa in un canto.

Le otto precise, quando Alice fece la sua apparizione. Lucchesi, che l'attendeva seduto, comprese la ragione di quella grossa valigia che si era portata dietro: si era cambiata dalla testa ai piedi. Lo lasciò senza fiato con quell'abito che terminava quattro dita sopra le ginocchia, un paio di tacchi alti e una pashmina buttata sulle spalle. Alice gli si avvicinò e gli stampò un bacio sulla guancia, affrettandosi poi a estrarre un fazzoletto dalla piccola borsa che portava a tracolla e a pulirgli il viso.

«Che fai, Alice?»

«Ti ho lasciato l'impronta del rossetto.»

«Ma ti metti il rossetto?»

«Solo quando esco con te. L'ho comprato all'insaputa della mamma, che me lo confischerebbe subito. Sarà uno dei nostri piccoli segreti.»

La bionda si era girata a osservarli e aveva iniziato a parlottare col compagno.

«Penso di ordinare del Prosecco. Credo che col pesce andrà benissimo, e ne concederò un bicchiere anche a te», disse Lucchesi, facendo un cenno al ragazzo.

«Magari due. Questa è un'occasione speciale. Su, papà, ti prego...»

«Vedremo.»

«Un antipasto di lago, in attesa del carpione ai ferri?» chiese il ragazzo.

La bionda drizzò le orecchie. «Anche per noi il carpione. Come mai sul menu non c'è?»

«Mi spiace, signora, è molto raro e ne abbiamo soltanto uno, per quel signore», rispose il ragazzo.

La bionda ebbe un altro moto di stizza e ricominciò a parlottare con l'uomo in tasmania, che alzò gli occhi al cielo.

«Non so in cosa consista un antipasto di lago, ma va bene, fate voi. Col Prosecco, anche una bottiglia di minerale», disse Lucchesi.

«Con gas», aggiunse Alice.

Lucchesi aveva già preparato sul tavolo il pacchetto per Alice e una busta. Si aggiustò meglio sulla poltroncina di vimini e accese una sigaretta.

«Potrei averne una anch'io?» chiese Alice.

«Da quando hai iniziato a fumare?»

«Non fumo. Una boccata qualche volta, ma questa è un'occasione speciale...»

Lucchesi le tese la sigaretta e fece scattare l'accendino.

«Quel pacchetto è per me? E la busta? Mi hai scritto una lettera?»

«Non si tratta di una lettera», rispose Lucchesi.

«Guarda che non ho bisogno di soldi...» disse Alice.

«Non si tratta di soldi. Prima apri il pacchetto e poi la busta. Sono i miei regali per te.»

«Due?» chiese Alice sgranando gli occhi.

«Sì, e spero che li gradirai entrambi.»

Alice disfece il pacchetto. Quando vide il cellulare, fece un gridolino di gioia. «Ma è un cellulare ultima generazione! Ci si possono fare un mucchio di cose, pure le fotografie...»

«Anche, ma soprattutto potremo sentirci quando ci pare, senza passare attraverso la mamma, come penso tu desiderassi.»

Alice annuì col capo e, prima che Lucchesi potesse impedirglielo, gli aveva già scattato la prima fotografia.

«Adesso la busta», la incoraggiò Lucchesi.

Alice ne tolse il biglietto compilato dal libraio: era il buono acquisto a suo nome per mille euro.

Alice si stropicciò gli occhi. «Questo non dovevi farlo. Vai a comprare i mobili all'Ikea e poi...»

«E qui ti sbagli. Sono il frutto di un baratto: avevo tre prime edizioni dei *Nostri Antenati*, in volumetti singoli, e non sapevo che farmene. Il libraio ci si è buttato a pesce, ma io non volevo denaro, volevo solo disfarmi di quei libri, e mi è sembrata una buona occasione per...»

«Tre prime edizioni! E tu volevi disfartene! O mi stai raccontando una frottola, oppure qui c'è sotto una storia che...»

«Sì, Alice, c'è sotto una storia che non ho nessuna intenzione di raccontarti. Desidero solo dimenticarla, e penso di esserci riuscito. Ti prego di credermi sulla parola.»

«Una donna, che hai voluto cancellare. Mi ci giocherei le palle.»

«Quando imparerai a non usare questo linguaggio, sarai perfetta», disse Lucchesi, che si era un po' intristito.

«Hai ragione. Comunque, sono commossa», e gli stampò due baci sulle guance, tenendoselo stretto.

«Questo è troppo!» sbottò la bionda del tavolo accanto. «Alfredo, una minorenne con un negro! Cose mai viste. Forse è il caso di chiamare la Polizia.» Aveva parlato a voce alta, per farsi sentire, ignorando il compagno che cercava invano di zittirla.

Ad Alice si erano riempiti gli occhi di lacrime.

«Aspettami un momento», le disse Lucchesi. Si alzò e si avvicinò al tavolo della coppia.

L'uomo con la farfalla lo guardò con aria smarrita. «La pregherei di scusarci. Mia moglie a volte non sa tenersi.»

«Lei non deve scusarsi. Deve piuttosto rammaricarsi per aver sposato una donna del genere. Quella che dovrebbe scusarsi è sua moglie. Comunque, posso capire che la situazione l'abbia turbata, soprattutto visto che di mezzo c'è un negro, come mi ha chiamato. Ma voglio rassicurarvi, non vorrei mai che sua moglie si guastasse la cena: quella seduta al mio tavolo è effettivamente una minorenne, ma si dà il caso che sia mia figlia. Quanto a chiamare la Polizia, ve lo potete risparmiare, perché la Polizia sono io.» Aveva parlato in tono basso, con voce tagliente.

Fu interrotto dall'arrivo della proprietaria con i piatti dell'antipasto. «Ma bene, vedo che avete già fatto conoscenza. In ogni caso è meglio che vi presenti: l'avvocato Braschi, il commissario Lucchesi. Penso lo abbiate riconosciuto. Qualche giorno fa la sua foto era su tutti i giornali. È il dirigente della Sezione Omicidi di Milano. Per la verità anch'io ci sono arrivata dopo un momento, ma per il nostro albergo è un onore ospitarlo.»

L'avvocato Braschi sbiancò in volto. Si alzò in piedi. «Commissario, le rinnovo le mie scuse, anche a nome di mia moglie.»

«Mi scuso anch'io», fece la bionda, senza alzare gli occhi.

«La ringrazio, signora, ma, se devo esser sincero, delle sue scuse me ne strafotto, e mi perdoni il linguaggio, in fondo sono un negro. Buon appetito», e se ne tornò tranquillamente al proprio tavolo, ignorando la mano che l'avvocato gli aveva teso.

«Tutto a posto, Alice. Adesso pensiamo alla nostra cenetta.» Le versò una dose di Prosecco e alzò il calice, facendolo tintinnare contro quello di Alice. «Ai tuoi diciassette anni, cara.»

«Papà, sei già brillo: sedici, non diciassette.»

«Certo, scusami, è stato un lapsus, ma vedendoti come sei questa sera...»

Alice sorrise. Lui avrebbe voluto sprofondare.

Ottimo il pesce, e anche il gelato al quale Alice non volle rinunciare. Alle dieci Lucchesi si accorse che Alice era ammutolita. Gli occhi le si erano fatti piccoli e a stento era riuscita a soffocare uno sbadiglio.

«Sai che ti dico? A questo punto l'alternativa è fare due passi o andarcene a letto. Tu cosa ne pensi?»

«Papà, non ti deludo se scelgo il letto? Credo siano stati i due bicchieri di Prosecco. Sono insonnolita.»

«Mi sembra un'ottima idea. Domani sveglia entro le nove, prima colazione in terrazza, e poi attraversiamo il lago col traghetto, che dovrebbe partire... Adesso mi informo. Ti porto a Malcesine, sulla sponda veronese, a vedere la casa dove soggiornò Goethe, nel suo viaggio in Italia. Ci sono stato e sono certo che avrai una sorpresa.»

«Quale?»

«Che se il nostro, un tedesco di quelli buoni, non avesse scritto il *Faust*, avrebbe potuto fare il pittore. Ci sono alcuni suoi disegni, quasi appunti di viaggio. Be', aveva una splendida mano.»

«Mi consigli di leggerlo il *Faust*?»

«C'è tempo, c'è tempo per il *Faust*. Ti accompagno dentro e poi torno qui ancora un momento a fumarmi l'ultima sigaretta.»

«Non far tardi, però. Devi riposare anche tu.»

Lucchesi accompagnò Alice fino all'inizio delle scale e tornò in terrazza. Ordinò un whisky e accese una sigaretta, appoggiandosi alla ringhiera. Solo lo sciabordio dell'acqua e le luci che si rincorrevano sulla sponda veronese. Rifletteva sulla sua negritudine e solo con uno sforzo di volontà riuscì a non chiedere un secondo whisky.

Il mattino dopo, tutto secondo copione, ma era chiaro che Alice voleva rientrare a Milano al più presto.

«Già stanca di stare con me?» scherzò Lucchesi.

«Non dire sciocchezze. È che voglio venire a casa tua per aiutarti ad assemblare i mobili.»

Uno spuntino e partirono per Milano.

Avrebbero preso l'autostrada a Desenzano. Stavano percorrendo una provinciale costeggiata da due filari di platani. Alice pareva persa dietro a un suo pensiero. Lucchesi si sentiva stanco. Non aveva dormito abbastanza.

Fu un istante... Chiuse gli occhi. Bastò perché le ruote anteriori di destra finissero nella cunetta laterale. La macchina sbandò, non riuscì a tornare in carreggiata e andò a schiantarsi contro un platano.

Lucchesi si prese una forte botta allo sterno e perse i sensi per qualche istante. Ad Alice andò peggio: l'airbag non aveva funzionato, la cintura di sicurezza era saltata dal suo alloggiamento e lei era andata a sbattere col capo contro un montante del parabrezza. Adesso stava lì, come una marionetta cui avessero reciso i fili.

Le ruote di sinistra dell'Alfa, sollevate da terra, continuavano a girare a vuoto.

Capitolo 23

Lucchesi era rimasto senza voce. Le sue proteste non vennero ascoltate: gracidii quasi incomprensibili ai paramedici che lo caricarono su un'ambulanza diretta all'ospedale di Desenzano.

Riprese piena conoscenza nel letto di una corsia, contigua al pronto soccorso. Accanto a lui un medico, con una radiografia in mano.

«Ha una frattura composta allo sterno. Una sorta di incrinatura dovuta allo strappo della cintura di sicurezza. Le procurerà forti dolori nei prossimi giorni, al minimo movimento. È importante quindi che cerchi di restare immobile.»

«Mia figlia...» riuscì ad articolare Lucchesi.

Il medico proseguì come se non avesse sentito: «Ma non c'è nulla da fare, neppure una fasciatura. Però abbiamo visto che lei ha subito un importante intervento cardiaco. Sarebbe necessario un esame più approfondito. Questo intervento dove e quando è avvenuto?»

«Mia figlia...» ripeté Lucchesi e sembrò perdere di nuovo i sensi.

Il medico rinunciò a continuare nella sua anamnesi. Aveva visto dai documenti di chi si trattava e la cosa migliore gli parve quella di mettersi in contatto con la Questura di Milano.

La sera stessa, Lucchesi fu mandato in ambulanza al Policlinico milanese. Un martirio: bastava una curva, una frenata, un'accelerazione per provocargli fitte lancinanti.

L'infermiere era un ragazzo giovane, con un viso intelligente. Finì col cedere alle richieste di Lucchesi: «Per quanto ne so, sua figlia è già a Milano. L'hanno trasportata in elicottero».

«Come sta?» riuscì a chiedere Lucchesi. Anche solo una domanda gli costava fatica.

«Non lo so. Non lo so proprio. Ho soltanto sentito dire che è viva.»

Lucchesi chiuse gli occhi. Gli avevano iniettato in vena un forte analgesico che non tardò a fare effetto.

Quando riprese coscienza era a letto, in un'altra stanza d'ospedale. La luce proveniva da una lampada a stelo, parzialmente schermata. Accanto a lui due figure che faticò a mettere a fuoco.

«Come stai, Lucchesi?» chiese Alinovi, prendendogli una mano che era posata sul risvolto del lenzuolo.

«Mia figlia...»

«È qui anche lei, ricoverata in un altro reparto. La tengono in osservazione. Ma tu stai tranquillo: faranno tutto il possibile. Ho già parlato col primario.»

«Allora è grave...» riuscì a mormorare Lucchesi.

«Abbastanza, ma dovrebbe riprendersi. Non preoccuparti. Mi hanno permesso di passare la notte con lei», disse piano Lucia Anticoli.

«Devo vederla, voglio vederla subito!» gridò Lucchesi, cercando inutilmente di sollevarsi dal letto e ricadendo con un mugolio di dolore.

«Adesso no. Non sei in grado di alzarti. Tra poco ti faranno un elettrocardiogramma e qualche altro esame. Devi restare qui tranquillo e aspettare i medici», disse Alinovi.

Squillò il cellulare di Lucchesi, posato sul comodino. Lucia Anticoli glielo accostò all'orecchio.

«Lucchesi...»

«Lo so chi sei, bastardo! Sono qui in ospedale ad assistere Alice che è in coma. Volevo solo dirti che ti odio e che ti auguro di crepare. Bastardo assassino che sei!» Era la voce di Adele.

«Ma allora, Alice...» e non seppe andare avanti, il volto che gli si rigava di lacrime.

Alinovi gli strappò il telefono. «Sono il questore e sono accanto al letto del commissario Lucchesi. Chi è al telefono?»

«Adele, la madre di Alice e l'ex moglie di quel farabutto.»

«Signora, la prego, il suo ex marito non ha bisogno di false notizie che potrebbero aggravarne le condizioni. Vada a scaricare la sua angoscia e la sua rabbia su qualcun altro. La prego di lasciarlo tranquillo.»

«Ma sono la madre di Alice!»

«L'ho capito, signora. Terrò io il cellulare del commissario, così risolviamo il problema. La prego di non disturbarlo più. Buonasera.» Chiuse la comunicazione e consegnò il cellulare a Lucia Anticoli. «Per il momento tienilo tu, meglio se spento. Non vorrei che quella iena ci riprovasse. Lucchesi, ora devo andare. Ci vediamo domani. L'ispettrice Anticoli mi terrà informato. L'ho staccata al Policlinico e resterà qui finché ce ne sarà bisogno. Fuori c'è Serra e, se per caso arrivasse una donna che non conosce, gli dico di cacciarla a calci. Cerca, se puoi, di stare tranquillo. Ci vediamo.» Gli fece una piccola carezza in fronte e si avviò verso la porta, seguito da Lucia Anticoli, che rientrò dopo pochi secondi, sedendosi accanto al letto.

«Lucia, dimmi la verità: quali sono le condizioni di Alice?» mormorò Lucchesi.

«Purtroppo è in coma, ma a quanto ho capito si tratta di coma farmacologico. I medici sono abbastanza ottimisti. Andrea...» non seppe come proseguire e si limitò a tenergli la mano stretta tra le sue.

Lucchesi restò in silenzio, le lacrime che parevano non aver fine. «Il mio cellulare...»

«Te lo riporto più tardi. Adesso vado da Alice.»

Un altro sedativo e Lucchesi cadde in un dormiveglia che durò fino alle prime ore del mattino seguente. Dagli esami a cui era stato sottoposto la sera precedente non era emerso nulla di preoccupante. Il suo cuore malandato sembrava non aver risentito dell'incidente. Era la situazione generale che destava qualche perplessità.

Il medico che passò da lui alle otto, seguito da un codazzo di assistenti, fu abbastanza esplicito: «Anche questa volta se l'è cavata, ma è il quadro generale che non mi convince. Lei è come un'automobile a tre cilindri; invece, dovrebbe averne quattro, e tutti perfettamente funzionanti. Potrei dire, per farmi meglio comprendere, che il suo fisico è usurato. Ci siamo consultati e l'alternativa è secca: o la sottoponiamo a un nuovo intervento chirurgico più complesso del primo, che presupporrebbe, tuttavia, un regime di vita del tutto diverso da quello che ha seguito fino ad ora, e intendo niente stress, niente fumo, niente alcol e così via; oppure va avanti come le pare, ma tenga presente che l'automobile, giusto per restare nella metafora, potrebbe fermarsi definitivamente in qualsiasi momento...»

«Vale a dire?» lo interruppe Lucchesi.

«Due anni, ma anche un anno, o un mese, o la prossima settimana. Ci pensi, la scelta è sua. Mi farà sapere cos'ha deciso.»

Lucchesi restò un momento in silenzio. «Non occorre che ci pensi, dottore, la scelta l'ho già fatta».

«E sarebbe?»

«Niente interventi e niente regimi di vita come quello da lei adombrato. Vado avanti così e, quando l'automobile si fermerà, significherà che sono arrivato, e non mi resterà che scendere, giusto per restare nella metafora, come ha detto lei.»

«Sicuro della sua scelta? Lei è ancora giovane...»
«E non ho alcuna intenzione di diventare un vecchio sano e rimbambito.»
«Come vuole, la vita è sua.»
«Appunto», rispose Lucchesi.
Il medico stava uscendo, quando Lucchesi lo richiamò. «Scusi un attimo, dottore, ma vorrei dirle una cosa... piuttosto personale.»
«Attendetemi fuori. Vi raggiungo subito», disse il medico agli altri che l'accompagnavano e si riavvicinò a Lucchesi. «Allora? Che vuole dirmi?»
«Si tratta di una richiesta, o meglio, di una raccomandazione.»
«Dica pure.»
«Vorrei che ciò che mi ha detto restasse strettamente confidenziale. Una cosa tra me e lei, che non deve trapelare in alcun modo. Desidero che nessuno venga a conoscenza delle mie condizioni, senza eccezione alcuna.»
«Ci può contare e, per quanto mi riguarda, mi limito a farle i miei auguri. E non si tratta di una formalità. Buongiorno, commissario. Spero di non rivederla troppo presto», rispose il medico, in tono brusco.
«Speranza condivisa», borbottò Lucchesi e restò con gli occhi fissi al soffitto, finché un raggio di sole che filtrava dalla tapparella lo indusse a girare il capo.
Sul comodino era riapparso il cellulare. Riuscì con uno sforzo ad afferrarlo e digitò un numero che ricordava a memoria. «Marion? Sono Andrea Lucchesi.»
«Fanculo, Lucchesi. Che ti viene in mente di chiamarmi di primo mattino? Sto andando in studio. Ho un cliente che mi sta aspettando. E poi ti avevo detto chiaramente di non rompermi più le scatole. Che vuoi ancora?»
«Ti chiedo scusa, ma non è per me. Sono ricoverato al Policlinico, anche se non ho nulla di grave. Si tratta di Alice. Era con me in macchina, quando ho avuto un terribile incidente. Non sono ancora riuscito a vederla. So soltanto

che è in coma farmacologico, sperando che non mi abbiano addolcito la pillola. Sei l'unica persona a cui volevo dirlo, perché...» si interruppe, la voce gli si incrinò, il solito dolore al petto.

«Un quarto d'ora e sono lì. Ciao, Andrea.»

Con l'aiuto di un robusto infermiere riuscì a mettersi in poltrona e, sebbene lo detestasse, mandò giù un tè.

Fu l'infermiere a porgergli il cellulare che aveva iniziato a squillare.

«Commissario Lucchesi? Sono Farrandino. Mi scusi se la disturbo così presto, ma l'avevo cercata già ieri pomeriggio e in serata, ma il suo cellulare squillava a vuoto e poi era spento.»

«Ero fuori e non l'ho sentito. Immagino abbia notizie interessanti.»

«Può dirlo forte. La prima è che, in base all'esame del DNA del liquido seminale repertato e del feto, siamo in grado di dire con certezza che l'omicida della donna del parco era anche il padre del bambino.»

«Lo sospettavo», rispose Lucchesi.

Farrandino non fece commenti. «La seconda, e questa sarà forse una sorpresa, anche se era stato accennato, è che l'uomo era affetto da AIDS, non ci sono dubbi. Invece, la donna e il feto non erano interessati dall'infezione.»

«E il quadro tornerebbe. E la terza? Perché ritengo che la vera sorpresa me l'abbia riservata per ultima.»

«Certo. La terza novità, analizzato il bicchiere che ci avete fatto avere venerdì scorso, è che il DNA corrisponde. Voglio dire che la persona che ha bevuto nel bicchiere è la stessa che aveva eiaculato sul ventre della donna, ed è anche il padre del bambino. Soddisfatto?»

«È sicuro di quello che dice?»

«Certo, altrimenti non le avrei telefonato.»

«Ma è impossibile... Nel bicchiere ci aveva bevuto il marito della donna», fece Lucchesi.

«Improbabile, ma, come vede, non impossibile. Si vede che al giorno d'oggi anche marito e moglie vanno a scopare all'aria aperta.»

«Non intendevo questo. È che il marito della donna assassinata, a quanto abbiamo saputo, è impotente e neppure in grado di eiaculare.»

«E questo chi ve lo ha detto?»

«Implicitamente anche l'interessato, ma lo ha confermato anche l'amica intima della moglie, con la quale la vittima si era confidata.»

«Parole. Qui abbiamo i fatti. L'unica conclusione è che non ve l'hanno raccontata giusta, e si può anche capire: l'assassino, che ormai avete in mano, non poteva che raccontarvi questa frottola e l'amica della moglie, che evidentemente sapeva, non ha fatto altro che coprirlo. Mi pare di un'evidenza lampante.»

Lucchesi dimenticò tutto: la stanza d'ospedale in cui si trovava, le sue condizioni, addirittura Alice. Era concentrato sulle parole di Farrandino, che aveva rovesciato il tavolo e quelle poche certezze che aveva, o che pensava di avere.

«Commissario, è ancora in linea?» chiese Farrandino.

«Sì, ci sono e ho bisogno di rimettere insieme i pezzi. Solo una cosa, dottor Farrandino: di queste notizie è al corrente qualcun altro?»

«Naturalmente no.»

«Allora, per il momento le teniamo riservate. Debbono restare tra me e lei.»

«Nessun problema. Il mio referente è lei e, per quanto mi riguarda, queste anticipazioni non gliele ho mai fatte.»

«I suoi colleghi?»

«Si sono limitati ad analizzare dei reperti, senza neppur sapere a chi appartenessero.»

«Grazie, dottor Farrandino. Un'ultima cosa, e mi scuso della mia ignoranza: sul piano medico si può stabilire con certezza se una persona sia in grado di eiaculare o meno?»

«Niente di più facile, per questo non ci sono problemi. Posso provvedere anch'io.»

«Grazie, dottor Farrandino, ci risentiamo. Forse anche oggi stesso. Lei rimane in Istituto?»

«Fino alle diciotto, ma se vi serve posso fare anche uno straordinario.»

Aveva da poco chiuso la comunicazione, quando entrò Lucia Anticoli. «Cosa fai in poltrona?»

«Mi ci ha messo l'infermiere. Alice come sta?»

«Niente di nuovo e, secondo i medici, è già un dato positivo. Sembra che il grumo di sangue vicino all'emisfero sinistro del cervello si stia riassorbendo, anche se non è ancora sicuro. Comunque, l'ipotesi di un intervento si sta allontanando. Vedrai, Andrea, che ce la farà e sarà più bella di prima. Senti, qualche minuto fa è piombata in reparto come una furia una tizia attempata, con un cognome straniero, che si è piazzata fuori dalla stanza di Alice e non ha intenzione di muoversi. Dev'essere una persona importante perché l'ha accompagnata addirittura il primario e tutti l'hanno riverita. Mi ha chiesto chi fossi e mi ha detto che ad Alice ci pensa lei, così avrei potuto assistere te e reggerti il capo... Una tipa bizzarra, non molto cortese, ma a suo modo anche simpatica.»

«Ho capito. È una neuropsichiatra infantile. Una mia vecchia amica inglese con la quale ho un rapporto un po' burrascoso.»

«Non starai facendo il bis della Urbinati, per caso? Lo dico perché l'età dovrebbe essere più o meno quella.»

«No, no, tutt'altra cosa. In ogni caso, adesso, ho altro per la testa.»

«Dimenticavo di dirti che il questore ti raccomanda di prenderti tutto il tempo che vuoi. È rimasto molto scosso per quello che ti è successo. Non devi pensare all'ufficio.»

«L'ultimo dei miei pensieri, in questo momento, è il lavoro. Ci voglio mettere un punto, almeno fino a quando il problema di Alice non si chiarirà. Ma non posso neppure ignorare la telefonata che pochi minuti fa mi ha fatto Farrandino. Adesso ti spiego tutto e sarai tu, in via del tutto ufficiosa, almeno per il momento, a doverci pensare. Sarai tu a risolvere il rebus. Sei la sola persona in grado di farlo.»

Le raccontò tutto, in poche battute. Lucia che lo guardava, stentando a credere alle sue parole.

«Va bene, Andrea, ci penso io, o almeno ci provo, e spero di non deluderti. Certo che Alice...»

«Ad Alice penserò io. Adesso riesco anche a muovermi. Mi fido di te.»

Capitolo 24

Serra gli aveva procurato una vestaglia, che riuscì a indossare sopra il pigiama. Avrebbe voluto vestirsi, ma il dolore allo sterno, che si acutizzava anche al più leggero movimento, lo aveva subito dissuaso.

Suonò il campanello e apparve un'infermiera. Una donna robusta, di mezz'età.

«Vedo che è già in piedi. Complimenti, anche se io l'avrei tenuta a letto.»

«Vorrei parlare con un medico. Mia figlia Alice...»

«È in rianimazione, commissario. Al massimo la potrebbe vedere dietro un vetro, perché l'ambiente è sterile.»

«Mi basterebbe.»

«Per questo non dovrebbero esserci problemi. Anche se le sconsiglierei di muoversi. Comunque, chiedo alla caposala.»

Tornò dopo pochi minuti. «Se proprio insiste, l'accompagno. Si appoggi pure al mio braccio e cerchi di non fare movimenti bruschi.»

Percorsero un corridoio e presero un ascensore. Un altro corridoio e arrivarono a destinazione. Lucchesi aveva dovuto stringere i denti ed era madido di sudore.

Fuori, seduta su una sedia, Marion. «E tu cosa ci fai qui, con lo sterno a pezzi?»

«Volevo vedere mia figlia.»

«Ecco, adesso puoi vederla e tornartene in camera tua. Per un caso fortunato, conosco bene il primario del reparto. È stato mio compagno d'università. È una persona seria e competente. Faranno l'impossibile per salvare Alice. Ma... che fai, piangi?»

«È stata colpa mia, solo mia. Non me lo perdonerò mai. Se Alice non dovesse farcela...»

«Non dire cazzate e sparisci. La tua vista mi infastidisce.»

Alice stava distesa su un letto con le braccia trafitte da tubicini collegati a una macchina. Alle sue spalle un monitor lampeggiava, una linea che correva, seguendo un percorso a singhiozzo. Aveva gli occhi chiusi, il capo bendato e il viso cereo.

Lucchesi si appoggiò al vetro, col cuore che accelerava i battiti.

«A proposito, chi era quella tizia belloccia che era qui al mio arrivo? Mi hanno detto che ha trascorso tutta la notte seduta su questa sedia», chiese Marion.

«È una mia collega, Lucia Anticoli. Credo di avertene parlato.»

«Già, qualcosa devi avermi detto. Mi è piaciuta. Potrebbe anche andar bene, se non continuasse a essere innamorata di te.»

Lucchesi la guardò in silenzio.

«E non startene lì impalato. Dovresti essere a letto. Ti ho detto di sparire.»

«Marion, avrai i tuoi impegni...»

«I miei impegni li ho rinviati. Non ci sono problemi.»

«Marion...»

«Ti ho detto di sparire e, finché resto qui, ti prego di lasciar fare a me.»

«D'accordo Marion e... grazie.»

«Sia chiaro che non lo faccio per te, ma per tua figlia. Tu avresti anche potuto fracassarti e forse ti avrei mandato un mazzo di roselline, ma non è detto. Cacciati le lacrime in tasca, non servono a niente. Devi soltanto cercare di rimetterti in sesto, hai una cera da schifo. E non farti venire sensi di colpa. Troppo facile, e non gioverebbero a nessuno. Certo non ad Alice. Adesso vai, vai.»

Lucchesi se ne tornò in camera mesto, sempre reggendosi al braccio dell'anziana infermiera.

«Quella sua amica è forse un po' rude, ma ha ragione», disse quest'ultima.

Lucchesi annuì col capo. Anche quel semplice gesto gli si ripercosse nel petto.

«Commissario, sono andato a comprarle qualche giornale. Non le spiace se resto a farle un po' di compagnia?» lo accolse Serra.

Lucchesi non ebbe animo di dirgli che avrebbe preferito restare solo.

Lucia Anticoli non aveva perso tempo: una telefonata a Chantal Gregori e la raggiunse a scuola alle dieci. Aveva un'ora buca.

La donna non poté che confermare quanto le aveva confidato Luisa: «D'altro canto, dottoressa, che motivo avrebbe avuto Luisa per mentirmi su un particolare del genere? Per giustificare la sua relazione sarebbe bastato che mi dicesse che il marito era impotente. A me sarebbe bastato».

Non aveva tutti i torti e Lucia Anticoli si convinse che aveva detto la verità, o quantomeno che non aveva mentito riferendo le confidenze fattele da Luisa.

Cerignola! A quel punto doveva risentire anche lui. Magari non per metterlo con le spalle al muro, ma per valutarne le reazioni. Gli telefonò e prese appuntamento per le undici e trenta.

Seppe condurre le cose per bene, ma non le occorse molta fatica.

«Signor Cerignola, mi dispiace di doverla di nuovo disturbare, ma in un caso come quello di sua moglie... Il commissario Lucchesi ha avuto un incidente d'auto. La figlia, che era con lui, è ricoverata in condizioni molto gravi, e anche lui non potrà lasciare il letto per un po'. Pertanto, tocca a me occuparmi dell'indagine. Lucchesi mi ha parlato di DNA e di qualcos'altro. Mi ha spiegato per sommi capi. Fatica a parlare. Mi ha anche detto che lei, signor Cerignola, dovrebbe sottoporsi a una visita medica, sebbene non ne abbia compreso le ragioni. Sarebbe disposto a farlo?»

«Non ne capisco le ragioni neppure io. Tuttavia, il commissario è stato molto gentile con me e... anche per quello che gli è accaduto, non me la sento di... D'altro canto non ho niente da nascondere. E poi, ormai, per quello che mi importa, dopo la morte di Luisa... Va bene, sono disposto a fare tutto quello che volete. Potrà servire a qualcosa? Ma a cosa possono servire degli accertamenti sulla mia persona? Non sospetterete, per caso, che sia stato io a...»

«Se il commissario ha qualche sospetto se lo è tenuto per sé. Ma mi sentirei di escluderlo, perché in questo caso ci si sarebbe mossi in modo diverso.»

«Va bene, come volete», concluse Cerignola con aria rassegnata.

«Permette che faccia un colpo di telefono?» chiese Lucia Anticoli.

«Faccia pure.»

«Si tratta di una telefonata riservata...»

«Ma certo, certo, vada pure di là.»

L'ispettrice Anticoli chiamò Farrandino e gli spiegò lo stretto necessario.

«La prossima settimana dovrò assentarmi qualche giorno. Ma per fare l'accertamento che mi chiedete non ci vuole nulla. Se mi dice che l'interessato è disponibile... io resto in Istituto tutto il giorno. Potete venire anche subito, o nel primo pomeriggio», disse Farrandino.

Lucia Anticoli tornò in soggiorno. «Se lei è disponibile, possiamo andare anche adesso. Ho qui sotto la macchina.»

«D'accordo, scendo con lei, anche se non riesco ancora a capire...»

«Ma questo è l'Istituto di medicina legale!» esclamò Luigi Cerignola, quando l'ispettrice parcheggiò la macchina davanti alla palazzina di via Mangiagalli.

«Sì, ci lavora un nostro medico di fiducia. Credo che si tratti di una formalità, anche se il commissario, nelle sue attuali condizioni, non è stato in grado di spiegarmi con chiarezza il problema. Comunque, signor Cerignola, le posso assicurare che il commissario Lucchesi non è uomo da tendere trappole, di questo può star certo.»

Cerignola annuì e la seguì all'interno.

A quell'ora l'Istituto era quasi deserto. Lucia Anticoli si diresse verso lo studio di Farrandino.

«Dottore, buongiorno. Questo è il signore a cui dovrebbe dare un'occhiata. Come le ho già detto al telefono, si tratta di cosa del tutto ufficiosa, quindi non occorre che sappia il suo nome.»

Farrandino diede un'occhiata all'uomo. «Venga con me. Ci sbrighiamo in pochi minuti», gli disse.

Scomparvero dietro una porta. Quando riapparvero, mezz'ora dopo, Luigi Cerignola era più pallido del solito e aveva un'aria stralunata.

«Mi può attendere un momento? Devo scambiare due parole col dottore e poi la riaccompagno a casa», gli disse Lucia Anticoli.

Andarono in un altro studio.

Farrandino non aveva dubbi: «Del tutto impotente e incapace di eiaculare, nel modo più assoluto. Per il resto, sano come un pesce, a parte il fatto che è molto depresso. Non so da chi sia stato in cura e neppure voglio saperlo. Ma dovevano essere dei somari, questo è certo, perché con un intervento adeguato tutto potrebbe ritornare a posto, mi ci gioco la camicia».

«Questa potrebbe essere una buona notizia. Comunque, a parte l'impotenza, che ora è un fatto accertato, mi conferma che non è affetto da alcuna patologia? Voglio dire, è sicuro che non sia sieropositivo?»

«Be', dovrei fare un altro esame, ma l'aspetto è sanissimo. Piuttosto, una ricerca sul DNA non vi interessa?»

«Quella l'ha già fatta, anche se non lo può sapere.»

«Che significa che l'ho già fatta?» chiese Farrandino.

«L'analisi sul bicchiere che le abbiamo fatto avere venerdì scorso: il DNA rilevato appartiene all'uomo che ha appena visitato. È suo il bicchiere. Si tratta di Luigi Cerignola, il marito, anzi, il vedovo della donna uccisa al parco Solari.»

Farrandino restò a bocca aperta e gli ci volle un lungo momento per riprendersi. «Impossibile!» sbottò. «Vi ho già detto che il DNA ricavato dal liquido seminale trovato sul ventre della donna corrisponde a quello evidenziato dal bicchiere. La conclusione dovrebbe essere che a eiaculare sulla donna dovrebbe essere stato il marito, cioè il tizio che ho appena esaminato. Ma questo signore, nelle sue attuali condizioni, non sarebbe in grado di eiaculare neppure con l'aiuto del Padreterno. E adesso come la mettiamo? Anzi, come la mettete?»

«La mettiamo che siamo andati a sbattere contro il muro, e la sola cosa che ci resta da fare è leccarci le ferite. Ma scusi, dottor Farrandino, le ricerche sul DNA ci forniscono una certezza matematica, oppure lasciano un margine di dubbio? Mi è accaduto, ad esempio, con le impronte digitali...»

«Ho già capito dove vuole arrivare. A parte il fatto che il rilievo delle impronte papillari è tutt'altro paio di maniche rispetto alla ricerca del DNA, nel nostro caso non c'è spazio per i dubbi: il DNA è lo stesso. Resterete con un bell'interrogativo. Però... aspetti un momento. Voglio fare un altro controllo, giusto per togliermi uno sfizio. Ho di là, in provetta, il seme che ho siringato a Cerignola. Vado e torno.»

«Per che fare?»

«Per controllare definitivamente che il Cerignola non

sia affetto da AIDS, così da spazzare via ogni dubbio, perché dal momento che non è in grado di eiaculare... »

Tornò dopo un quarto d'ora. « Niente AIDS, almeno questo quel pover'uomo non ce l'ha. Certo che a questo punto l'interrogativo è grande quanto una casa. Secondo me, non ne verrete mai a capo e mi spiace di essere stato io a mettervi in questo pasticcio infernale. Ma non posso farci nulla. »

« Non deve preoccuparsi, dottor Farrandino, non ha fatto altro che il suo lavoro. E noi con ogni probabilità saremo costretti ad arrenderci. In ogni caso, prima che abbia parlato col commissario Lucchesi, la pregherei di mantenere la massima riservatezza. Sarà lui a prendere ogni decisione in proposito. »

« Tranquilla, ispettrice, sarò una tomba. »

Stavano tornando in viale Bligny, entrambi con gli occhi fissi sulla strada.

Fu Cerignola a rompere il silenzio: « Dottoressa, credo di aver capito la ragione di questo strano modo di procedere: volevate accertarvi che fossi davvero impotente. Forse mia moglie ha subito una violenza, ma non lo voglio neanche sapere, e voi volevate escludermi dal novero dei sospetti. Lo posso anche capire ».

« Signor Cerignola, in quello che ha detto c'è una parte di vero, ma si tratta soltanto di una parte. Adesso glielo posso dire: il commissario Lucchesi era intimamente convinto che lei non avesse niente a che fare con la morte di sua moglie, ma è un poliziotto, e un poliziotto non può basarsi solo sulle proprie convinzioni. Ma c'è dell'altro. Il commissario è fatto a modo suo: può darsi che la sua situazione lo abbia colpito, non lo so neppure io, e allora ha scelto questa strada contorta, mosso anche da un altro scopo che esorbita dalle sue funzioni. Come le dicevo, è fatto a modo suo e certe volte se ne infischia dei limiti istituzionali che, magari, gli vanno un po' stretti. »

«E quale sarebbe questo scopo ulteriore?» chiese Cerignola.

«Sottoporla a una visita specialistica per accertare se la sua situazione sia proprio irreversibile. Lucchesi era sicuro che, soprattutto in questo momento, a lei non sarebbe neppure passato per la testa di fare un ulteriore accertamento in questa direzione. Mi sbaglio?»

«No, non si sbaglia. Ma se non ci avevo pensato prima, quando Luisa c'era ancora, perché avrei dovuto pensarci ora?»

A Lucia Anticoli era venuta in mente così. Lucchesi non si era mai sognato di pensare a una cosa del genere. Era farina del suo sacco, forse perché per quell'uomo seduto al suo fianco provava una grande pena. «E non mi chiede neppure quale sia stato l'esito della visita medica?»

Cerignola non rispose. Continuava a guardare fisso davanti a sé, come se fosse interessato solo al traffico.

«Capisco che possa non interessarle, ma voglio dirglielo: con un intervento neppure troppo complicato ci sono molte probabilità che lei possa riacquistare le sue funzioni, completamente. La cosa non le fa piacere?»

«Mi lascia del tutto indifferente, dottoressa, ora che Luisa non c'è più. Comunque, ringrazi il commissario e gli faccia i miei auguri più affettuosi per la sua figliola.»

Capitolo 25

Giorno dopo giorno. Lucchesi non era più tornato in ufficio e trascorreva il suo tempo accanto ad Alice, che non aveva più ripreso conoscenza e dal reparto di rianimazione era stata trasferita in una stanza tutta per lei. Pareva uno zombi e le stava seduto accanto, giorno e notte, dormendo in poltrona, tenendole la mano e pregando in silenzio, lui che da oltre trent'anni non aveva più varcato il portone di una chiesa.

Usciva dall'ospedale solo un paio d'ore, ogni tanto, quando appariva Marion che lo cacciava via, per prendere il suo posto. In quel paio d'ore, Marion parlava ad Alice incessantemente, certa com'era che la sua voce e le sue parole in qualche modo le sarebbero arrivate.

Per Lucia Anticoli era stato più facile del previsto: Lucchesi l'aveva ascoltata in modo distratto, sembrava essersi scordato del compito che le aveva affidato e non era più tornato sull'argomento.

Alla Sezione Omicidi tutto procedeva nella norma. Era ormai agosto e chi poteva permetterselo se n'era andato in vacanza, assassini e potenziali vittime comprese.

L'unico fatto di qualche rilievo era stata l'uccisione di un vecchio marito da parte della moglie che, dopo averlo sopportato per quasi cinquant'anni, in una sera particolarmente afosa aveva finito per fracassargli il cranio con un fermaporta di bronzo, per poi chiamare la Polizia che l'aveva impacchettata e spedita a San Vittore.

Ordinaria amministrazione, soprattutto in agosto, quando il calore scioglie l'asfalto e il sole implacabile martella in testa.

Era il quattordici agosto, alle quindici e trentasette, quando Lucchesi sentì muoversi la mano di Alice nella sua, come un pulcino che si affacci timido dal guscio. Forse un'impressione. Trattenne il respiro. Ora, però, era una stretta, che si ripeté più forte. Sentì il cuore balzargli in gola e la guardò in viso. Anche sulla bocca era apparsa una piccola smorfia, quasi di fastidio. Poi, lentamente, le palpebre si sollevarono.

«Alice...» riuscì a dire Lucchesi, quasi senza fiato.

«Ciao, papà. Cosa ci faccio ancora a letto? Dobbiamo andare subito a casa tua. Devo aiutarti a mettere insieme i mobili.»

«Dio sia ringraziato», mormorò Lucchesi.

«Che ti succede, papà? Non stai bene? Perché ringrazi Dio? Ma perché piangi? Ma... è una stanza d'ospedale... Cosa è successo?»

«Un po' alla volta, non affrettiamo le cose», disse una voce femminile. Marion. Lucchesi non sapeva da quanto stesse lì.

«Finalmente, Alice, faccio la tua conoscenza», continuò Marion.

«Mi pare di conoscerla... Ho già sentito la sua voce da qualche parte...»

«Certo, ma adesso mi vedi in carne e ossa, magari più ossa che carne», e Marion uscì in una delle sue rauche risate. «Sono una vecchia amica del papà e in questi giorni ti ho fatto anch'io un po' di compagnia. Ora, con calma, ti spiegherò tutto. Andrea, vai a fumarti una sigaretta, anzi, fumatene mezzo pacchetto e mettiti qualcosa nello stomaco. Fai schifo, sei color cenere e non faresti altro che pasticci. Non farti vedere per un paio d'ore. Chiamo i medici e poi faccio una bella chiacchierata con Alice, senza uomini tra i piedi.» Lo spinse a forza fuori dalla stanza.

Alice avrebbe voluto protestare, ma non ne aveva la forza.

Lucchesi uscì con passo malfermo e scese a pianterreno. Attraversò cortili e giardini e uscì dal Policlinico. Iniziò a camminare a casaccio. I passanti, a quell'ora, erano pochi, ma gli sembrava che tutti gli sorridessero. Arrivò, senza rendersene conto, in largo Richini. Davanti all'edificio della Statale c'era una panchina in ombra. Quasi non si reggeva in piedi. Vi si sedette e accese una sigaretta. Doveva far passare un paio d'ore, Marion non parlava mai a caso. Finì col distendersi sulla panchina, chiuse gli occhi e si appisolò. Si risvegliò con un sussulto e, accorgendosi che le due ore erano trascorse, si affrettò a tornare.

Mentre usciva dall'ascensore incrociò il primario del reparto.

«Contento, commissario? Sono cose che capitano e, quando succede, le consideriamo un piccolo miracolo.»

«La ringrazio, dottore», riuscì ad articolare Lucchesi.

«Ringraziare me? Ringrazi il Padreterno, se mai ci crede. E, se non ci crede, lo ringrazi lo stesso.»

«Già fatto», rispose Lucchesi.

Si avviò verso la camera, fermandosi sulla soglia. Non poteva sbagliarsi: quella era la risata di Alice e quel gorgoglio non poteva appartenere che a Marion. Aprì la porta, piano.

Il viso di Alice si illuminò. «Finalmente, papà. Marion mi ha raccontato tutto. Povero papà...»

«Ma quale povero papà...» borbottò Marion.

«Abbiamo fatto amicizia. È proprio simpatica la tua amica. Cosa aspettavi a farmela conoscere?»

«Che ti fossi ripresa. Adesso avrete tutto il tempo di...»

«Certo, siamo già d'accordo. Appena mi faranno uscire, andrò a trovarla. Mi ha invitato a pranzo. Una cosa tra donne, però. Su questo è stata inflessibile.»

«Mi pare giusto», disse Lucchesi.

La notizia che Alice era uscita dal coma si sparse con la velocità di un fulmine: Alinovi era in ferie, in Sardegna, ma telefonò la sera stessa. Poi fu un susseguirsi di visite che Lucchesi faticò a parare. Alice aveva ancora bisogno di riposo, non doveva essere troppo disturbata.

La verità era che Lucchesi non avrebbe voluto vedere nessuno, anche se non riuscì a evitare Adele, alla quale aveva subito telefonato, ma che si era assentata per qualche giorno da Milano. Si salutarono con freddezza e lui preferì uscire e aspettare in cortile.

«Telefonami, quando te ne vai», le disse uscendo.

«Veramente, ho intenzione di fermarmi qui.»

«Il permesso vale solo per me, mi dispiace», rispose Lucchesi, girandole le spalle.

Strano che non si fosse fatta sentire Lucia Anticoli. Provò a chiamarla la sera, sul cellulare. Rispose subito.

«Lucia, sono Andrea.»

«Andrea, so tutto e sono felice per te, ma soprattutto per tua figlia.»

«Perché non ti sei fatta viva?»

«Mi sarebbe parso inopportuno in un momento come questo. Magari domani...»

«Ma è ferragosto. Resti a Milano?»

«Sì, ho rinviato le ferie. Qualcuno qui ci deve pur stare. Sono l'unico ispettore rimasto a Milano.»

«Capisco. Quand'è così, se domani non hai impegni pressanti...»

«Nessun impegno particolare.»

«Allora, se ti fai viva verso mezzogiorno, ti invito a colazione. Possiamo pranzare qui vicino e poi, magari, ti faccio conoscere Alice. Ti va?»

«Sì, Andrea, mi va.»

Erano quasi due settimane che Lucchesi se la cavava con un tramezzino e una minerale al bar interno del Policlinico, e si vedeva. Il suo fisico, già snello, si era come prosciugato e anche sul viso si notavano segni inquietanti: gli zigomi pronunciati e le due rughe, accanto alla bocca, scavate in due solchi che lo facevano apparire più vecchio di quanto fosse.

Lucia se ne accorse subito. «Andrea, adesso che è passata, devi tornare tra i vivi. Capisco la pena che ti ha tormentato, ma sembri un fantasma ed è ora che ricominci a pensare anche a te. Alice avrà più che mai bisogno di un padre. Devi farlo per lei.»

«Tu come stai?» domandò Lucchesi cambiando discorso.

«Abbastanza bene, ma stiamo parlando di te, non di me.»

«E Carniti?»

«Che c'entra Carniti?»

«Non mi avevi detto che...»

«Non mi pare di averti detto nulla. Comunque, nient'altro che un collega, che mi ronza un po' intorno senza costrutto. Se si era fatto qualche idea, mi dispiace per lui. In queste sciocchezze non ci ricasco più. Ho un futuro da zitella o, se preferisci, da donna sola e libera. Ho finito col convincermene e non è che la cosa mi sgomenti. Ho imparato a vivere alla giornata, senza fare tanti progetti troppo lontani. Me l'hai insegnato tu.»

«Già. Ti ho trasmesso una filosofia di vita, ma non è che la cosa mi riempia d'orgoglio. Sono un cattivo maestro.» Tacque e il pensiero gli tornò a quella domenica, a quello schianto contro il platano, alla tragedia che lo aveva sfiorato. Mangiava meccanicamente, senza sentir alcun sapore. Era il corpo che stava reagendo, adesso che l'anima si era presa una pausa.

Erano arrivati al caffè, quando Lucia ritenne che era venuto il momento di affrontare l'argomento: «Scusami, Andrea, se ti parlo di questioni di lavoro: mi avevi dato un incarico, e ho fatto quel che ho potuto. Te ne avevo anche parlato, sicuramente nel momento sbagliato, ma non mi hai più chiesto nulla, e devi pur sapere... »

« Di cosa si tratta? » chiese Lucchesi.

« Della storia della donna del parco Solari. Vuoi che ti rammenti l'esito della mia andata con Cerignola da Farrandino? »

« No, non occorre. Lo ricordo bene. Che vuoi che ti dica? Siamo finiti in un vicolo cieco, anche se una spiegazione dovrebbe pur esserci, ma non credo che ci arriveremo. Un interrogativo irrisolto e forse irrisolvibile. Lo metterò insieme a tutte le altre domande che nella mia vita sono rimaste senza risposta. Cosa ne pensano gli altri? »

« Niente. Non ne pensano niente perché l'unica persona con cui ne ho parlato sei tu. Sarai tu a decidere se archiviare la storia. Farrandino non ha formalizzato in alcun modo le sue conclusioni e non ne parlerà con nessuno. Finirà col dimenticarsene anche lui, come tutti gli altri. »

« Credo che sarà la cosa migliore. Ma per oggi basta. Adesso torno da Alice e da domani riprendo a venire in ufficio. Che ne diresti di riaccompagnarmi in ospedale? »

« Volentieri », rispose Lucia.

Anche Alice aveva ormai ripreso a nutrirsi regolarmente e la trovarono che sonnecchiava.

« Forse è meglio non disturbarla », disse Lucia.

Aveva parlato a bassa voce, ma Alice si stiracchiò e aprì gli occhi. « Ciao, papà. Hai pranzato? Io sì... » Si bloccò scorgendo Lucia Anticoli, che era rimasta defilata, accanto alla porta. « E questa signora chi è? Non mi pare di conoscerla. »

« Te la volevo presentare. È una mia collega, Lucia Anticoli, potrei dire il mio braccio destro. Te ne avevo parlato. È lei che mi ha accompagnato a comprare i mobili all'Ikea. »

«Ah... I mobili che dobbiamo finire di mettere insieme.»

«Sì, proprio quelli. Non ti avevo spiegato bene di cosa si trattava e potrebbe farlo Lucia, mentre vado a prendermi un altro caffè al bar interno e a fumarmi una sigaretta. Ne ho bisogno perché era un po' di tempo che non facevo un pranzo completo. Mi sono ingozzato e adesso ho lo stomaco appesantito.»

«Ne avevi bisogno, papà, vai pure. Intanto Lucia mi spiega cosa avete acquistato.»

Tornò dopo una ventina di minuti. Lucia e Alice parlavano fittamente tra loro.

«Tutto risolto?» chiese Lucchesi in tono scherzoso.

«Quasi tutto. Credo sia una cosa abbastanza semplice. Ci penseremo Lucia ed io. Papà, mentre tu non c'eri, è passato il medico: tra una settimana al massimo potrò tornare a casa, e in una mezza giornata avrai la casa a posto.»

«Benissimo. Lascerò fare a voi. Adesso, però, devi riposare.»

«Vai anche tu, papà. Non ti voglio più vedere fino a questa sera.»

«Come vuoi, Alice, a più tardi.» Si avviò con Lucia verso la porta.

«Scusa, papà, non mi dài un bacio?»

Lucchesi tornò vicino al letto e si chinò su di lei.

«Mi piace, papà, la tua collega, mi piace molto. Non fare cazzate», gli sussurrò all'orecchio Alice.

Capitolo 26

Molti giornali avevano parlato dell'accaduto. Lucchesi era ormai un personaggio noto.

L'incidente aveva fatto notizia, e ancor più la miracolosa guarigione di sua figlia. C'era di che far commuovere anche i sassi, i cronisti locali lo avevano fiutato subito.

D'altro canto era agosto, un periodo in cui le notizie scarseggiavano e ogni storia era buona, meglio se strappa lacrime.

Lucchesi i giornali non li aveva letti, ma molti, tra quelli che erano rimasti in città, sì.

Tra questi Luigi Cerignola, che il mattino del sedici agosto, in orario di visita, mentre lui, non sapendo decidersi a lasciare Alice per l'ufficio, aveva appena telefonato a Lucia Anticoli per dirle che ci sarebbe andato il giorno dopo, si presentò con un grosso mazzo di fiori.

Lucchesi lo guardò con sorpresa e con gratitudine, anche se si trattava di una visita che avrebbe volentieri evitato, che lo scombussolava un po', evocandogli una faccenda che avrebbe voluto mettersi definitivamente alle spalle.

Ma seppe far buon viso a cattiva sorte.

«Un amico», disse ad Alice, e Cerignola, poggiato il mazzo di fiori su una seggiola, dopo essersi trattenuto un momento, non sapendo bene cosa dire, si avviò verso l'uscita. Lucchesi lo raggiunse.

«Non so come ringraziarla. Non è cosa di tutti i giorni che...»

«Un sospettato di omicidio vada a far visita alla figlia di un commissario di Polizia che ha indagato su di lui?»

«Più o meno», rispose Lucchesi un po' a disagio.

«Il fatto è che quanto le è accaduto mi ha colpito profondamente. Senza contare che la sua ispettrice, che in quella particolare situazione ha fatto le sue veci, mi ha spiegato che, al di là dell'aspetto, diciamo professionale, lei si era preso a cuore anche la mia situazione e...»

«Già, ma non è il caso di ritornarci», rispose Lucchesi, col quale Lucia Anticoli aveva sostanzialmente sorvolato su questo aspetto.

«E mi sono immedesimato nella sua situazione. Ne hanno parlato i giornali... Una figlia unica che ha rischiato di perdere. Immagino cosa significhi per dei genitori avere un figlio unico. Io per fortuna avevo un gemello ed è stato un bene anche per me. Abbiamo avuto un ottimo rapporto e mi è stato molto vicino anche all'epoca in cui subii quel tremendo incidente, e anche dopo, anche se in questi ultimi anni ci siamo quasi persi di vista...»

«Accade, quando si diventa adulti», disse Lucchesi, «uno prende una strada e l'altro... Non sapevo che avesse un fratello.»

«Sì, si chiama Francesco, gemelli, come le dicevo, gemelli omozigoti. Due gocce d'acqua. Adesso non è che sia andato ad abitare lontano. Abita anche lui a Milano, vicino alla Fiera, con mia madre che si è ridotta su una sedia rotelle, e lui che se ne fa carico. Inizialmente avevo qualche senso di colpa, ma poi, non ho difficoltà a confessarlo, sono stato travolto dalle mie vicende e dal mio rapporto con Luisa, e mi sono chiuso nel mio egoismo. Qualche volta ho pensato di telefonargli, ma non l'ho fatto, pensando che toccasse a lui, che era al corrente della mia situazione. Mi pare di averlo intravvisto al funerale di Luisa, ma è scomparso prima che potessi avvicinarlo. È stata l'unica volta che gli ho telefonato. Mi ha fatto le condoglianze, senza una parola di più, quasi fosse un estraneo e la cosa è finita lì, e mi è dispiaciuto perché avrei voluto averlo vicino. Ma io lo ricordo come era un tempo, anni fa... Ma come dice lei, quando si è adulti le strade possono irrimediabilmente dividersi... Adesso sono rimasto davvero solo... Ma le chiedo scusa, commissario, ero venuto con tutt'altre intenzioni e ho finito col tediarla con i miei problemi. Abbia pazienza... La saluto, commissario e... grazie ancora di tutto.»

Lucchesi tornò sui suoi passi, pensieroso.

Andò da Alice e si sedette accanto a lei, distratto, senza parlare. Qualcosa gli frullava in testa. Ci arrivò dopo un momento.

Luigi Cerignola aveva un fratello, un gemello...

Balzò in piedi. Ci andava di mezzo una telefonata a Farrandino, non c'erano alternative.

«Scusa, Alice, torno subito», e uscì in corridoio. Dopo un paio di tentativi riuscì a rintracciarlo sul cellulare. Si era preso una settimana di vacanza e stava all'Elba.

«Le avrei telefonato io. Sono contento per sua figlia e...»

«Grazie, dottor Farrandino, ma non le telefono per questo. Siamo sempre al punto del DNA. Può essere che un fratello gemello, parlo di gemelli omozigoti...»

«Abbia lo stesso DNA? È questo che voleva chiedermi?»

«Sì, dottor Farrandino.»

«Credo senz'altro di sì, perché...»

«Grazie, dottore.» Chiuse la comunicazione e si precipitò all'ingresso. Ormai lo conoscevano.

«Avete per caso una guida telefonica di Milano?» chiese a un'impiegata che stava dietro il banco.

«Certo», e gli tese i due volumi.

Cerignola Francesco, via Boezio 15. Subito prima di Luigi e non ce n'erano altri.

«Anche lo stradario di Milano?»

L'impiegata glielo diede, con aria annoiata.

Via Boezio era a due passi dalla Fiera campionaria.

Riprese la guida e si annotò il numero di telefono. Poi

tirò fuori il cellulare, rinunciandoci però subito. Meglio tentare la sorte.

Tornò quasi di corsa in camera, fermandosi a metà corridoio, per quella fitta al petto che lo prese all'improvviso. Adesso no, pensò. Non proprio adesso... Attese che passasse e fu in camera.

«Alice, mi devo assentare un'oretta. Ci vediamo dopo.» Non le diede neppure il tempo di rispondere e si precipitò fuori, chiamando il radio taxi mentre si avviava verso l'uscita.

Il traffico era scarso e ci arrivarono in meno di un quarto d'ora.

Suonò il campanello.

«Chi è?» chiese una voce maschile.

«Polizia. Commissario Lucchesi della Sezione Omicidi di Milano.»

«Terzo piano», rispose la voce al citofono. Non chiese altro.

Francesco Cerignola lo aspettava all'uscita dell'ascensore. Anche lui alto e magro come il fratello.

Quasi due gocce d'acqua, ma diverso. Forse la schiena dritta, nessun accenno di calvizie. Un viso che gli parve più attraente, anche se pallido, come di persona che in quell'agosto feroce non avesse messo il naso fuori di casa.

«Buongiorno, commissario, l'aspettavo, era solo questione di tempo. Entri pure. La prego soltanto di avere un po' di discrezione. Ho una madre anziana e paralizzata, ma è ancora in grado di capire qualcosa...»

«Mi aspettava?» lo interruppe Lucchesi.

«Sì. Prima o poi ci sareste arrivati. E penso che forse, se ne avessi avuto il coraggio, mi sarei fatto vivo io. L'unica cosa che mi ha finora trattenuto è stato il pensiero di mia madre ridotta in quelle condizioni, e soprattutto di mio fratello Luigi. Mi sarebbe sembrato di uccidere anche lui...»

Francesco Cerignola si accasciò su una panca dell'ingresso, in un pianto silenzioso.

«Forse è meglio che facciamo intervenire un avvocato», mormorò Lucchesi.

«Non voglio un avvocato. Non mi serve. Voglio solo che lei sappia cosa è accaduto.»

Raccontò tutto, in pochi minuti, con frasi secche, smozzicate, tra un singhiozzo e l'altro.

«Potrei dire di essere stato sedotto. Ma la povera Luisa, dopo quello che le ho fatto, non se lo meritava. Quando ho scoperto di avere l'AIDS avrei voluto uccidermi, ma avrei risolto solo il mio problema, non il suo, e neppure quello del bambino. Avevo cercato di interrompere ogni rapporto, ma lei... Forse sono impazzito, ma a un certo punto ho pensato che l'unica soluzione possibile fosse quella di... Ma il resto lo sapete già. Il punteruolo l'ho gettato nel Naviglio e le cose di Luisa le ho bruciate nella caldaia. Adesso chiamo una vicina, per mia madre. Mi dia cinque minuti e poi vengo con lei.»

«Piano, piano, non c'è tutta questa fretta», disse Lucchesi. «Lei mi ha fatto delle confidenze che devo ancora vagliare. Adesso me ne vado e vedo come procedere. Ci risentiamo domani. Penso che lei non deciderà di far perdere le sue tracce. O mi sbaglio?»

«No, non si sbaglia, commissario.»

«Bene. Allora adesso pensi a come sistemare sua madre. L'aspetto in ufficio domani, se preferisce anche nel pomeriggio.»

Vagò a lungo per una Milano assolata e semideserta, con mille pensieri che gli si accavallavano in testa, tornando a piedi al Policlinico. Aveva perso la nozione del tempo e si era fatto pomeriggio. Era di nuovo spossato. Se ne accorse subito anche Alice.

«Hai di nuovo l'aria particolarmente stanca, papà...»

«Può essere. Mi ci vorrebbe una bella dormita. Tanto

più che domani riprendo servizio e potrò passare a salutarti solo nell'intervallo di mezzogiorno e alla sera...»

«Lo so», rispose Alice. «Ma puoi anche semplicemente telefonarmi, quando ti pare. Io non ho impegni particolari», e indicò il suo cellulare, che stava sul comodino.

Lucchesi andò in via Scaldasole, nella sua vecchia abitazione che aveva conservato per tutto il mese di agosto.

Passò la nottata in poltrona, bevendo e fumando, e ponendosi sempre la stessa domanda a cui non riusciva a dare una risposta. La vecchia madre che era ancora in grado di capire qualcosa, ma soprattutto Luigi Cerignola. «Mi sarebbe sembrato di uccidere anche lui», aveva detto Francesco.

Forse avrebbe potuto vedersela solo con la propria coscienza. Un fardello in più da portarsi dietro, magari per poco tempo, secondo quello che gli aveva detto il medico. Ma non si sentì intristito. *Apré moi le deluge*, pensò tranquillamente.

Ma non sarebbe bastato, si disse poi. Il prezzo avrebbe dovuto pagarlo anche lui e se avesse scelto questa strada era inevitabile. Si sarebbe dimesso dal servizio.

Ecco: le dimissioni. Soltanto allora trovò un po' di quiete e attese che si facesse chiaro.

Si mise sotto la doccia, restandovi a lungo, come se l'acqua potesse spazzar via tutto.

Poi si cambiò d'abito, scese al bar sotto casa e prese un caffè e, uscendo, accese una sigaretta.

Di tempo ne aveva e si incamminò a piedi verso via Fatebenefratelli.

Vi arrivò alle otto precise. Lucia Anticoli stava passeggiando in corridoio, aspettandolo.

«Ciao, Andrea. Sapevo che saresti arrivato presto. È ora che ci rimettiamo al lavoro, anche se secondo me avresti ancora bisogno di riposo. È appena arrivata una segnalazione da parte di un metronotte che, mentre stava smontando dal servizio, si è imbattuto...»

«Dopo, Lucia, dopo, se non ti spiace. Devo riprendere confidenza col mio ufficio... Ovviamente, non ci sono novità di rilievo...»

«No», rispose Lucia. «Nessuna novità. Ci vediamo tra poco.»

Diciassette agosto: una giornata come tutte le altre.

Lucchesi diede una scorsa al mattinale che un agente gli aveva messo sulla scrivania.

Il giorno prima, alle diciotto del pomeriggio, un uomo ancora giovane, Francesco Cerignola, per un incidente, mentre stava pulendo i vetri della finestra, come aveva cercato di raccontare la madre invalida, era precipitato dal terzo piano, schiantandosi al suolo. La morte era stata istantanea.

Si fermò, lo sguardo che gli vagava sulla parete di fronte. Il rumore del traffico della strada che gli arrivava attutito.

Anche se una risposta se l'era già data, non avrebbe avuto più la necessità di porsi domande.

Pensò che a un omicidio per amore, non poteva che seguire un suicidio per amore. Il cerchio, come qualche volta accade, si era chiuso.

Lucia Anticoli scovò la notizia su un giornale. Niente più che un trafiletto nella cronaca milanese.

«Hai visto, Andrea, l'incidente in cui è morto un tal Francesco Cerignola? Che sia parente del nostro?»

«Non lo so, non ne ho la più pallida idea, e la cosa non mi interessa.»

«Ma se si trattasse...»

«Senti, Lucia, non dirmi che pensi sempre alla storia del parco Solari... Mi pare che avessimo concluso di archiviarla. Bisogna anche saper perdere.»

Lucia lo guardò perplessa. Poi annuì.

«D'accordo, Andrea, ci vediamo intorno alle dieci per un caffè?»

«Contaci», rispose Lucchesi. «E magari, oggi pomeriggio potremmo farci una passeggiata. Avevo un appuntamento che però è sfumato... E questa sera, se non hai altri impegni, ti porto all'Acquasala.»

«D'accordo, Andrea», rispose Lucia, sorridendogli timidamente.

Accese una sigaretta e aprì la finestra. Almeno era rinfrescato e qualche nuvola vagava in un cielo che gli parve più pulito.

Spirava una brezza leggera. Chiuse gli occhi e lasciò che gli accarezzasse il volto.

Fotocomposizione:
Nuovo Gruppo Grafico s.r.l. - Milano

Finito di stampare nel mese di giugno 2013
per conto della TEA S.p.A.
da Grafica Veneta S.p.A.
di Trebaseleghe (PD)
Printed in Italy